面向老年人的慕课设计与实践

MIANXIANG LAONIANREN DE MUKE SHEJI YU SHIJIAN

赵姝 著

西安交通大学出版社
XI'AN JIAOTONG UNIVERSITY PRESS

图书在版编目(CIP)数据

面向老年人的幕课设计与实践/赵姝著. —西安:西安交通大学出版社,2023.5
ISBN 978-7-5693-3230-8

Ⅰ.①面… Ⅱ.①赵… Ⅲ.①老年教育-网络教学-教学设计 Ⅳ.①G777

中国国家版本馆 CIP 数据核字(2023)第 081715 号

书　　　名	面向老年人的幕课设计与实践
著　　　者	赵　姝
责任编辑	郭鹏飞
责任校对	李　佳
出版发行	西安交通大学出版社 (西安市兴庆南路1号　邮政编码 710048)
网　　　址	http://www.xjtupress.com
电　　　话	(029)82668357　82667874(市场营销中心) (029)82668315(总编办)
传　　　真	(029)82668280
印　　　刷	西安日报社印务中心
开　　　本	787 mm×1092 mm　1/16　**印张** 10.875　**字数** 258 千字
版次印次	2023 年 5 月第 1 版　2023 年 5 月第 1 次印刷
书　　　号	ISBN 978-7-5693-3230-8
定　　　价	78.00 元

如发现印装质量问题,请与本社市场营销中心联系调换。
订购热线:(029)82665248　(029)82667874
投稿热线:(029)82669097　QQ:8377981
读者信箱:lg_book@163.com

版权所有　侵权必究

前　言

　　我国已迈入老龄化社会。目前我国老年教育资源严重不足,供需失衡,很多老年人没有机会进入老年大学。"慕课＋老年教育"是老年教育信息化发展的新路径,是推动老年教育普及化、公平化的有效路径。该书创新性地将慕课与老年教育相结合,开展了具体设计与实践,为推动老年远程教育发展提供了发展思路。该书首先系统梳理了老年教育领域信息化发展的相关政策及趋向,并介绍了国内外老年人慕课的发展概况;其次,采用解释型序列混合研究方法,从学习现状、学习内容、学习活动、学习动机与态度、学习障碍等五个维度考察了老年人在线学习适应性;第三,构建了包含技术焦虑、自我效能感、先前经验、主观规范、便利条件等五个因素的老年人在线学习接受度结构方程模型,通过量化方法探究了老年人在线学习接受度;第四,针对老年人慕课学习环境、学习资源、学习平台、进行了分析和设计,研发上线了一门老年人慕课"数码摄影基础";最后,依托于该课程,设计了基于慕课的远程在线教学模式、混合式教学模式等两种教学模式,在老年学校中进行了教学实践,以验证教学模式的有效性。该书为老年教育领域研究者、教学者提供了翔实的实证数据,以及具体可借鉴的实践经验。

作　者
2023 年 1 月

目 录

第一章 老年教育信息化发展路径 ………………………………………… (1)
  第一节 老年教育信息化发展背景 ………………………………………… (1)
  第二节 国际老年教育信息化发展 ………………………………………… (3)
  第三节 国内老年教育信息化发展 ………………………………………… (6)
  第四节 老年教育信息化发展障碍 ………………………………………… (10)
  第五节 老年教育信息化发展路径分析 …………………………………… (10)

第二章 面向老年人的慕课发展路径 ……………………………………… (14)
  第一节 慕课的概念及特征 ………………………………………………… (14)
  第二节 慕课助推老年教育发展 …………………………………………… (19)
  第三节 慕课助推终身教育发展 …………………………………………… (21)
  第四节 面向老年人的慕课发展现状 ……………………………………… (22)

第三章 老年人慕课学习理论基础 ………………………………………… (25)
  第一节 基于慕课的老年人学习内涵 ……………………………………… (25)
  第二节 面向老年人的慕课学习理论基础 ………………………………… (27)

第四章 老年人在线学习适应性分析 ……………………………………… (34)
  第一节 相关概念界定 ……………………………………………………… (35)
  第二节 现状分析 …………………………………………………………… (36)
  第三节 研究设计与实施 …………………………………………………… (37)
  第四节 老年学习者在线学习适应性分析 ………………………………… (39)
  第五节 面向老年人的在线学习建议 ……………………………………… (43)

第五章 老年人在线学习影响因素研究 …………………………………… (46)
  第一节 研究内容与方法 …………………………………………………… (46)
  第二节 理论基础 …………………………………………………………… (47)
  第三节 老年人在线学习接受度模型构建 ………………………………… (50)
  第四节 老年人在线学习接受度问卷设计与方法 ………………………… (53)
  第五节 老年人在线学习接受度结构方程模型分析 ……………………… (54)
  第六节 研究总结 …………………………………………………………… (58)

第六章　老年人慕课学习环境分析与设计 (60)
- 第一节　老年人在线教育平台分析 (60)
- 第二节　老年人移动学习APP分析 (66)
- 第三节　面向老年人慕课移动学习平台设计——以老年人慕课学习APP为例 (72)

第七章　老年人慕课课程设计与开发 (84)
- 第一节　面向老年人的慕课课程现状 (84)
- 第二节　面向老年人的慕课课程未来发展趋势 (86)
- 第三节　老年人慕课课程设计——以"数码摄影基础"课程为例 (88)
- 第四节　老年人慕课课程开发——以"数码摄影基础"课程为例 (95)

第八章　老年人慕课在线学习模式设计与实践 (102)
- 第一节　慕课远程学习模式 (102)
- 第二节　面向老年人的慕课远程学习实践案例 (105)

第九章　老年人慕课混合式学习模式设计与实践 (117)
- 第一节　混合式学习模式 (117)
- 第二节　翻转课堂模式 (120)
- 第三节　基于慕课的翻转课堂 (127)
- 第四节　面向老年人的翻转课堂学习模式设计 (129)
- 第五节　基于慕课的翻转课堂学习模式实证研究 (130)

附录一　老年人在线学习适应性调查问卷 (147)

附录二　老年人在线学习接受度问卷 (149)

附录三　老年学习者学习满意度及达成情况 (151)

附录四　老年学习者学习体验及建议访谈提纲 (153)

附录五　老年人翻转课堂学习投入量表 (154)

参考文献 (155)

第一章 老年教育信息化发展路径

第一节 老年教育信息化发展背景

一、老龄化社会对老年教育信息化的客观要求

进入 21 世纪,我国人口问题已从人口数量问题转向人口质量问题,尤其是人口老龄化问题突出。根据第七次人口普查的数据显示,我国老年人口规模大,老龄化速度快,老年人需求结构正在从生存型向发展型转变,建设老龄事业和养老服务体系的重要性和紧迫性日益凸显,任务也更加艰巨繁重。

结合我国人口普查数据分析可知,伴随着社会主义发展,我国人口问题呈现出新的挑战:老龄人口增多且纵向发展、城乡区域发展不平衡、空巢老人群体数量增大、延迟退休现象愈发普遍,发展老年事业,机遇与挑战并存。老年教育是延缓老龄化发展的一项重要举措,社会对老年教育也提出了客观的要求。"十四五"将迎来老年教育快速发展的时期,推动老年教育提质增量升级的任务十分紧迫。将现代信息技术融入老年教育改革与发展之中,以网络信息技术为载体的老年教育作为新的发展增长点,是加速老年教育现代化,迎合社会发展客观要求的新尝试与新方式。

20 世纪 90 年代,我国开始重视教育信息化建设,并将其列为我国教育改革和发展的首要举措。近年来,随着互联网的发展和普及,信息技术成为整个社会发展的助推器,面向全国的教育信息基础设施体系逐步形成,国家教育信息化得到了进一步发展。教育信息化是在国家和教育部门统一规划和组织下,推动教育改革和发展、加快教育现代化进程的一项重要教育战略,是指在教育领域应用信息技术,将信息技术与教育全面深度融合,以信息技术为平台,为学习者、教师、教育信息、学习环境等构建信息化教育教学新模式。老年教育作为教育信息化的重要一环,其发展也成为教育信息化体系中的重要部分。近年来,互联网极大地推动了老年教育事业的发展。教学环境方面,通过利用现代信息技术手段,如在线直播系统、在线会议系统、智慧教室、VR 技术等,为老年人提供了多元化学习途径和学习体验;教学资源方面,通过建设面向老年人的在线开放课程平台,建立数字化老年教育资源库,开发如微课、微讲座、微视频等课程资源,逐步形成了老年人网上学习空间;教育管理方面,各地应积极推动老年教育管理机构和教学机构的信息化管理系统建设,逐步实现老年教育工作的信息化管理。

国家和地方层面围绕老年教育、老年教育信息化发展出台了一系列相关文件。2016 年,国务院办公厅印发《老年教育发展规划(2016—2020 年)》,对加快发展老年教育、扩大老年教育供给、创新老年教育体制机制、提升老年教育现代化水平进行部署。文件明确指出:发展老

年教育,是积极应对人口老龄化、实现教育现代化、建设学习型社会的重要举措,是满足老年人日益增长的多样化学习需要,提升老年人的生活品质,促进社会和谐发展的必然要求。2016年,上海市教育委员会、上海市老龄工作委员会办公室印发了《上海市老年教育发展"十三五"规划》,为上海市的老年教育发展指明了方向。2018年,教育部发布《教育信息化2.0行动计划》指出:"构建继续教育公共服务平台,推进开放大学建设,面向全社会提供服务,为学习者提供方便、灵活、个性化的信息化学习环境,促进终身学习体系和学习型社会建设。"2020年11月,国务院办公厅印发《关于切实解决老年人运用智能技术困难的实施方案》,就进一步推动解决老年人在运用智能技术方面遇到的困难,坚持传统服务方式与智能化服务创新并行,为老年人提供更周全、更贴心、更直接的便利化服务作出部署。2021年11月,中共中央、国务院发布文件《中共中央 国务院关于加强新时代老龄工作的意见》,文件指出:"有效应对我国人口老龄化,事关国家发展全局,事关亿万百姓福祉,事关社会和谐稳定,对于全面建设社会主义现代化国家具有重要意义。"建议"实施积极应对人口老龄化国家战略,把积极老龄观、健康老龄化理念融入经济社会发展全过程,加快建立健全相关政策体系和制度框架,大力弘扬中华民族孝亲敬老传统美德,促进老年人养老服务、健康服务、社会保障、社会参与、权益保障等统筹发展,推动老龄事业高质量发展,走出一条中国特色积极应对人口老龄化道路。"2021年,北京市老龄工作委员会印发《北京市"十四五"时期老龄事业发展规划》,强调引导老年人树立终身发展理念,营造老有所为、老有所学、老有所乐的社会氛围。2021年,上海市教育委员会办公室印发《关于推进本市老年教育数字化发展的意见》,文件中提出:"要积极应对本市人口老龄化的发展趋势,抓住城市数字化转型的发展机遇,聚焦互联网时代老年群体智能学习的迫切需求,切实解决老年人在运用智能技术方面遇到的困难,大力推进本市老年教育数字化发展,让老年人更好地共享数字化发展成果,拥有更多获得感、幸福感和安全感。"2022年2月,国务院印发《"十四五"国家老龄事业发展和养老服务体系规划》,在践行积极老龄观方面,提出要创新发展老年教育,鼓励开展在线老年教育;在营造老年友好型社会环境方面,提出要建设兼顾老年人需求的智慧社会,推进智能化服务适应老年人需求。同月,教育部发布《教育部2022年工作要点》,提出要推进国家开放大学创新发展,开展老年人运用智能技术教育培训,开展"智慧助老"优质工作案例、教育培训项目及课程资源推介行动。

二、老年群体对老年教育信息化的主观需求

随着社会的发展,我国老年群体愈发庞大,预示着老年人学习需求随之增长。新中国成立以来,人民的生活水平不断提高,人口受教育程度也随之提升,文盲率大幅降低,中学及以上受教育程度人口急剧增加,这奠定了老年群体退休之后有再学习的基础。老年教育相关调查研究显示,老年教育中出现的基本矛盾同我国社会发展的主要矛盾相适应。随着我国社会发展的主要矛盾由人民日益增长的物质文化需要同落后的社会生产之间的矛盾转变为人民日益增长的美好生活需要和不平衡不充分的发展之间的矛盾,老年教育的矛盾也由之前的老龄化与社会发展矛盾转变为日益增长的教育需要与老年人现有的教育资源分配不平衡之间的矛盾。党的十八大提出"完善终身教育体系,建设学习型社会",全社会学习之风渐浓,老年教育主观需求增长。有的老年人希望通过上老年大学,提高自己的文化水平,圆自己一个大学梦;有的老年人希望能通过老年教育平台或者网络掌握新的文化知识和技能,如智能手机应用,医疗医护知识等,提高适应社会发展的能力;即使是教授、专家这些高等学历人才退休后也希望能通过一些途径系统地学习其他领域的知识。老年教育信息化可以满足老年人继续追求自身全面发展的需求,帮助他们培养和发展个人爱好和兴趣,二次开发潜能和天赋。

另一方面,老年群体的精神养老需求凸显。随着我国逐步健全、完善社会保障体系,老年人在物质需求得到保障后,精神养老需求越发凸显,积极老龄化观念逐步形成。很多老年人把老年大学当作自己精神养老的家园:空巢老人、独居老人通过在老年大学学习和参加集体活动以获得归属感;退休后全身心服务家庭的老年人,因缺乏有效人际交流,逐渐被边缘化,产生孤独心理,严重者心情抑郁,他们希望可以通过老年大学和老年教育网络平台结交志同道合的朋友,重拾信心和自尊;退休前工作很充实,退休后依旧精力充沛的老年人,通过老年信息化搭建的学员自我展示平台和服务社会平台,满足实现自我价值的需求。但随着老年群体的增长和其学习需求的增大,现有的老年大学已经难以满足老年人的学习。可见,在有限资源的情况下,将信息技术融入老年教育改革中,利用"互联网+教育"的方式构建新型老年教育体系,推进线上学习与线下教学一体化发展,不仅能满足更多老年人的教育需求,还能让他们更便捷、高效地参与到教育和学习当中,为广大老年人足不出户上"没有围墙的老年大学"创造条件、提供服务,扩大老年教育的覆盖面和供给面。这一切的信息化和现代化的举措,对于提升我国老年教育信息化发展水平,促进国家老年教育事业科学发展有着重要意义。

第二节 国际老年教育信息化发展

一、澳大利亚

在1990年初期,互联网对于澳大利亚的大多数老年人来说还是一个不熟悉、遥远的事物。当时人们更多的是利用互联网来进行邮件的传输。在互联网的使用人群中,更多的是一些学者、科学家之类的高知识分子。

直到1997年,一部分澳大利亚、英国和新西兰的第三龄大学的老年大学成员开始用电子邮件交流他们的想法和对未来世界的愿景。在这个交流基础上形成了基于通信网络的第三年龄大学交流圈,被称为U3A Talk。这样的一种交流方式在被人们所熟知之后,越来越多的第三年龄大学的成员开始利用这种方式进行交流,共享信息资源。随着U3A Talk的普及和发展,最多的时候有来自澳大利亚、英国和新西兰三个国家的400名成员以这样的方式进行信息资源共享。他们之间的交流主题也不再局限,开始扩展到老年人的健康、保养、课程资源的共享等。

到了1998年,为了响应老年人国际年(International Year of Older Persons)的号召,以U3A Talk为基础,在政府的帮助下,澳大利亚诞生了世界上第一所虚拟第三年龄大学——在线第三年龄大学(U3A Online)。该大学是由老年人自己参与教学和管理的。最初的管理团队由100名老年志愿者组成,他们负责编写课程教材。通过定期开展网上会议,在论坛或电子邮件上讨论交流,不断完善老年教育体系,为不能参加线下第三年龄大学的老人提供支持。由此,澳大利亚开启老年教育新篇章。这也是世界上第一个通过互联网提供老年在线学习的例子。

U3A Online 主要提供涵盖世界性的历史事件、自然、写作、生活方式和科学五大方面的两类课程,可让老年学习者根据自己的实际情况进行选择。第一类是登录第三年龄大学网站独立学习的课程。要想在网站上独立进行学习,前提是要先成为 U3A Online 的会员,而成为会员则需要缴纳 25 美元作为学费。当成为会员后,学习者就可以根据自己的兴趣爱好来访问和学习所有的 U3A Online 的课程。在学习中或者学习后有什么疑惑都可随时登录论坛参与在线讨论和交流。第二类属于指导型课程。这类课程要比独立课程多缴纳 5 美元学费。不同于独立课程,指导型课程有规定好的开始日期和学习规划。1~8 周,每周会根据时间课程安排来确定当周的学习主题,学习者需要根据自己的时间来合理安排学习内容。和独立课程一样,这类课程也允许老年人随时登录在线论坛交流问题和经验。需要注意的是,这两类课程内容的编写和教授都是由退休专家完成。无论是对老年学习者而言,还是对教材的编著者和课程的教授而言,都旨在鼓励他们使用网络进行交流学习。除此之外,U3A Online 还为世界各地的第三年龄大学提供课程、教材等信息资源,充分挖掘老年人应用互联网学习的潜质,这也是澳大利亚老年教育信息化发展的雏形。目前,随着世界互联网的互通互达,第三年龄大学的规模也在不断扩张,网络化的教育方式也在不断发展,关于老年人的信息资源也随之增多,澳大利亚 U3A Online 也在逐步向正规化和智慧化方向发展,并成为澳大利亚老年教育发展的重要助力器。

也因看到了这样的趋势,U3A Online 开始和澳大利亚的 NFC 等公司进行合作,实施"老年人宽带项目"(Broadband for Seniors)。旨在帮助老年人学习计算机相关的技能,使其与时代发展相接轨,不再感到被社会所淘汰。2008—2015 年澳大利亚加大了对数字亭的投入,使 50 岁以上的老年人能免费学习计算机的相关知识,了解互联网下世界的样子。超过 25 万的澳大利亚老年人学会了如何使用计算机发送电子邮件、如何利用网络观看课程、参与论坛学习交流等。U3A Online 一直致力于老年信息化教学,为之后澳大利亚老年教育、终身教育的发展奠定了坚实的基础。

二、英国

1982 年,英国联合英国国内早期成立的老年大学建立了剑桥老年大学。旨在帮助老年人"在一起学习和分享知识",地点可以是社区,也可以是学习者的家里。1983 年英国第三年龄信托基金(The Third Age Trust)成立,开始为第三年龄大学提供服务,包括建立课程内容和教学资源等来支持老年教育的发展。

与澳大利亚 U3A Online 发展脉络相似,2003 年开始,英国采用 U3A Oline UK 为那些因各种原因不能参加线下课程学习的老年人提供了一种"虚拟"第三年龄大学模式,在该大学中,老年人可以根据自己的兴趣选择相应的课程,成立相应的非正式学习小组,并在网站上相互分享经验。其课程内容在由经验丰富的志愿者编写的情况下,尽可能为老年学习者提供更多选择。

与澳大利亚 U3A Online 一致,英国的 U3A Online UK 也有两类课程:一是指导型课程,学习者需要缴纳 5 英镑学费才可以进行课程的学习。每门课有 8 个单元,每个单元的学习时间大致在 3~5 个小时,老年学习者可以根据自己的时间参与学习。在学习过程中遇到的问题可以通过电子邮件与教师在网络上进行沟通。除此之外，U3A Online UK 还会专门为老年学习者和指导教师建立一个方便交流和讨论的电子邮件列表，供学习者们展开联系和互动。第二类是无指导型课程，顾名思义就是学习者的学习过程中没有指导教师参与讨论和交流的课程。这类课程对会员免费，无需其再支付额外的费用。老年学习者可以根据自身兴趣在网站下载课程，并根据自身时间合理安排学习。比起指导型课程，无指导型课程缺少了与教师和其他老年学习者交流互动的机会，更加注重老年人的自学，自由度相对更高。

2004 年，英国政府与 Tinder 基金会讨论，计划投入更多的精力在针对老年人的图书馆、社区中心的建设上，为老年人建立在线中心，以提高其网络学习素养。

随着各地老年教育的发展，英国 U3A Online UK 也开始与澳大利亚 U3A Online 等进行交流合作。英国的老年学习者可以在澳大利亚的 U3A Online 上进行注册学习，实现跨国学习和交流。目前，英国的 U3A Online UK 课程也在不断吸引对老年教育有兴趣的学习者的参与，扩大老年学习者的范围，使老年人这一群体成为新一股学习力量。在此基础上，也将联合不同的组织机构开发出更多的在线课程学习资源，如音视频等，满足老年人不同的兴趣需要。还会增加老年人在线辅导课程，把在线学习小组的概念引入课程建设之中，一对一为老年人答疑解惑，使更多的老年网络在线课程学习者可以在课程中有所收获。

三、法国

1973 年，法国学者皮埃尔·维勒斯在图卢兹大学创办了世界上第一所老年大学。学校设置专门的老年人课程，为老年人提供适合其年龄的活动，满足其心理和生理需求，丰富其老年生活。

法国的老年教育模式是一种不同于澳大利亚的模式，概括为自上而下的模式，即在高校内创办老年大学，组建法国老年大学协会（UFUTA），由协会创立"老年人关系、学习、信息问题"研究中心来促进终身学习的实现。其通常由专家进行科学研究以制定最适合老年人的受教育方案。由此可见，法国模式是把老年大学作为高等教育来办的。这种教育模式使得老年人的学术和研究层次水平得以提高，能够适应社会信息技术的发展和"互联网+"时代日新月异的变化。同时注重和强调教育权力的公平性。高校内创办老年大学可以更好地与时代接轨，体现教育现代化的思想。法国老年大学协会而后也成为很多国家老年教育的"模板"。

四、美国

1986 年，马克尔基金会资助了一项关于提高老年人生活质量的研究项目，这个项目是为了研究通信技术和计算机技术的发展能否提高老年人的生活质量。在此研究基础上，成立了一个全国性质的非营利的组织 Senior Net，旨在教授 50 岁以上的老年学习者使用计算机并在网络上参与学习，让老年学习者通过计算机方便快捷地了解到自己想要学习的知识，享受到智慧学习环境的便捷。

Senior Net 成立之后，就被赋予了尊重和重视老年人的发展，为老年人提供教育机会，通过构建网络学习社区，建成新的老年学习网络，促进老年群体的学习，促进老年教育信息化的发展的使命，对于老年教育的信息化发展具有重要意义。

自 Senior Net 成立以来,已向一百多万老年学习者提供了 150 多门在线课程,这些课程是由很多的老年志愿者来管理和运营的,课程的讲授由计算机学习中心负责,并且采用"老年人教老年人"这一有效的讲授方法,为老年学习者营造了轻松的学习氛围。在这里,老年学习者可以从计算机基础开始学习,一直到熟悉使用计算机,然后根据自己的接受水平和兴趣点在网站上选择适合自己的,包括理财、历史、文学、摄影等在内的课程内容。除此之外,Senior Net 还为老年人提供了 Facebook 界面,方便老年人与他人实时交流,随时随地分享文章、视频等。

在发展老年教育方面,Senior Net 主张与其他国家的学习中心互帮互助,共同创建供老年学习者学习的资源和相关的产品服务。

Senior Net 的资金来源非常广泛,有公司基金的捐赠,学习者缴纳的会费等,可以看出各界都在大力推动老年教育的发展。截至 2015 年,Senior Net 约有 6000 名会员,65 个学习中心,教会了越来越多的老年人利用网络进行在线学习,提高了老年群体的生活质量,促进国家教育的发展。

除此之外,2019 年,美国电信与信息管理局(NTIA)开始扩大宽带基础设施建设,并联合其他部门成立相关网站,为老年人提供在线学习资源,以提高其信息素养,帮助其更好地进行在线学习。联邦通信委员会(FCC)则计划联合支持老年人在线学习的相关产业部门向老年人提供在线学习所需设备和在线培训。

第三节 国内老年教育信息化发展

近年来,随着人工智能、大数据、云计算、5G 等新技术的出现,我国老年教育信息化的发展在借鉴英国和澳大利亚老年教育模式和其他国家经验基础上,结合我国国情的特殊性和文化的特色性,充分发挥信息技术的积极作用,开始逐步探索具有我国本土特色的老年教育信息化模式。

1983 年,我国在山东省创办了中国第一所老年大学,这所大学的创办对我国老年教育的发展具有十分重要的意义。90 年代末,基于网络的老年远程教育开始发展,上海市成为全国第一个开启老年远程教育的城市。1999 年 10 月 15 日,"上海网上老年大学"正式开通。之后,陕西、浙江、北京等地也开始逐步发展老年网络远程教育。这一时期,如何高效地开展网络在线教育,解决不同地区老年教育发展问题成为老年教育信息化关注的重点问题。

2007 年开始,我国老年网络远程教育蓬勃发展,进入了一个高潮期,面向全国老年人开放的东方银龄远程教育中心正式开通。这一中心由中国老龄事业发展基金会创办,象征着我国老年网络远程教育平台的自主性创立。在这一时期,我国老年网络远程教育事业不断完善和壮大,不仅在硬件方面有了很大的提升,在创新教育模式上也初有成效。此后,全国各省市地区结合本地发展特色,相继搭建起自己的网络远程教育平台,如重庆、厦门、云南等地都在结合自身的优势不断推进老年教育信息化建设。

到 2012 年后,我国老年网络远程教育开始走向稳步发展和全面推进阶段。2012 年 12 月,远程教育工作委员会年会对老年网络远程教育"三个一"计划进行部署,即在全国部分省市建立一批老年网络远程教育实验区;推荐评选一批全国老年远程教育优质课件;开展一批老年远程教育的课题研究。2015 年 5 月,国家开放大学老年教育研讨会在北京召开。国家开放大学校长杨志坚表示,面对日益严峻的老龄化形势,国家开放大学将主动承担国家的使命和期望,进一步开拓新的发展空间,增强服务意识,凝聚共识,树立形象、创新品牌,办好老年开放大学。

2016年国务院办公厅印发的《老年教育发展规划(2016—2020年)》对加快发展老年教育、扩大老年教育供给、创新老年教育体制机制、提升老年教育现代化水平作出部署。在此基础上,从2016年开始,以上海为首,陆续开始建设老年教育信息化管理平台,进一步提升老年教育机构的信息化能力,将老年信息化教育逐步落地。

2018年,由中国老年大学协会国际联络部和上海老年教育研究院主办的老年教育国际学术交流活动在上海举行。为了深入贯彻落实国务院办公厅印发的《老年教育发展规划(2016—2020)》关于加强国际交流合作的有关要求,进一步提升我国老年教育理论研究与国际接轨合作的水平,此次会议聚焦中国、法国、英国等国家老年教育模式开展研究和特色交流。会议倡导建立一个联系所有老年人、所有老年大学交流的网络,在网络中设置教会老年人使用不断出现的新兴技术工具、分享锻炼、保养经验等各种课程,以促进老年教育信息化的发展。这也是国际上不断倡导发展各国老年教育信息化的一项重要举措。

2021年10月19日,中国老年大学协会发布的《中国老年教育发展报告(2019—2020)》显示:截至2019年,我国老年远程教育学校数量达6000余所,约为2017年的6倍;老年远程教育教学点约3.6万个,比2017年增加近6000个。网络远程学习逐渐成为老年人适应当前社会发展、实现自身价值、满足自身物质文化需求、提升自身生活质量的新途径。

2021年教育部办公厅印发《关于广泛开展老年人运用智能技术教育培训的通知》指出:各地教育行政部门要将"开展老年人智能技术教育、加强应用培训"作为社区教育、老年教育的一项重要内容,列入"十四五"教育相关规划和年度工作计划等政策文件,强化政策引导与统筹协调。文件强调,开放大学体系要发挥终身教育重要平台作用,运用智能技术创新线上线下相融合的老年人教育培训模式,鼓励各终身学习(老年教育)平台开设"老年人运用智能技术"专栏,大力开展教育培训与应用推广,为老年人提供灵活便利的学习平台和优质丰富的学习课程。遵循贴近生活、图文并茂、简单易学等原则,征集、开发"互联网+生活""智能手机应用""智慧生活"等体现适老化和场景化的全媒体课程资源。到2022年,依托国家开放大学组织推介"智慧助老"专题的优质工作案例100个、教育培训项目200个、课程资源500门。

老年大学5G智慧校园建设方面,目前全国已经逐步铺开,国务院国资委物资老年大学、广西老年大学、厦门老年大学、哈尔滨老年人大学等345所老年大学已完成5G智慧校园管理云、数字云等的初步建设。未来,5G智慧校园建设将成为老年大学标准化建设的重要内容。

总体来看,我国自1983年成立老年大学以来,取得了引人瞩目的成就。经过30多年的发展,我国的老年教育由以政府投入为主,社会组织投入为辅的办学格局转变到多层次、多渠道、多元化发展格局,包含政府、高等学校、企业、社会民间力量、宗教团体、老年人自主自治投资办学等多种形式。开发主体也由单一的线下老年大学向多元化的线上混合式老年大学转变。传播渠道除了课堂之外,还可以通过网络等形式传播。利用现代教育技术发展老年信息化教育成为现今十分必要的趋势,也成为当今时代的命题。目前,随着参与网络在线远程学习的群体从小学、中学、大学逐渐扩展到老年学习者,在线教育与老年教育的融合发展逐渐成为老年教育信息化发展的重要模式之一,以网络在线学习和线下集中教学的混合式教学模式打破传统的时空界限,增加老年学习者的学习资源和学习途径来满足老年人实际的学习需要和精神需求也逐渐为老年学习者所接受。截至2018年,我国共有超1000万老年人通过网络远程教育等形式参与学习。2019年初,伴随着新冠疫情的暴发,建立老年信息化教育平台、开发老年教育网络资源、满足老年人的学习需要,推进老年网络教育显得愈发重要。

近年来,党和政府把发展老年教育提升到国家战略层面,列入到基本公共服务和重要民生项目,强调要率先建设一批有中国特色的老年大学、老年学校和老年教育课程,建成能覆盖所有乡村和城市的远程教育老年学习网,构建老年教育管理公共服务平台、教育资源共建共享平台等,促进城乡老年教育资源均衡分配,形成充满活力和信息化的现代老年教育体系。其中,北京、上海、成都、云南等城市老年教育信息化建设较为突出。

一、北京市

在北京开放大学于2019年建立的"北京老年开放大学"的基础上,北京市在2020年为17家区级老年开放大学授牌。以"北京老年开放大学"为龙头的市、区、街(乡)、居(村)四级办学体系逐步健全和完善,多部门横向协同、纵向联动的工作机制正在形成。在市、区级老年开放大学发挥引领、指导和示范作用下,各级办学主体结合老年人广泛和多样化的教育需求,建立了终身教育学习平台"京学网",建设了老年教育示范性课程,逐步形成了老年教育资源共享机制。

"京学网"(https://www.bjlearning.cn/)作为北京市教育委员会委托北京开放大学建设的首都市民终身学习平台,于2014年上线投入使用,在推动北京市学习型城市建设、服务广大市民终身学习方面发挥了重要作用。该平台包括学习资讯、老年大学、培训项目、课程超市、学习地图等。尤其是课程建设方面,通过线上线下等多种渠道,使市和区两级老年大学集聚的教育资源逐渐向基层辐射。政府部门、社区学校、老年大学等多元主体通过遴选、开发、整合等方式,共建共享纸质、移动媒体等多种传播媒介的学习资源,逐步构建了以健康养生、实用技能、文化艺术、科学普及、文明道德、安全防范、法律与社会、生命意义、自我实现和人际关系为内容的课程体系。

二、上海市

面对日益严峻的人口老龄化,上海市努力通过改善老年群体教育形式,提升老年个体的生存、生活状态。"十三五"期间,上海老年教育重点探索了人口老龄化背景下,"精准"满足老年群体日趋旺盛的多元化学习需求的策略和路径,专门制定了"老年教育信息化促进项目"。

2017年3月,为提升老年人的生活质量,推动老年教育均衡发展,上海将发展老年教育信息化作为其重点推进工作,开始启动"老年教育信息化管理平台"建设和应用,希望通过建设"上海市老年教育信息化管理平台",优化各老年教育机构信息化基础应用环境,推进信息技术与办学、教学的深度融合,并将该平台推广到各个区县来为上海教育信息化2.0助力,推动全市老年教育数据的协调、开放、共享,实现大数据统一采集、实时分析,服务各类资源的融合共享与融通流动,切实提升了老年教育的纵深管理,开启了信息化服务老年教育向更高层次的优质均衡、个性多样发展的新模式。

该平台可以存储大量的老年教育信息,如各老年教育机构课程教学资源、活动场地等信息资料。老年人在该信息平台上进行注册,就可以完成登记、选课等一系列的学习服务,不再需要到线下老年大学排队登记,从而实现了线上跨时空无障碍报名。除此之外,针对老年人个性化的发展,还实现了一人一账户的学习成果累计,并提供了相应的奖励制度,为老年人的学习带来了极大的便利,丰富了老年人的学习生活。

2019年4月28日,上海市教委终身教育处、上海市老年教育工作小组办、上海市老年教育信息中心在中银大厦召开了"2019年上海市老年教育信息化工作推进会"。从推进老年教育信息化管理、实现老年人学籍精准化管理、明确大数据时代信息化教学管理的新思路这三个方面进一步发展老年教育,保证老年人足不出户,就能共享各类优质学习资源,推动老年教育信息化发展到达新高度。

截至2021年,该平台已有六大模块,分别是教务管理、课程报名、活动报名、积分兑换、教师认证、老年教育数据库。平台老年学习群体数量总计超过三十万人。

三、成都

据统计,2019年成都市60岁及以上人口有316万人,大约占成都市总人口的21%。

在中国共产党十九届五中全会提出"实施积极应对人口老龄化国家战略"等要求的背景下,"十四五"期间,成都市政府和有关教育部门提出要提高老年群体的信息化学习和应用能力,帮助老年人跨越"数字鸿沟"。首先,从基础开始,针对老年人的信息化教育,为老年人编著属于他们的信息化教材,使其从基本概念开始对信息化有所了解。其次,在现有的网络体系下,建设优质的网络课程资源,开展特色化教学。同时,也为老年学习者制定信息化水平等级自测,可以鼓励他们不断学习。在这之中,在信息化课程资源建设方面,根据老年人不同的需要,开设摄影班、移动终端软件教学班、保健健身班等各具特色的课程内容。除此之外,为了提高老年人防诈骗意识,不仅教他们安装防诈骗APP,还把防诈骗知识作为信息化通识教育的重要内容。在老年人教学模式方面,提倡老年人互帮互助,课程内容掌握较快的带动掌握较慢的,在学习一段时间后,为他们举办信息化技能比赛,营造良好的老年学习氛围,从而调动老年学习者的积极性。

四、云南

2008年,作为对云南现有老年教育形式的一种补充,云南老年网络大学正式成立。其目的在于依托现有的网络教学,将老年教育建设成为一个可以跨越时空,惠及更多老年人的教育教学环境。

在此基础上,以"互联网+"为基点,以传统教学、精品教学、社团活动、游学养生四大课程体系为内涵,通过开设公开课、公共课、智能手机培训班等,真正让老年人共享智慧发展成果。这与成都市政府所提出的"跨越数字鸿沟"理念有相似之处,都意在让老年教育与时代相接轨。

同时,云南老年网络大学在智慧管理系统的开发基础上加入"彩云之南"文化游学模块,将本地特色引入老年教学之中,意在打造以云岭银教云课堂为品牌的老年教育"云南模式",这也是其他省市发展老年教育所要借鉴的。

总体来看,在现有的发展基础上,我国各地老年教育信息化建设虽取得一定的成效,但还存在重视程度不一,发展不平衡、不充分等问题。

第四节　老年教育信息化发展障碍

　　从国家层面来看,针对欠发达地区的老年教育信息化发展没有明确的政策导向和先进的思想观念指引,导致城乡之间发展不平衡。集中的资本投入主要来自政府,没有与企业、慈善机构等团体资源形成合力,整体来说缺乏专项经费的支持。

　　从地方层面来看,很多省市地区对老年教育发展政策支持力度不够,无法在宏观层面提供有力保障。对于老年教育信息化的发展政策,只是泛泛而谈,没有根据当地的实际情况制定合理的实施规划。经济发展缓慢地区的老年课程资源建设相对滞后且没有针对性,网络平台和数字化学习资源建设不完善。有的地区仅是提出了发展老年教育信息化的口号或者建设了信息化"空壳子"平台,但其老年社区教育环境和网络平台环境并不适合老年群体开展学习。在一些发达地区,虽然有自己的老年教育平台资源和课程资源,但实质上各级平台之间并不互通,不能实现信息资源的有效共享,很容易造成信息阻塞,资源发展不均的情况。各地老年大学的受众群体也只是一些退休的知识文化老年群体。

　　从社会层面来看,大众对老年教育的认识还存在一定的误解,认为老年教育就是让老年人看看书、读读报;部分地区针对老年教育的发展也仅从兴办老年大学、社区学校等来开展;经济欠发达地区的老年人思想观念落后,再学习的意识和信息技术水平不高,对计算机、移动终端设备的使用知之甚少,更不用说在互联网环境下开展在线学习。2022年中国互联网络信息中心发布的第49次《中国互联网络发展状况统计报告》显示:截至2021年12月,我国网民规模达10.32亿,较2020年12月增长4296万,互联网普及率达73.0%。其中60岁及以上老年网民规模达1.19亿,互联网普及率达43.2%。除此之外,相关调查数据显示,老年人在接触互联网过程中遇到困难时,50%会选择放弃,主要是由于网络的复杂性问题。由此可见,许多老年人因为不懂设备操作,而出现了想学又不知怎样去学的现象。此外,在线教育、远程教育资源中面向老年人的课程资源较少也是一大问题,参与在线学习的过程中,许多老年人因为没有找到合适的、感兴趣的学习资源而出现了学习倦怠的现象等。

　　为了应对这些现实问题,国家、地方先后出台一系列相关政策,以推动国家终身教育事业发展,促进老年群体加速融入现代信息化社会。在此基础上,优化老年教育教学平台,改进教学机制,提高教学水平,建设和整合课程资源,构建新型老年教育体系,提升我国老年教育信息化发展水平就显得尤为重要。当前,国家各级单位正大力推进老年教育平台和老年课程资源建设,各级老年教育机构也在逐步将老年大学教育信息化管理纳入学校信息化发展规划中,并朝着"规范化、信息化、网络化、个性化"的方向发展,以提高老年人的学习期望,为其营造良好的学习氛围,增加老年人学习的方式,满足其精神追求。

第五节　老年教育信息化发展路径分析

　　老年教育信息化是将信息技术应用于老年教育改革的行动。信息技术已应用于现代社会的方方面面,为了帮助老年人更好地融入现代社会,需要重视和发挥信息技术的作用,依托于信息技术开展老年教育,以信息化手段引领老年教育理念和教育模式创新,进而实现老年教育现代化。利用"互联网+"教育积累的教学经验和学习资源,借助高校良好的信息化教学资源开发模式,聚焦老年教育信息化需求,秉承国家系统谋划、地方整体推进的原则,各地方政府、教育部门应当结合当前国家发展政策,及时推广并适时形成关于发展老年教育信息化的政策文件,加强政策保障和引领,推动形成覆盖广泛、主体多元、资源共享、灵活多样、特色鲜明、规范有序的老年教育信息化发展新格局。除此之外,积极组织开展第三方评估,对各地发展程度和成就进行评价,为国家进一步制定政策提供辅助,统筹把握老年群体教育与全社会成员教育、老年期与全生命周期、老年教育信息化政策与老年教育政策的关系,系统整体推进老年教育信息化和现代化事业的发展,长效解决"数字鸿沟"难题。借鉴教育信息化、"互联网+教育"的规划与建设经验,老年教育信息化建设主要涉及六方面建设内容,即老年教育信息化环境、老年教育信息化教学模式、老年教育信息化资源、老年教育师资队伍、老年教育教学评价、老年教育保障机制。

一、打造面向老年人的智慧学习环境

网络环境是开展老年教育信息化事业的基础,在国家教育新基建推动背景下,我们需依托市-区-街镇各级老年教育办学网络,深化老年教育机构的信息化环境建设,打造高质量智慧教育应用场景,将智能技术应用到老年教育的学习与管理中。我们还可以依托国家开放大学筹建国家老年大学,搭建全国老年教育资源共享和公共服务平台;积极推动各级各类终身教育平台、老年教育平台的开放协同,强化平台在知识生产、资源共享、学习支持、监测评价、管理决策等方面的功能,实现教育教学全过程的应用服务,为老年人打造互通、共享的网络学习空间。各级各地老年教育学习平台要提升安全等级,强化学习数据安全管理,根据信息化安全的要求加强学习者个人隐私数据保护,确保老年人学习账户的安全使用。除此之外,为了便于老年学员信息的管理,老年大学应积极采纳应用智能教务管理系统,记录老年学员的报名与学习信息,基于大数据挖掘老年学习者的学习现状与需求,实现智能化管理,提高老年信息化教学与管理的针对性和实效性。

二、构建适用于老年人的信息化教学模式

通过互联网普及和宣传信息化教育的理念,要引导老年学习者树立信息化时代的学习思维模式,重构传统学习方式,开拓无边界学习空间。积极探索信息技术手段支持的教学环境、多元学习方式支持的实施途径,如探索使用老年人偏好的微信、抖音等社交媒体开展直播、录播等在线互动教学方式。全国各地区的老年教育机构和学校可以尝试突破之前单一的线下教学模式,在课堂教学和课程设计中融入智慧学习的元素,利用在线教学平台、智慧教学辅助工具等各种数字化手段,构建线上线下有机融合的"双通道"课程体系,探索混合式教学模式。将优质课程资源提供给农村基层、社区大学、老年大学、养老院等老年学习交流场所,设置老年在线学习服务点,实现线上线下一体化教学模式。结合老年远程教育平台,采用微信公众号、微信视频号、手机APP等形式向老年人分享在线学习资源,实现老年大学资源共建共享、互联互

通,构建无处不在的网络学习环境及方便周到的校园生活,让老年人在学习过程中能够随时进行交流探讨,从而更好地服务于广大老年学习者。

另外,通过建立数字化学习档案,记录和存储老年人的学习经历和成果,实现可追溯、可查询。积极推动终身教育与职业技能等级证书等成果的认证、积累与转换,逐步形成数字化终身学习体系,提高老年人的社会参与。

三、扩大优质数字化资源供给

推进面向老年人群的数字化学习资源建设,扩大老年教育教学资源的有效供给,形成政府主导、多方参与、成果共享的数字化学习资源建设机制,为老年人群提供适合、丰富、优质的数字化学习资源,打造泛在的数字老年教育公共服务新生态。提高数字化学习资源质量,定期开展老年人数字化学习需求调研和动态分析,打造老年教育数字化学习产品,鼓励通过自主研发或政府采购的方式,构建面向老年人的学习资源库,课程资源要突出老年教育课程的引导性、实用性和娱乐性。根据老年人的不同兴趣爱好,建设艺术、文化、健康、生活等类型多样的数字化学习资源,不断丰富学习内容,拓展知识边界;根据学习阶段的差异,开发阶梯式课程,形成分层课程模式;根据学习方式的差异,开发微课、慕课、云视课堂、网络直播课等不同形式的学习资源,为不同学习场景提供丰富多样的学习内容。推动确立老年教育资源共享机制,通过政府部门、社区学校、老年大学等多元主体,共建共享纸质、移动媒体等多种传播媒介的学习资源。鼓励社会资源面向老年群体开放。学校、博物馆、图书馆等应积极向老年人提供图书馆、活动场地、实践基地等资源,支持老年教育服务。引导普通高校、开放大学、职业学校等开设属于老年教育的在线课程,优化老年教育的服务专业设置,结合当前社会发展,动态增设和调整老年课程资源设置,适应老年人需求,推进智能化服务。其中包括组织开展老年人运用智能技术的教育培训,通过体验学习、尝试应用、经验交流、互助帮扶等,引导老年人了解新事物、体验新科技、运用新技术。研究编制一批老年人运用智能技术的相关教育培训教材,鼓励老年人家庭成员、相关社会组织加强对老年人的帮助培训。

四、提升老年教育师资队伍信息化教育能力

要发展老年教育信息化必须要认识到教师的信息技术应用能力是关键。一方面要依托高校、老年大学等建立老年教育信息化培训基地,开展老年教育师资培训,其中包括积极学习并掌握智能教学工具,利用已有的新科技产品和工具系统地解决老年教育信息化教学和管理的问题,探索人工智能、VR、大数据等新技术与日常教学的融合等,全面提高老年教育者的信息化应用水平,促进形成信息化环境下人机协同探究的新模式。另一方面在培养服务人才和志愿者上,遴选培育一批智慧助老志愿服务团队,建立老年教育信息化师资共享库和师资配送系统,并结合互联网的发展,将科技与传统的老年教育培养相融合,加大新技术、新应用、新生态的人才引进,为老年人运用智能技术提供志愿培训和服务。引导有条件的学校开设老年学、老年医学、老年社会学、心理学等相关专业,鼓励学校自主培养积极应对人口老龄化和老年教育信息化发展相关领域的高水平人才。

五、构建终身教育评价体系

国家将信息化时代教育变革、大力推进教育信息化列为推进教育现代化的重点战略和重点任务,未来我国老年教育现代化的发展必然随着信息化服务平台的建设而不断深化。根据国际老年大学协会创始人维拉斯所述:老年教育平台作为展示课程教学的重要媒介,应为老年人参与平台课程学习提供相关认证。各地区应积极推动个人数字学习档案制度及在线课程学分认定机制,记录存储老年人的学习经历和成果,实现可追溯、可查询。老年学员可以通过跨校学习、在线学习等不同渠道的学习积累学分。依托国家学分银行制度,推动老年学员的非正式教育、职业技能等级证书等多种学习成果的认证、积累与转换,为修够学分且通过课程考试的老年人颁发毕业证书。激励老年人积极参加在线学习,推动老年人的社会参与,全面助力老有所为。

六、完善投入保障机制

创设信息化教育环境需要多方参与,共建共享。除依靠政府资本投入之外,还需整合企业、老年协会和慈善机构等社会团体资源,成立老年教育信息化发展专项基金,健全老年教育信息化经费支持。坚持政府、社会、企业等共同参与,各尽其责。政府可以通过吸引、鼓励社会各类资本、组织机构参与老年教育建设,为老年群体打造友好型信息化教育环境。同时推进产教融合,鼓励养教结合创新实践,支持社区养老服务机构和相关企业互相交流。通过培育一批产教融合型养老企业作为老年人的实习基地,让老年群体通过信息化环境的学习,将所学应用于实践,积极参与社会活动,促进老年人再就业,促进老年人继续发挥余热。将发展老年教育的目标集中在信息化、网络化的视角下,加强智慧助老公益宣传,营造帮助老年人解决运用智能技术困难的良好氛围。充分利用社区、老年大学等场地资源,引入优质网络课程,以公开课、专题讲座、论坛、慕课、微课等形式为老年学习者开设各类课程。发挥社区教育办学网络的作用,办好家门口的老年教育。

第二章 面向老年人的慕课发展路径

第一节 慕课的概念及特征

一、基于慕课的远程学习发展概述

作为远程学习的最新形式,慕课最早起源于美国,但却有一个较长的孕育发展过程。慕课经过长期的积淀,在世界知名高校和社会力量的推动下,以非常迅猛的速度席卷了全球。回溯远程教育发展历史,在经历了19世纪中叶以印刷材料为主要学习资源、依靠邮政传递进行通信的第一代远程教育函授教育之后,随着多媒体技术的发展,第二代依靠多媒体教学的远程教育形式出现。在该阶段,学习资源在印刷材料的基础上添加了以广播电视等为代表的大众媒体和以录音录像等为代表的个人媒体,开放大学、广播电视大学以及远程教育大学是其主要形式。在此之后,第三代远程教育出现,建立在电子通信技术和计算机技术之上,利用信息技术实现人机和人与人之间的双向交互为多种教学活动的开展提供了支持。

慕课正是在这个过程中出现,如图2-1所示,20世纪初,伴随着教育开放理念的出现(彼得斯,2008年),知识自由共享,学习的愿望在没有人口、经济和地理限制的情况下得到满足的理念逐渐受到大家的关注。自2000年以来,教育开放理念迅速发展。2002年,麻省理工学院(MIT)建立了开放课程(Open Course Ware)和开放大学(Open university),并于2006年成立了开放教育(Open Learn)。人们开始通过在线远程方式学习,慕课由此产生。2008年,戴夫·科米尔首次引入大规模开放在线课程(Massive Open Online Course,MOOC),对西蒙斯和唐斯设计开放的"联结主义与联结知识"课程进行描述。该课程最初面向25名注册、付费、需要获取学分的学生设计,同时面向全球对注册的学习者免费开放,结果超过2300人参加了该课程。2011年塞巴斯蒂安和他在斯坦福大学的同事开放了他们在大学教授的课程"人工智能导论",并吸引了来自190多个国家的160000名学习者。自此,慕课已成为机构、个人和商业组织在线课程计划的标签。与此同时,在慕课发展初期,精英院校已经开始搭建了各种开放学习平台,例如:2012年麻省理工学院的edX和开放大学的Future learn。《纽约时报》将2012年称为第一个慕课元年,在这个过程中,慕课的发展不断引领在线学习的创新,参与慕课学习的人数也越来越多。不同的学习理论推动着慕课朝着两个不同的方向发展:基于联通主义的cMOOC和基于行为主义的xMOOC。

2020年被称为第二个慕课元年。2020年初,持续的新冠肺炎疫情导致线下教育受阻,慕课因其大规模、开放性、在线性的特点被看作是疫情时代的重要学习方式。根据现有数据统计,2020年慕课平台学习者人数共增加6000万。其中coursera、edX、Future Learn、Class

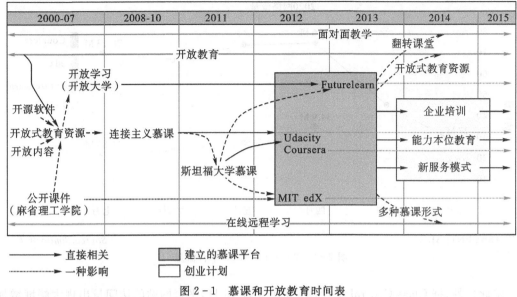

图 2-1 慕课和开放教育时间表

central 慕课平台的新注册人数均有所增长,如表 2-1 所示。

表 2-1 2019—2020 年主流慕课平台新增人数

新注册用户	2019	2020	总数
coursera	800 万	3100 万	7600 万
edX	500 万	1000 万	3500 万
FutureLearn	130 万	500 万	1500 万
Class central	35 万	80 万	230 万

与此同时,在疫情期间,慕课课程和学习人数也出现了大幅增长。至 2020 年,全球共有 950 所大学上线 16.3 万门课程,有超过 1.8 亿学习者(不包括中国)。2020 年,慕课提供商共推出了 2800 多门课程、19 个在线学位和 360 个微证书,如表 2-2 所示。

表 2-2 四大慕课平台数据

平台	学习者人数	课程数	微证书	Degrees
Coursera	7600 万	4600	610	25
edX	3500 万	3100	385	13
FutureLearn	1400 万	1160	86	28
Swayam	1600 万	1130	0	0

在这个过程中,如图 2-2 所示,排名前 3 的慕课提供商(Coursera、edX 和 FutureLearn)仅在 2020 年 4 月份注册的新用户数量就与 2019 年全年一致。在高峰时期,MOOC 平台流量几乎是 2020 年 2 月的三倍。其中,Coursera 增加的学习者最多,在 3 月中旬至 7 月底共增加了约 3000 万名注册用户。

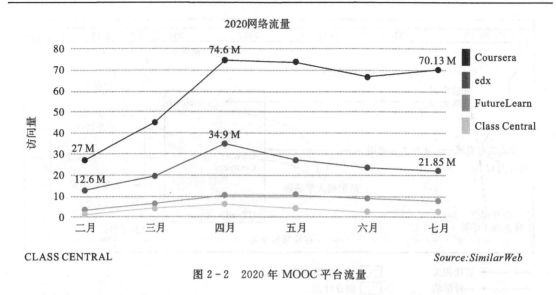

图 2-2　2020 年 MOOC 平台流量

除此之外,据 Class Central 统计,2020 年 3 月 15 日,平台网站的访问量出现大幅度增加,此后,1500 万学习者访问 Class Central 寻找课程,向 MOOC 提供商发送了 850 万次点击,这是 2019 年 Class Central 访问量的两倍多。在这个过程中,可以发现:用户的参与度也较之前更高。

除主流的慕课平台外,2020 年,其他慕课平台注册新增人数也大幅度增加。据统计:阿拉伯语慕课平台 Edraak 在 2020 年新增学习者 100 万人次,泰国 2016 年推出的官方 MOOC 平台 ThaiMOOC 在 2020 年共有新学员 28.6 万人次,注册用户总数达 57 万人次。

二、慕课的概念

对于 MOOC 定义的认识,不同的学者有不同的观点,唐斯认为 MOOC 是一种参与者和课程资源都分散在网络上的课程,只有在课程是开放的、参与者达到一定规模的情况下,这种学习形式才会更有效。MOOC 不仅是学习内容和学习者的聚集,更是一种通过共同的话题或某一领域的讨论将教师和学习者连接起来的方式。肯和马斯特斯则认为,大规模(massive)主要是指大量的学习者参与课程,也可以指大规模的课程活动范围。麦考利和科米尔等认为 MOOC 是将社会化网络、某一领域的专家和网上可获得的资源整合起来,通过多种形式的社交媒体参与讨论、思考、分享资源,课程是在参与者的交流中生成的。

总体来看,有关 MOOC 的定义可从其名称来看。"慕课"(MOOC)中四个英文字母分别代表了不同的含义,其中"M"即 Massive,代表大规模的意思,与传统的课堂参与人数有较大差异,不局限于一个班、一个教室的人数,一门慕课可有十几万人共同参与学习;第二个字母"O"即 Open,开放的意思,所有感兴趣学习的人都可通过慕课平台进行自主选课学习,不限地区、不限国籍、不限年龄;第三个字母同样也是"O",它不同于 Open,是 Online 在线的意思,学习者的学习可以不用去线下特定的地点学习,只需注册一个账号并拥有终端的网络设备,就可进行线上课程的学习,打破了时空的界限,方便了学习生活;第四个字母"C"即 Course,是课程的意思,拥有各类的课程知识供学习者学习。从慕课的概念来看,学习者学生不再局限于传统课堂上知识的学习,可以根据自己的兴趣和能力,自主选择课程。从课程的开始到课程结束,中间的学习安排都由学习者自己决定,充分体现了以学生为主的教育思想,有利于学生个性化发展。通俗一点理解慕课,它就像一个虚拟的网络大学而又超过了传统意义上的网络课程,将教、学、管有机结合,采用网络的形式组织教育管理,有相对应的一套教育体系。

从慕课的形式上来看,在产生之初,它像一颗冉冉升起的新星扩充了在线教育的形式。慕课主要是由教师将制作好的短视频或者微课上传到慕课平台上,学生可以通过联网的终端设备进行在线学习,其中包括类似学校学习的流程和安排,如先观看视频进行知识点的学习,再完成每个章节的作业,提交作业。遇到问题,在讨论区交流,等课程结束后,参加考试获得证书等。慕课中的课程安排也讲究循序渐进,让学生通过课程的学习一步一步从掌握知识到学会应用。慕课中的内容众多,不仅局限于计算机、统计学、工程学等社会科学知识,也涵盖了包括历史、文学、礼仪等在内的广泛的人文知识。

三、慕课的特征

(一)大规模

大规模首先体现在学生习者的大规模性。从三大 MOOC 平台的注册人数来看,截至 2022 年 10 月,Coursera 的注册人数达 1.13 亿人,Udacity 的注册人数超过 1600 万,edX 的注册人数则超过 4100 万。

其次,大规模体现在 MOOC 平台中参与高校众多。Coursera 选择的合作对象是每年最新发布的世界大学学术排行榜上排名前 5% 的学校。截至 2022 年底,全球共有 180 多所高校和机构加盟 Coursera 平台,我国有 11 所高校及机构成为该平台的加盟校,包括清华大学、北京大学、西安交通大学、复旦大学等国内顶级高校。

第三,大规模体现在大量的教师以团队方式参与课程教学。要做一门优秀的课程,需要制作精美的教学视频和课件上传到网络上,及时解答学生疑问,组织协调学生在学习社区中进行有效互动,引导学生完成教学目标和任务。

第四,大规模还体现在平台上有大量可供选择的网络课程。截至 2022 年底,全球最大的网络课程联盟 Coursera 共享了 7000 多门课程,涵盖人文、教育、健康与社会、生命科学、商业及管理、信息技术、经济与金融、自然科学等各个领域。edx 作为世界顶尖高校联合的共享教育平台,目前也提供了 3600 门在线课程,覆盖法律、历史、科学、工程、商业、社会科学、计算机科学、公共卫生和人工智能等领域。可汗学院则在 Youtube 上载有超过 8300 段教学影片,内容包括数学、物理、化学、天文、生物、历史、医学、金融与经济、公民教育、计算机科学等诸多方面。这些课程不仅涉及的领域广泛,种类繁多,而且随着 MOOC 的不断国际化,授课语言也趋于多元化。目前,Coursera 平台所提供的课程除英语课程外,还有西班牙语、法语、中文、阿拉伯语、德语和意大利语课程。

第五,大规模更意味着需要大投入。三大 MOOC 巨头 Coursera、edX 和 Udacity 每年花费在平台建设的资金高达上千万。除过资金上的大量投入,有调查显示,教授们通常需要花费上百小时准备课程,包括拍摄讲座视频、精心准备教学素材、设计教学环节与活动等,正式开始上课后,每周还需要花 8~10 小时参与在线学习社区的讨论与答疑等活动。

(二)开放性

开放性首先体现在慕课对学习对象的全面开放,实现了全球资源的共享。通过慕课,人们可以打破年龄、地域、语言、文化、种族、收入限制,随时随地获取来自全世界的知识。现如今网络发达,连接起全世界,这些因素都不再成为实现语言互通、资源共享的障碍。可以说,慕课实现了真正意义上的"有教无类"。慕课的这一特性,也吸引了越来越多的老年人参与其中。

其次是教学与学习形式的开放性。由于慕课平台的开放性,几乎每门在线开放课程中师生互动、生生互动的频率都很高。据统计,Coursera 问答平台中,问题回答时间的中值仅为 22 分钟。

第三是教学内容与课程资源的开放性。开放的教学内容与课程资源意味着知识的易获得和免费性,学习者可以在慕课平台上获取来自全世界各个高校和机构的学习资源。另外,"开源的软件与工具"可以提供各种功能的开放源代码软件来促进开放式教育资源的开发、传播、交流与共享。

第四是教育理念的开放性。如今共享意识越来越成为国际主流,人们不再故步自封,独守资源,而是将自己的先进知识和技术通过网络平台与全世界学习者交流共享,加速了世界文明的发展。

(三)在线性

在线首先是教育机构或者教育者可以随时随地将课程、教学内容与资源上传到网络平台。其次,在线意味着任何人可以在任何时间、任何地点,按照自己的节奏学习,并且能够及时得到学习反馈。第三,在线意味着经济实惠,得益于廉价、高速的互联网在全球范围的蓬勃发展,这些在线课程可能只需每人支付 50 美分至 1 美元就可以播放。第四,在线还意味着可以适时记录学习者的学习行为和过程,便于在大数据分析的基础上,掌握学习情况,跟踪学生的学习生涯,探讨学习与认知规律。

(四)自主性

慕课的课程都是由教师团队提前录好上传到慕课平台,学习者只需要一台联网的设备就能进行学习。慕课的自主性首先体现在选课上,学习者可以根据自己的兴趣和学习需要,自主选择课程进行学习。从参与学习课程开始到课程结束,中间的学习安排都由学习者自主进行,不受时间和空间的限制,突破了传统的时空界限,可以让学习者更高效、更方便、更便捷地学习自己想要学习的内容。满足了学生学习者的个性化学习需要,提高了学习的积极性和主动性。

第二节 慕课助推老年教育发展

一、老年教育领域的现实诉求

(一)当前老年教育领域供需严重失衡

随着老年人口的急速增长和老年人观念的转换,更新知识理念成为许多老年人的生活调剂品之一。老年教育相关调查研究显示,当前,我国老年教育基本矛盾同社会发展的主要矛盾相适应。随着我国社会发展的主要矛盾由人民日益增长的物质文化需要同落后的社会生产之间的矛盾转变为人民日益增长的美好生活需要和不平衡不充分的发展之间的矛盾,老年教育的矛盾也由先前的老龄化与社会发展间的矛盾转变为日益增长的教育需要同老年人现有的教育资源分配不平衡之间的矛盾。

《中国老年教育发展报告(2019—2020)》显示:目前,我国各类老年学校约76296所,在校人数约1088.2万人,传统老年教育只能解决约4%的老年人就读需求。已有文献对温州、上海、天津等地的调查数据表明,有受教育意愿的老年人约占全老年人总数的25%左右。严重的供需脱节,让许多一心求学的老年人被老年大学拒之门外。

(二)我国老年远程教育研究与实践相对薄弱

国外的老年远程教育事业起步较早,如英国的"第三年龄大学"、瑞典的在线老年大学、美国的老年人网络(Senior Net)、德国的"老年教育欧洲信息网络平台"等。总体来看,当前,国外有关老年远程教育的研究主要关注以下几个方面:①信息技术应用对老年人带来的心理变化,如促进老年人的认知反应、自我效能感等;②老年人在信息技术方面的应用障碍,以及影响老年人采纳技术的关键因素;③适用于老年人的技术特点、课件设计等。

而与之相对的,国内老年远程教育起步较晚,但发展较为迅速。2012年至今,中国老年大学协会远程教育工作委员会在全国18个省市建立了90个老年远程教育实验区,其中19个为示范区。2015年1月,老年开放大学在国家开放大学总部正式揭牌成立。依托于开放大学系统开展老年教育成为未来几年老年远程教育发展的重要趋势。但目前国内有关老年远程教育的学术研究相对较少。在中国知网CNKI上以"老年远程教育"为主题词进行搜索,发现近五年的总文献量不足100篇。描述老年远程教育优势和可行性的文献居多,而对老年远程教育的开展模式、策略等均缺少深入探索。

二、慕课对于老年人的现实意义

(一)慕课实现老年人的随时随地、免费、碎片化学习

传统的教育方式使得学习者必须在规定的时间内走进固定的教室去完成学习。而慕课的出现则为学习者随时随地、免费、碎片化地学习提供了可能。对于老年人而言,这一点则更为重要。

一方面,基于慕课的在线远程学习可以减少老年人因奔波而产生的身体疲惫感,老年人只需要在家里打开一台电脑或拿起手机就可以随时随地学习自己想学习的知识;另一方面,慕课平台上的课程大部分都是免费的,对于老年人来说,有利于实现全员学习,不受自身经济条件的限制。基于慕课的在线远程学习不仅可以减少老年人参与老年教育的学费支出,还可以减少老年人因出行带来的时间成本和交通费用,降低老年人的经济支出压力,对于退休后缺少经济收入的老年人来说,这一点更具有重要意义;除此之外,受我国传统文化传统影响,很多老人会帮助子女抚养后代,这也导致他们无法自由参加传统的线下课程,课程转至线上后,老年人可以利用闲暇时间观看和学习课程内容。

当然,我们也需要理智、克制地看待基于慕课的在线远程学习方式。对于老年人而言,参与老年教育的原因中,除了获取知识外,更重要的是满足自身社交需求。这一点是慕课在线远程学习相较于线下老年大学所无法比拟的。因此,我们需要谨慎利用慕课开展老年教育,通过组织多种形式的教学活动,弥补其不足。

(二)慕课平台有助于推动城乡老年教育均衡发展

近年来,伴随老年教育社会矛盾的不断加深,老年大学"一座难求"的现象时常发生。除此之外,老年大学师资较少也是一大问题。即使是在我国发达地区,老年大学、老年社区学校的专任教师仍非常紧缺。很多老年社区学校不得不通过招聘社会义工的方式补充老年教育师资智库。而在农村地区,这种现象则更加严重,许多老年人根本没有接受老年教育的环境条件。

近年来,互联网已成为引领社会发展的重要推手。网络环境的快速发展与慕课的诞生可以很好地弥补线下老年大学"一座难求"以及多数老年大学师资力量薄弱的情况,使得更多的老年人有机会通过慕课平台学习高质量的烹饪、体育课程、插画、歌舞等老年课程。

(三)慕课平台有助于积极老龄化的实现

自人口老龄化得到重视以来,老龄化理论不断发展。1990年9月,联合国世界卫生组织在丹麦首都哥本哈根召开的世界老龄问题上,把"健康老龄化"作为一项战略目标向全世界庄严宣告。20世纪末又出现了从新的高度诠释老年人社会角色、价值和生命意义的"积极老龄化"理论。这一理论以一种积极、主动的态度看待老年人,认为老年人不是社会的包袱,他们的经验、智慧和创造力都是社会的一笔重要财富,他们仍旧蕴藏着巨大的发展潜能和价值潜能,他们不仅是社会的受益者,更应该是社会发展的参与者。在物质生活得到充分保障以及老年人知识文化结构不断更新的背景下,老年人不仅关注自己的生存状况,更要求生活质量的提升。积极投入自身学习,发挥"老有所为",对于提升老年人的社会参与感和生活质量具有重要意义。

MOOC的出现使得老年人可以随时随地进行学习和自我修养的提升,丰富、免费的课程为节约简朴一代的老年人低成本自我实现的需要提供了资源。老年人可以通过慕课平台参与课程学习,了解未知、新鲜和有趣的事物,不但打发了空闲时间,而且还学习到了很多知识,进而满足了自我实现的需要,促进了积极老龄化的实现。

第三节 慕课助推终身教育发展

　　终身教育体系建设在于促进人的终身学习，使得学习主体能够不断完善自我、提高自我价值，从而达到自我价值认同、维持和改善个人社会生活质量。终身教育发展至今，老年教育已经成为该体系中不可或缺的一部分，而终身教育体系的构建和升级，更离不开远程开放式的教育课程。在其中，慕课作为远程开放式课程的成功推广模式，也必将有助于终身教育体系的发展。

一、授课方式的开放性为终身教育体系构建提供保障

　　终身教育是为满足人各阶段的学习需要，使人在发展的每个时期都能够获得受教育的机会，特别是满足在离开学校后的学习需求。慕课作为一种远程开放式在线课程，学习者可以在平台上自由选择学校和课程，课程本身对学习者没有年龄、区域、性别、种族、学历等方面的限制。这种开放性的学习方式，打破了封闭式学校教育的形态和体制，使学习者无需经过学校入学考试便可获得受教育的权利和机会，课堂学习得以进驻家庭、社区、工作单位。这种无门槛的学习方式，在一定程度上也确保了终身教育的顺利实施，为终身教育体系的构建和拓宽巩固了基础。

二、授课对象的规模化扩大了终身教育体系的受益对象

　　慕课课程面向全体大众开放，而不仅限于某个具体的学校或者教育机构，每门课程的学习者人数最多可达十几万人，远远超过传统教育所能容纳的受众人数。这种规模化的形成，在终身教育体系中则意味着受益范围的高度扩大。在慕课学习过程中，以学习者个体为单位，与其他社会网络中的学习者共同构成一个广域复杂的学习网络，在这种复杂的网络体系中，学习者通过网络机构与个人的相互作用得以发展进步。

三、教学过程的开放性和互动性提升了终身教育体系的学习质量

　　与传统网络课程相比，慕课除了授课对象的开放性外，其课程建设、教学活动的组织等方面也是开放的。所有学习者都可以参与慕课课程资源的生成、话题的互动以及教学过程中的交流活动。除此之外，许多慕课平台还提供课程视频弹题功能，帮助学习者及时检验所学知识，在此之后，给予其即时的反馈。学习者之间可以通过互动交流板块，建立虚拟学习共同体，开展互动学习。教师通过平台数据，对学习者学习进度和学习效果进行评估诊断；还可以通过对话题互动结果进行评价和反馈，为学生提供学习支持服务。与传统网络课程相比，这些开放式的学习互动与教学互动，在一定程度上提升了终身学习过程中的学习质量。

第四节 面向老年人的慕课发展现状

一、国际老年慕课发展现状

从全球知名MOOC平台课程开展情况来看,大部分课程面向的是普通成人学习者,而针对老年人的慕课课程则相对较少。根据这些平台的学习者数据统计,平台上健康、护理类主题课程中,老年学习者相对较多。表2-3展示了部分老年学习者参与较多的MOOC课程。

表2-3 国际上部分面向老年人的慕课课程

课程名称	所属平台及链接	课程简介
Healthy Ageing in 6 Steps: Let your environment do the work	EdX	通过课程,将学习如何做出健康的选择,调整你的生活方式和环境,帮助你生得更健康、更快乐、更长寿
CARE: Nutrition in Ageing	EdX	本课程提供有关老年人营养需求、营养在预防疾病方面的作用以及社会环境如何影响饮食行为的关键信息
CARE: Promotion of Healthy Ageing	EdX	在本课程中将了解如何改变我们的生活方式和参与健康行为永远不晚,我们将解决老年人的健康促进战略
Why Do We Age? The Molecular Mechanisms of Ageing	FutureLearn	在这个免费的在线课程中,你将学习关于老龄化的概念和理论,了解细胞的衰老过程与机制
Heart health: A beginner's guide to cardiovascular diseases	FutureLearn	了解更多关于心脏工作原理、心脏病的病因以及如何保持心脏健康的信息
Rethinking aging: Are we prepared to live longer	FutureLearn	从宏观层面了解人口老龄化所涉及的许多复杂问题

观察表格,可以发现,虽然老年人感兴趣的课程类别较少,但是老年人参与比例已经占据一定数量。根据Class Central机构2017年的学习报告调查,在2500余名调查对象中,MOOC学习者中,年龄在45~55岁的学习者占比19%,56~65岁学习者占比16%,66岁及以上学习者占比13%。这一比例显示了MOOC平台中老年学习者已经占据一席之地。而根据edX平台2015年的报告,在edX平台上,10%的参与者(即注册课程并实际学习过课程资源的人)超过50岁,4%的参与者超过60岁。由于edX的学习者超过100万人,折算出的50岁以上的参与者则超过了14万人,这个数据是相当惊人的。在英国知名数字教育平台FutureLearn上,排名前21门课程中有17%的学习者年龄在56~65岁,另外9%的学习者年龄在66岁以上。鉴于FutureLearn有超过120万名学习者(截至2015年3月),56岁以上的学

生数量也相当可观。这一庞大数据彰显了老年学习者参与 MOOC 学习的可能性。

结合目前我们搜索到的信息，还无法具体衡量这些老年学习者的地理分布。仅能推断这些学习者可能大多来自教育水平较高的发达国家，这一推断主要依据于其他研究显示的普通 MOOC 学习者人口统计数。例如，Coursera 平台上宾夕法尼亚大学(University of Pennsylvania)课程的参与者中，80％的人拥有学士学位或更高的学位；而 FutureLearn 平台前 21 门课程的数据显示，78％的参与者拥有大学学位或更高的学位。

二、国内老年慕课发展现状

随着"空巢老人"现象的加剧，老年人利用社交媒体交友和学习的行为也逐渐普及。2018 年腾讯研究院报告显示，老年人已开始积极融入数字世界，以微信为代表的社交媒体在受调查的老年群体中普及率近半。移动社交媒体用户已经开始逐步向高龄渗透。移动社交媒体的普及应用，有效推动了老年人线上互动、慕课学习等。依托于老年社交媒体构建的慕课课程也逐步形成体系，国家，各省、市、区的一些老年学校建立了微信公众号和微信小程序，并依托公众号和小程序开展了在线微课、慕课的课程搭建，学习者可以通过小程序开展课程学习，如国家开放老年大学、陕西开放老年大学、广州开放老年大学等都开发了相应的小程序，其中，以国家开放老年大学建立的课程体系和规模最大。

表 2-4　部分省市老年大学慕课平台

单位	网址
国家开放大学老年大学	http://www.lndx.edu.cn/
浙江老年开放大学	http://ln.zjlll.cn/zsjypt/oou_index.action
山东老年大学远程教育网	http://www.sdlndxyj.com/
上海老年教育慕课	http://lnmooc.shlll.net/

表 2-5　部分省市区老年大学公众号(小程序)

单位	形式及内容
国家开放大学老年大学	公众号、小程序均建设完备，提供直播课、网络课等多种内容
山东老年大学	公众号、小程序均建设完备，系统平台提供了直播课堂、在线报名、在线结业等多种学习与管理功能
陕西老年大学	公众号，提供了在线报名、微课程等功能和资源
广州老年开放大学	公众号、小程序均建设完备。系统提供了学习地图、积分超市、在线慕课等多种资源和功能
上海老年大学	公众号，提供了具体的课程介绍、教育专题培训等。另依托公司构建了"上海老年教育慕课"公众号，为老年人提供在线精品开放课程

国家开放大学老年大学依托于国家开放大学建立而成，致力于大力推进老年教育，满足老年人日益多样化、个性化的精神文化需求。根据国务院《关于加快推进养老服务业发展的若干意见》和《关于大力发展职业教育的决定》精神，遵照刘延东同志"应加大建设老年开放大学的

力度,以满足老年人的学习需求"的批示意见,2015 年 1 月 28 日,国家开放大学正式挂牌成立老年大学。国家开放大学老年大学是全国首家老年开放大学,是一所以现代信息技术为支撑,以线上线下方式相结合,面向老年人和养老服务从业人员开展学历继续教育与非学历继续教育的新型老年大学。学校成立后,形成了多维学习平台,包括中国老年教育网、老年大学学习网、老年大学站群、养老从业人员培训平台、老年 APP、新媒体矩阵等立体学习网络,构建了系列慕课和微课课程。

2019 年,很多老年教育机构开始尝试转向线上教学。国内很多社区教育机构、老年大学采用线上直播课、录播课、QQ 群、微信群等方式组织开展线上教学活动,并取得了良好的效果。这种"课程+社交媒体"形式,很好地助推了慕课在老年教育领域的发展。例如,国家开放大学老年大学依托微信公众号开展了"乐学防疫直播课堂",取得了良好的效果(见图 2-3)。

图 2-3 国家开放大学老年大学的"乐学防疫直播课堂"

除此之外,以陕西省未央区老年学校为例,自 2020 年 4 月起,上线 9 门老年教育课程,包括交谊舞、拉丁舞、国画、摄影、古典舞、化妆、书法、声乐、烹饪。任课教师主要通过微信、QQ、抖音等平台的视频功能开展录播、直播课程。学习者通过扫描二维码进入相关群组或者关注相关抖音账号等方式开展学习。

第三章 老年人慕课学习理论基础

第一节 基于慕课的老年人学习内涵

一、"老年人"概念界定

老年人,即传统意义上年龄在60周岁及以上的人。目前,学界关于老年人的概念界定,主要围绕其在生命年龄、生理年龄、心理年龄以及社会年龄层面所表现出的不同特点而有所不同。

首先,在生命年龄层面,老年人是指相对于社会其他年龄群从出生至当下所生存的时间更长,所拥有的社会经验、阅历更为丰富的人。其次,在生理年龄层面,老年人是指身体各项机能,包括细胞、组织、器官、系统等都随时间推移逐渐老化,身心能力逐渐下降,患病及死亡的风险日益增加,健康情况受到威胁的人。第三,在心理年龄层面,老年人指的是精神状态不佳,抑郁、焦虑、孤独感水平较高,认知水平降低的人。最后,在社会年龄层面,关于老年人的概念界定包括但不限于①到达法定退休年龄,没有职位晋升的压力,从繁复的工作中脱离出来,进入人生新阶段的人;②儿女成家立业生子,解锁社会新角色的人。

随着我国社会的不断发展,居民生活水平的不断提高,医疗卫生条件的逐步改善,老年人所表现出的特点也与以往有着更大的不同。许多具备相应生命年龄特点的老年人依旧精神饱满、身体健康、积极向上、努力参与社会建设,在生理年龄、心理年龄、社会年龄层面表现出与相应年龄特点不符的特征;而许多不满足于其年龄特点的老年人,则表现出精神不振、疾病缠身、郁郁寡欢、消极避世的特点,与概念描述中老年人所应具备的生理、心理、社会年龄特点无异。

由此,对老年人的概念进行界定,不应只关注其在生命、生理、心理、社会年龄层面中所表现出的某一部分特征,而应将其作为一个整体进行评判。以整体所表现出的特征作为依据,判断其是否为老年人。

基于此,将老年人的概念界定为具备上述生命、生理、心理、社会年龄特点中至少一项特点的人。

二、老年人学习的内涵

根据上述有关老年人的概念界定可知,老年人的学习与一般意义上的成人学习相比:①拥有更多可自主支配的时间,但受我国传统文化影响,仍会花费较多的精力关注子女的生活状态,并且伴随着社会年龄的增长,新的社会角色的出现,更多老年人选择帮助子女照料其孩童的生活,因此,时间一般较为碎片化;②在学习需要层面,多种学习需要并存,既包含主动获得能力提升、发展自身兴趣的内部学习需要,也更多地包括由外部刺激,例如社会发展迅猛、老年歧视的出现、家庭规模变小、养老问题严重等所引起的外部需要;③受限于其年龄特点,在领会、应用、分析知识等认知水平层面表现相对较差,学习效果有待提升。

随着科学技术的进步、世界经济的发展和各国医疗卫生水平的提高,从20世纪中叶开始,世界人口老龄化程度逐渐加剧,并成为各国关注的焦点。与此同时,伴随新一轮技术革命的发生,国际社会对老年群体的研究也从福利观、救济观逐渐向教育观转变。在发达地区,也改变了以往对于老年人群体的定义:即由弱势和需要被救济的群体转变为具有活力和发展潜质的、可以进行社会资源再分配的独特群体。从人类脑科学和心理发展的研究中可以得知,人的生理老化与思维老化并无必然联系,也并非同步进行。随着年龄的增长,身体各项机能出现衰退,但智力并不会被破坏,如记忆速度可能变慢,但并不是完全记不住,老年人仍有继续发展的潜质。

针对老年人学习而开设的活动叫作老年教育。作为成人教育的一部分、终身教育的最后阶段,老年教育是指以老年人为教育对象,按照其自身和社会发展需要,有目的、有组织地为其提供非传统的、具有老年特色的终身教育活动,满足其多样化的学习需求,为实现教育现代化、建设学习型社会添砖加瓦。除此之外,作为老龄化事业的重要组成部分,老年教育是促进老年人积极老龄化,使其继续发挥自身潜力,参与、适应社会发展,提升生活品质,完成自我实现的需要。老年人还可继续为社会经济、政治、文化、生态文明建设发挥积极作用,在促进社会和谐、可持续发展等方面发挥重要作用。

三、基于慕课的老年人学习

近年来,随着人本主义思想、权利理论的不断提出,教育活动中人的主观能动性、自主性愈发受到重视。针对老年教育而提出的为老年人"增值赋权",授予其自主学习的权利,激发并调动老年人参与到老年教育组织与管理、老年教育课程设计与安排、老年教育教学实施过程中,充分发挥其自主性,使其自由支配学习,变被动接受教育的"老年教育"理念为主动学习的"老年学习"理念受到了人们的广泛关注。在这个过程中,作为一种远程学习新形态,在线学习无疑为该理念的实施提供了帮助。通过在网上建立相关教育平台,并在其中插入与之相适应的多媒体学习资源,在互联网的帮助下,学习者就可以实现足不出户、随时随地个性化自主学习。

基于慕课的学习作为在线学习的一种,因其短小精悍的课程设计,多样化、开放性的学习内容,完全免费的学习服务,在满足老年人利用碎片化时间进行学习的同时,为老年人基于自身兴趣的学习提供了更多的可能,降低了老年人的经济压力。同时,受益于其在线学习属性,基于慕课的学习:①在一定程度上减少了老年人在学习过程中因奔波而带来的疲惫感,使其能够将更多的精力投身于学习活动之中,优化学习体验;②通过互联网,将相应多媒体学习资源呈现给不同地区的所有人,在一定程度上促进了城乡老年教育的均衡发展。

由此,概括基于慕课的老年人学习内涵:在生命、生理、心理、社会年龄中的任一层面表现出老年特质的成人学习者,运用互联网技术,通过相关教育平台,根据自身学习兴趣或需要,选择相应多媒体学习资源(这些学习资源具有短小精悍、多样开放、完全免费的特点),随时随地、足不出户在其碎片化的时间内,积极主动地自由支配其学习过程,满足内部学习需要,完成终身学习的活动。基于慕课的老年人学习为实现我国教育现代化,建设学习型社会,促进社会和谐、可持续发展,促进城乡老年教育均衡发展,满足老年人多样化学习需求,优化老年人学习体验,提升老年人生活品质,促使其积极老龄化,具有不可忽视的作用。

第二节 面向老年人的慕课学习理论基础

一、老年教育的理论基础

(一)老年教育的社会学基础

社会是人的社会,人是社会的人。人的发展离不开社会的支持,社会的进步同样也离不开人的努力。人与社会密不可分。作为社会中重要的一分子,老年人与社会之间同样存在着千丝万缕的联系。老年人积极参与社会生活、了解社会发展、积累社会经验、适应社会变迁,进而掌控自身生活、获得价值认同、得到自我实现,这一直以来都是我们的美好愿望。这一美好愿望的实现,离不开社会的支持。其中,老年教育作为老年人参与社会活动的一部分,无疑发挥着巨大的作用。要研究老年教育相关问题,就需要我们将其放到社会这个大背景中看。了解针对老年人的教育是在怎样的社会环境中运行的,社会又为老年教育的实施起到了怎样的作用。关注老年教育的社会问题,对我们认识和发展老年教育有着重要意义。

1. 福利权利理论

福利权利理论主张,公民有资格要求社会或国家对他(她)承担责任,使其享有公民的基本权利。

对照法律,目前,我国已经形成了以《宪法》为基础,以《中华人民共和国老年人权益保障法》为主体以及多部老年教育相关法律法规为补充的老年教育法律体系。老年人的受教育权得到了基本的保障。

由此,社会理应为老年人受教育权的实现承担相应的责任,为其提供包括物质、精神等多方面的保障,使其老有所学,老有所为,老有所用。老年人也应积极参加教育学习活动,在丰富自己老年生活的同时,自觉加强自身权利意识,维护自身利益。

2. 活动理论与积极老龄化理论

老年人的社会参与问题历来受到社会各界的关注。20世纪40年代,美国社会学家欧内斯特·W·伯吉斯将包含社会互动与整体参与的社会参与理论引入老年学科研究中;《1982年老龄问题维也纳国际行动计划》明确指出:"老龄问题既是年长者和老年人受照料的问题,也是其社会参与的问题。"世界卫生组织2002年正式提出"积极老龄化"理念,并将其定义为"为提高老年人生命质量,使其获得健康、参与和保障的最佳机会的过程"。至此,社会参与正式为积极老龄化理念所接纳,成为应对全球人口老龄化问题的重要政策框架。

其中,活动理论作为促进老年人参与社会活动的理论支撑受到了广泛关注。活动理论认为人类参与社会活动贯穿其整个生命历程,这是一个持续、不间断的过程,特别是老年人多参与社会活动,有利于保持以前的状态,达到延缓衰老的目的,并在此过程中产生对生活的满意感。

活动理论的提出对老年教育的开展具有积极意义。老年人在退休之后,失去了部分所习以为常的社会活动,难免感到焦虑不安。这时,就需要一定的新的社会活动来对其进行缓解。积极参加老年教育,有助于其缓解消极情绪,扩大社交网络,满足自身需求,进而保持自身状态,延缓衰老,获得更高的生活满意度和幸福感,进而促进积极老龄化的实现。

(二)老年教育的心理学基础

由于各个维度(生命、生理、心理、社会)年龄特征的不同,引发了老年人相对于其他年龄人群心理特征的差别,导致了老年人在教育学习活动中各个方面不同的表现。关注老年人的心理学基础对我们研究和实施老年教育具有重大而深刻的意义。

1. 马斯洛需要层次理论

马斯洛需要层次理论将人的需要分为 5 种,具体包括生理需要、安全需要、归属和爱的需要、尊重的需要以及自我实现的需要。这 5 种需要是最基本的、与生俱来的。其中,后一种需要的提出有赖于上一种需要的满足。

随着我国社会经济、政治、文化、生态文明建设水平不断提高,人民生活质量、医疗卫生条件进一步提升,社会养老政策的进一步完善,老年人的生理需要、安全需要已经得到了基本的解决,转而带来的是更高层次关于归属和爱、被尊重以及自我实现的需要。

老年教育为这些需要的实现提供了路径。首先,通过老年教育,老年人可以结识到许多与自己年龄、志趣、生活经历相仿的人,在此基础上,与之建立感情,获得联系,进而促进归属和爱的需要的实现。其次,老年教育帮助老年人增长知识、提高能力、获得自信心,使其运用所学知识更好地融入社会,并在社会交往中满足其被尊重的需要。第三,通过老年教育,老年人的自身能力得到提高,在与他人交流、分享学习成果的过程中获得满足感,进而促进其自我实现需要的满足。

2. 埃里克森人格发展理论

埃里克森按照生命周期将人的发展划分为 8 个阶段,即口唇期、肛门期、性器期、潜伏期、两性期、青年期、成年期以及老年期。老年期的主要任务是满足感以及自我实现的形成。

他认为,中年人和老年人普遍存在一种内在心理动机——传承感。正是因为这种动机的存在,中年人和老年人才愿意努力工作,从而使自己的后代过上更美好的生活;后来的学者对传承感的含义进行了拓展,将其拓展到社区、组织和社会领域,比如参加社区义务活动,无偿向他人传授自己的知识、经验,维护和传承社会文化等。按照埃里克森的理论,在老年期,老年人通过回望自己的一生,将现实中的我与自我的关系进行评判,对现实中的我进行剖析,针对其传承感的实现与否,获得积极或消极的情绪。或因奋勇向前、尽心竭力而无怨无悔,或因虚度年华、碌碌无为而抱憾终生。因此,传承感的获得对于老年人来说有着非常重要的意义。传承感是老年人渴望"被需要"的一种心理需求,也是老年人达到自我完善的一种心理需求。

在此基础上,老年教育旨在满足老年人多样化的学习需求,促进其自我实现的形成。通过老年教育,年龄、志趣、生活经历相仿的老年人之间形成学习共同体,互相交流分享学习经验、学习心得、学习体会,从而获得自我实现的满足感,促进其传承感的实现;除此之外,通过老年教育,老年人将其学到的知识运用到家庭、社会生活中,为他人提供帮助,在这个过程中,获得他人的认可,也可以促进其传承感的实现。

由此,联系埃里克森人格发展理论,老年教育是促进老年人传承感的获得,进而缓解其消极情绪的重要手段。

二、慕课学习的理论基础

(一)行为主义学习理论

由华生、巴甫洛夫、斯金纳为代表的行为主义学派认为,学习是 S-R 之间的联系的增强或减弱。其中,S 即 stimulus,意思是刺激,R 即 response,意思是反应。根据行为主义的观点,学习是强化反应。由教师在教学的过程中组织学生根据自身速度、水平,自主学习由特定的顺序安排的小步子的学习材料,在这个过程中给予学生及时的反馈(刺激),并在此基础上对其进行连续或间隔的强化,经过一段时间后,学生就可以达到相应的教学目标。

行为主义学习理论对我们认识和设计教学起到了巨大的作用。通过在慕课平台设置相应的短小、精悍的学习任务及截止时间,学生根据自身学习情况自定步调开展学习,在截止时间之前完成学习任务即可看到任务条更新,任务条的更新给予学生正向的刺激,使得学生继续完成其他学习任务,从而促进慕课的学习。除此之外,慕课平台所设置的课后习题功能允许学生多次作答,在学生作答完成之后,根据学生的作答情况,判断其对错,即时给予学生相应的反馈,促进学生对知识的理解;有的慕课还会在课程教学中穿插相应的习题或问答,促进学生学习过程中的主动思考,给予学生即时的强化。第三,基于慕课的学习在学期期末考试完成之后,根据学生本学期课程学习所得分数为学生发放学习证书,促进学生主动学习的不断产生。

(二)认知主义学习理论

认知主义学派考虑到了行为主义学习理论对人的主观能动性的忽视,并在此基础上进行了发展。以布鲁纳、皮亚杰为代表的认知主义学派认为,学习不仅是简单的 S(刺激)与 R(反应)之间的联结,而是根据学习者的主观能动性,主动选择刺激并对其进行加工,依靠顿悟而实现的。学生的学习动机、学习习惯、学习方法、原有的知识经验以及学生的情感、价值观等都会影响课程的学习效果。在此基础上,认知主义学习理论在行为主义学习理论 S-R 公式中加入了中介环节 O(意识),提出了 S-O-R 的学习模式。

基于认知主义的慕课学习给予学生极大的能动性,将学生作为学习活动的主体,学生自行选择相应的课程,随时随地,不受时间、空间限制地自定步调开展学习活动,完成知识内容的学习。

(三)建构主义学习理论

建构主义在认知主义的基础上进一步发展。代表人物包括皮亚杰、科尔伯格、维果斯基等。建构主义学习理论认为,学生不是脑袋空空进课堂的。学生的学习是基于自身经验,在与周围环境不断互动的过程中主动生成意义、建构理解的过程。学生的头脑中有着自身基于以往学习生活主动建构出来的认知地图(图式),学习就是学生主动获取知识,并与自身头脑中的认知地图对比,在此基础上,主动同化或顺应所得知识,重新建构自身理解的过程。"鱼牛童话"就是有关建构主义的一个非常形象的描述。青蛙在岸边看到了一只牛,回来讲给河里的小鱼听,牛的身上有着四条腿、两只脚、大大的乳房,它身上有许多黑色的斑块,是一种食草动物。小鱼根据自己的经验以及青蛙的描述建构出了自己心目中的牛的样子,但却与实际的牛像相差甚远。

建构主义学习理论启示我们,在教学和学习的过程中,要发挥学生的主观能动性,以学习者为中心,注重学生原有知识经验对学习理解的作用,注重学习过程中学习情景的作用,改变传统的以"知识传授"为主的教师角色为"组织、引导"为主的新型教师角色。

基于慕课的学习正是在此基础上进行设计,打破传统"满堂灌"的教学模式,以学习者为中心,重构课程学习生态。根据学生原有的知识经验对课程内容、结构进行设计,借助线上丰富的教学资源,给予学生多重感官刺激,配合课后平台讨论,帮助学生不断建构理解知识内容,形成自身认知地图。在课程开始之前,在慕课平台发布关于课程概述以及课程大纲的描述,帮助学习者初步了解课程内容;在课程开始之后,采用总分式结构,针对章节教学内容进行设计,在每章第一节对该章教学内容进行概述,在此之后,针对概述所述的教学内容进行展开;在课程学习完成之后,设计相应的测试,并针对学习者的测试的完成情况,给予其个性化的学习反馈。整体来看,在慕课的学习过程中,有些知识内容被同化,有些被顺应。由此,学习者逐步建立起自己关于课程内容的认知地图。

(四)联通主义学习理论

近年来,随着互联网技术的不断发展,网络多媒体学习资源也在不断扩张,碎片化的信息每天都在进入我们的视野。怎样更好地利用这些资源完成学习,不在其中迷航、不被它们束缚、不让自己信息负荷过重等诸如此类的问题逐渐被人关注。在此基础上,一种以知识为中心,基于互联网技术的互联互通的学习方式开始受到人们的广泛关注。2005年,乔治·西蒙斯、斯蒂芬·唐斯联手,共同提出了联通主义学习理论。

联通主义学习理论认为,随着互联网的发展,学习不再只是个人的活动,而是与各种信息节点共同联结形成网络的过程。知识存在于节点当中,是没有边界的,学习者不再需要知道所有知识的具体内容,更重要的是知道知识的具体存储位置,以便在需要时,根据节点,顺利地完成查找。

联通主义的思想在慕课学习的设计、开发与应用中得到了极大发展。在慕课学习的过程中,学生不再只是围绕教师提供的学习资料、按照既定的步调完成学习,而是以教师提供的学习资料为出发点,将课程学习内容和课外学习内容相混合,根据自身兴趣需要,利用互联网技术进行搜索,主动生成新的学习内容,并将其整合发布至课程讨论区,以此作为学习和互动的中心,与其他学习者共同交流讨论,拓展自己的知识边界。

(五)情景认知理论

情境认知理论在行为主义"S-R"以及认知主义"信息加工理论"之后出现,试图弥补其中的不足,认为学习不仅是刺激、反应与学习者主观能动性之间的相互作用,还包括物理与社会文化情景的影响。

知识蕴含于具体情境中,通过活动而产生;学习就是与具体的物理、社会文化情境进行交互,从而提高实践能力、完成社会化的过程;教学应在真实的情境中,采用基于项目的学习、抛锚式教学等教学方法,通过创设真实、复杂的学习活动或任务,帮助学生主动地参与到与其他学习者的互动中,主动探究建构自己的知识。在此之后,通过真实的测评,促进学生所建构知识的内化与提升,促进学生面向问题解决能力的提升,培养学生的高阶思维和自主学习能力。

情景认知理论在慕课学习中得到了应用。以学习者为中心,慕课学习在课程开始之前,为学习者提供有关课程内容学习方式的指导,为学习者搭建一定的支架,促进学习活动的顺利开展;在学习过程中,通过慕课视频将知识内容与学习者日常生活的具体情景相结合进行展现,帮助学习者掌握所学知识,提高学习兴趣;在课程学习完成之后,设置多种基于项目的学习活动,促进学生围绕项目学习的学习共同体形成,促进学生在真实情景中自主学习、协作学习的同步开展,提高学生的学习参与度,帮助学生在与学习内容及其他学习者的交互中建构自身知识,提高自身能力;采用课程讨论区、微信群等在线交互方式,根据课程内容,发布多项讨论话题,促进学生社会情景交互的形成;在此之后,采用过程性评价与总结性评价相结合的方式,促进学生建构知识内容的内化与提升。

(六)协作学习理论

进入21世纪,由合作代替竞争的思想已成为社会的共识。通过与他人合作,实现1+1>2的效果一直是我们向往并追求的。此外,21世纪学生核心素养也指出了合作能力的重要性并将其排在前列。由此可见,合作能力对于当代学生社会生活的重要性。

协作学习正是满足了社会对人合作能力的需要,提倡在学习的过程中,以任务或目标为导向,通过小组合作或团队合作,共享学习资源,在与他人协作探讨的过程中,完成学习任务,进而掌握知识、提高能力的过程。协作学习提高了学生的课堂参与感以及学习归属感,对于学生合作能力、批判思维、创新意识的提高均发挥着重要的意义。

慕课学习因其在线学习的属性,导致了师生、生生之间的分离,学生学习孤独感较强、参与感较低、归属感较差,慕课"辍学"现象时有发生。学生无法完成学习,合作能力及其他能力的提高则更是无从谈起。

鉴于此,我们应根据协作学习理论,对慕课学习过程进行设计,组织学生之间相互协作,共同完成任务,促进学生之间的交流,提高学生的学习参与感与归属感,帮助学生在共同讨论课程问题、分享学习资源、完成学习任务的过程中,提高合作能力。

(七)认知负荷理论

认知负荷理论以资源有限理论和图式理论为基础,从资源分配的角度来理解学习和问题解决的过程,将认知负荷分为内部认知负荷、外部认知负荷以及相关认知负荷三种。这三种认知负荷共同作用,影响学习者的认知效率。其中,内部认知负荷主要受学习材料和学习者原有认知水平的影响;外部认知负荷主要来源于不当的教学设计或教学活动;相关认知负荷是学习者在图式建构和自动化过程中投入的认知资源数量,相关认知负荷的增加有利于促进学生的有意义学习,帮助学生更好地理解、掌握、建构知识。

人类在信息加工的过程中,工作记忆能够储存的信息总量是有限的,一次最多存储7 ± 2条信息,超过信息数量,就会出现顾此失彼的现象,影响学习者知识加工及问题解决的效果。好的教学活动旨在增加学习者的相关认知负荷,降低内部、外部认知负荷,将工作记忆中的信息总量控制在学习者认知负荷之内。

慕课学习在时长及其呈现层面都对学习者的认知负荷有着较小的影响。首先,在时长层面,慕课课程一般在15分钟左右,时间较短,所阐述的知识内容较少,由此,需要学习者利用工作记忆储存的信息较少,对认知负荷的影响较小。其次,在课程呈现层面,慕课课程结合文本、声音、图片、影像等多种媒体形式出现,可以更加直观形象地帮助学习者理解所学知识,增加学习者的相关认知负荷,减少内部、外部认知负荷,从而促进知识的建构。

(八)掌握学习理论

20世纪60年代中期,布鲁姆深入美国学校课堂教学考察发现:受个体先天因素等条件的影响,教师总喜欢将学生按学习成绩分为上、中、下三等,并认为下等学生学习成绩较差是由先天因素所导致的正常现象。这种观念的产生使教师对这部分学生的期望值降低,进而压抑了学生的学习兴趣与学习动机,对学生造成了破坏性的影响。

学生间的个体差异真的如此之大吗?布鲁姆通过长期实践调查得出:除了极少部分的天才儿童和低能儿童,绝大多数学生在学习能力等各方面上并无极大差别,造成学生学习成绩差异较大的原因主要在于教师期望效应存在以及教学设计实施方案的不足。在此基础上,布鲁姆提出了掌握学习理论:只要给予学生合适的教育,并给予他们足够的时间,那么90%左右的学生都能掌握所学内容,达成学习目标。这里,合适的教育主要是指由教师设定的、符合学生学习需求的、良好的教学活动设计及实施方案,具体包括教学目标的提出、知识内容的讲授以及教学评价标准的制定。

掌握学习使学生发现自身能力价值,提高学习兴趣,增强学习自信心,从而实现持续性的学习。在这一点上,掌握学习与慕课学习理念不谋而合。通过教师在慕课平台上为学生上传并发放包括学习视频和课后习题在内设计良好的学习材料,学生根据自身情况自主选择时间完成学习。在这个过程中,学习视频的播放次数不受任何限制,章节学习目标在课程视频之始就被明确提出,再通过课后习题部分给予学生及时的反馈(学习评价),帮助学生发现自身不足,进而及时改正,以达到教学目标要求。在一次次的视频播放学习和课后习题反馈中,学生得以掌握所学知识。

三、老年人在线教育的教育学基础

(一)以人为本教学原则

以人为本即以人为价值核心和社会本位,把人的生存和发展作为最高价值目标,一切为了人,一切服务人。具体到教育学中,就是以学生为中心,尊重学生的主观能动性,理解学生的个体差异,满足学生的学习需求,将学生摆在第一位;关爱学生,重视学生个体发展,培养学生适应社会的能力,发展学生个性;立足现实需求和社会需要,最终实现学生全方位、多角度、各层次的全面发展。

在"未富先老""未备先老"的双重挑战下,我国老年教育正在逐步从过去"物质养老型"向覆盖面更广的"精神养老型"转变。针对老年人开展的在线教育活动正是在此基础上,以人为本、以学习者为中心,旨在适应老年人终身发展的个体需要,满足老年人的学习需求,解决线下教学老年人行动不便的学习困难;并将老年人发展摆在第一位,尊重和关爱老年人,促进老年人充分发挥自身主观能动性;同时根据自身的兴趣爱好,选择相应的在线课程,再依据自身学习风格,自主选择相应的时间和地点开展学习。在这个过程中,老年人获得相应的知识技能,并将其应用于自身生活实践,在家庭、社会中继续贡献出自己的力量,从而获得自身成就感与满足感,减少消极情绪的产生,进而促进国家积极老龄化的顺利推进。

(二)因材施教教学原则

因材施教教学原则即根据学生的个体特点,有的放矢地对其展开相应的教育,使其获得最佳发展。

受家庭、社会等多种因素影响,老年人的兴趣、爱好、特长在其过往学习生活中可能并没有得到十足的发展,成为人生一大遗憾。而进入老年,行动不便、收入减少、学习能力下降等问题的出现,更是让老年人将这些遗憾藏在心底,慢慢遗忘。

在线教育为老年人的个体发展提供了新路径。在线平台上具备各种各样、免费公开的学习资源,解决了老年人生理、心理、社会等方面的多种不便。老年人进入平台就可查看学习资源,完成此前未完成的学习愿望。除此之外,针对老年人的在线教育平台为老年人交流设置了相应的交流讨论区域,在这里,老年人可以与课程教师或其他学习者对话,针对课程内容提出问题,得到他人的帮助与解答。

老年人在经历了长期的社会生活后,早已对自身有了十足的把握,知道自己的能力所在,知道自己的兴趣爱好所在。在线学习正是在此基础上,契合因材施教教学原则,满足老年人学习需要,为老年人学习提供相应的学习支架,帮助老年人消除过往遗憾,重新获得人生追求,促进其最佳发展。

(三)循序渐进教学原则

循序渐进教学原则即根据课程内容特点、顺序,学生生理和认知发展水平合理安排教学。

1. 根据课程内容特点、顺序安排教学

课程教学应在使学生掌握相对低阶知识的基础上,再开展相对高阶的知识学习。以老年人在线学习课程——《数码摄影基础》为例,从手持相机完成初次拍摄到相机各个功能按键的运用再到摄影构图的学习就是根据摄影学习特点,循序渐进依次展开。

2. 根据学生生理、认知发展水平安排教学

课程教学应符合学生的生理特点,符合学生的思维、认知发展。如果让三岁的孩子去学习方程,孩子势必感到困难吃力,但这并不是孩子的问题,而是课程设置的问题。老年教育也是如此。老年人的反应能力、记忆能力都在逐步退化,因此往往需要反复多次强化,循序渐进地提出多个相对简单的问题,引导其不断思考才能得出答案,进而达到教学目标要求。

针对老年人的在线教育课程设计,需要符合老年人的生理、认知发展特点。一般通过制作好的学习视频配合文档的形式呈现,方便学习者反复观看;课程问题设计相对简单,教师语速相对较慢,在老年人最近发展区水平之内促进其思考并掌握所学知识。

第四章　老年人在线学习适应性分析

终身学习社会背景下,老年人的学习方式不再局限于传统的纸质书本,也开始通过广播电视、网络、移动设备等远程学习手段进行学习,以满足不同空间、不同时间和不同文化层次老年人的学习需求,这种学习方式也成为老年教育发展过程中颇受欢迎的一种方式。然而,受身体因素、认知障碍、家庭因素等影响,包括在线学习在内的远程学习手段既为老年人的学习提供了碎片化的机遇,同时也带来了一定的挑战。除此之外,作为顺应我国教育信息化发展的一种新型教育方式,我国老年在线教育发展仍处于初步阶段,还有待继续改进和提高。基于此,在当前互联网发展背景下,如何利用新技术、新方法推动老年人开展在线学习,解决我国老年教育需要与老年教育资源分配不平衡之间的矛盾已经成为新的研究命题。

如今在 K-12 教育领域以及成人教育领域,已经广泛利用移动终端、学习类 APP(如中国大学慕课 APP)、社交媒体(微信、抖音、快手等)等开展在线学习。随着"空巢老人"现象的加剧,老年人利用"手机+社交媒体"模式的交友和学习行为也逐渐普及。2018 年腾讯研究院报告显示,老年人已开始积极融入数字世界,以微信为代表的社交媒体在受调查老年群体中普及率近半。抖音、快手等自媒体的发展,也为老年人学习在线课程和零散的知识信息、分享生活提供了便利的渠道。手机和社交媒体在老年群体中的广泛应用,为基于移动社交媒体的在线学习方式提供了可能,也为进一步开展系统性的在线课程学习打下了良好的基础。除此之外,根据研究者前期在老年大学的实践经历,以及课题组初步调查结果显示:目前,老年人更倾向于使用便携、易用的手机,并依托社交媒体如微信、抖音等,来获取网络资源和信息。而系统性的学习类 APP(如中国大学慕课 APP)在老年群体中的普及应用率较低。因此,为了更好地探索该在线学习方式在老年人群体中的适应性,研究团队以西部地区某省会城市为例,调查研究该市的老年社区学校和老年大学的老年人在线学习情况,以"基于移动社交媒体的老年人学习需求与现状分析"为核心目标,从学习现状、学习内容、学习活动、学习动机与态度、学习障碍五个维度考察老年人对于使用移动端社交媒体开展在线学习的情况。了解发展和完善老年在线学习的需要,探索老年人在线学习过程中存在的问题。在此之后,为了获得更为深入的理解,针对这些维度,采用解释性序列混合研究方法,首先进行量化研究,然后开展质性研究,并对量化数据和质性数据进行了整合分析。结合当前的社会和科技发展,提出可行性的解决方法,为未来老年远程教育发展和完善提供重要的参考价值。

第四章 老年人在线学习适应性分析

第一节 相关概念界定

一、移动社交媒体

维基百科将社交媒体定义为"人们用来创作、分享、交流意见、观点及经验的虚拟社区和网络平台"。在很多文献研究中,"社交媒体"一词常与"Web2.0工具"和"社会网络工具"通用。这里重点关注基于移动智能终端的社交媒体工具和应用,学习者可以利用移动社交媒体来创作、参与、分享、管理、与其他师生进行交互来进行学习内容的创造生成。

对移动社交媒体类型进行划分,第44次《中国互联网络发展状况统计报告》中将互联网应用划分为基础应用类、商务交易类、网络金融类、网络娱乐类、公共服务类等5类;《2018中国社交媒体影响报告》将社交媒体分为微信、音乐类、电商类、生活服务类、社交APP类、新闻类、微博、网络论坛、视频或直播类、通信类等10类。本研究在与老年学习者、老年大学教师沟通基础上,结合老年人实际学习需求与习惯,将常用的移动社交媒体分为综合社交类(微信、微博)、视频社交类(抖音、快手等)、新闻类(腾讯新闻、今日头条、CCTV等)、音视频播放类(爱奇艺、优酷、酷狗、喜马拉雅等)、健康服务类(春雨医生、健康管家等)、其他综合类(交友平台、老年大学自建APP等)6个类别。

二、学习需求

在心理学中,需求是指人体内部一种不平衡的状态,对维持发展生命所必需的客观条件的反应。学习需求是指人对未知事物的渴求,为满足自身生产、生活以及发展需要,并在学习动机驱使下的一系列反应。学习需求分析是一个系统化的调查研究过程,这个过程的目的是揭示学习需求从而发现问题,通过分析问题产生的原因确定问题的性质,并辨明教学设计是否是解决这个问题的合适途径;同时它还分析现有的资源及约束条件,以论证解决该问题的可能性。

三、学习适应性

目前国内关于学习适应性的看法主要分为两类,一是将学习适应性理解为一种学习的适应能力,二是将学习适应性理解为学习者的内在、外在状态与学习过程、学习状态的匹配度。前者关注能力,后者关注状态和过程。本研究侧重第二种理解,重点关注老年人在线学习的状态与过程。

第二节 现状分析

一、我国老年人网络应用现状

随着智能手机的发展,中国手机用户急剧增加。根据第 48 次《中国互联网络发展状况统计报告》数据,我国老年群体网民规模增速最快。2020 年以来,为有效解决互联网适老化问题,中央和国家机关多措并举、全力推进,取得显著进展。2021 年 2 月,工业和信息化部发布《工业和信息化部关于切实解决老年人运用智能技术困难便利老年人使用智能化产品和服务的通知》,明确开展适老化工作的总体要求和重点工作。2021 年 4 月,工业和信息化部发布《互联网网站适老化通用设计规范》和《移动互联网应用(APP)适老化通用设计规范》,在服务原则、技术要求等方面进行了具体的要求,为中老年网民更加深入地融入互联网生活,共享互联网红利创造了便利条件。在政府、企业、社会各方的共同努力下,中老年网民群体在总体网民中的占比有了显著增长。截至 2021 年 6 月,50 岁及以上网民占比达到了 28.0%。

社交媒体在老年群体中也得到日益广泛的应用。《2020-2021 中国社交应用用户行为研究报告》中将我国社交媒体应用分为即时通信类、交友类、运动类、图片类、职场类、婚恋类、直播视频类、内容社区类几大类。本研究结合老年人应用特点,将社交应用简单划分为四类,即即时通信应用(如微信、QQ);新闻和信息共享应用(如今日头条、趣头条);图片或视频分享应用(如抖音);其他综合社交媒体应用(如微博)。在这些应用中,微信已经成为中国老年人中最受欢迎的社交媒体应用,大约 90% 的老年人听说过或使用过微信。微信由腾讯广州研究项目中心于 2010 年 10 月开发,最初只是一款即时通信应用。随着时间的推移,许多其他功能,如视频游戏、照片和视频分享、公共账号和支付服务都被添加了进来,老年微信用户可以使用该应用来维持人际交流、获取和分享知识、支付日常账单,微信的使用已经成为一种生活常态。

互联网和社交媒体的发展,一定程度上催生了一批"网瘾老人"。2020 年,移动内容平台趣头条联合澎湃新闻发布了《2020 老年人互联网生活报告》(以下简称"报告"),首次披露百万 60 岁以上老年人在互联网上的行为偏好。报告显示,0.19% 的老人在趣头条 APP 上日均在线超过 10 小时,全国或有超过 10 万老人在手机网络上呈现极致孤独的生活状态,几乎全天候生活在移动网络上。根据该报告数据,手机已经成为老年人日常生活中重要的资讯、娱乐工具,其中资讯、小视频、小说、小游戏等功能缓解了老年人生活的孤独,但无意间也成为众多老年人生活的寄托和依赖。根据马斯洛需求理论,人不仅有生理、安全、归属和爱的需要,也有被尊重和自我实现的需要,对于老年人,被需要是比被爱更高层次的心理需求。当老年人的个人价值不能在社会和家庭得到施展时,老年人容易陷入精神的空虚。尤其是很多老年人由于退休后缺少社交活动,网络社交活动成为其重要的社交补偿形式。

二、我国老年人在线学习现状

随着物质生活逐渐改善,老年人开始追求精神文化,许多老年人抱着活到老学到老的态度,开始依托于互联网开展学习。据统计,2020年春季教育学习类在线平台日均活跃用户迅猛增长,中老年用户群体之中,41至45岁用户增长了27.9%,46岁以上用户增长了33%。中老年在线教育需求发展迅速,知识付费成新趋势。有预测显示,到2050年我国60岁及以上老年人口将达4.83亿,80岁及以上老年人口将达1.08亿,行业市场前景十分广阔。

在线教育打破了时间和空间的限制,为中老年创造更多学习交流场景。目前,许多在线教育平台推出更多基于微信生态的多种学习形式,比如图文、专栏、知识套餐、音频等等,这些能够有效地接触到中老年人群。以国家开放大学老年大学为例,依托于"国家开放大学老年大学"公众号和小程序,推出了一系列录播课程和直播课,包括乐学好课、智慧助老、政策理论、线上作品展等主题学习活动。利用直播、微信、视频等形式在老师和学习者之间形成了良好的互动学习氛围。以直播课程为例,教师可以带领学生同步进行练习唱歌。直播课结束后,老师会布置作业,学生会上交作业,教师可以通过微信"一对一"点评每一位学习者的学习成果;除了老师点评,学习者之间也会互动,学习氛围浓厚。2020年支付宝推出了老年大学板块,主要通过在线网课的形式向中老年人提供相关的教育服务,课程包括手机支付、无接触乘车、保险理财常识、网红直播体验等;还与深耕老年教育的嘉兴图书馆推出的"15分钟包学会"系列科普课。腾讯通过投资糖豆广场舞APP布局中老年市场。快乐中老年艺术学院的在线直播课程超过500个。目前,老年群体的在线学习内容主要集中在养生、美术、书法、乐器等方面。这类课程不仅能满足中老年用户娱乐、打发时间的需求,还能满足自我成长的学习需求,用户也有一定专业基础,是发自内心的喜欢。中老年学习者在观看的时候更加认真,互动学习也更加积极。除此之外,有些教育机构在洞察中老年人需求的基础上,为学习者定制操作最简便的课程内容,中老年人可以直接通过微信和小程序进入访问,无需下载APP。

第三节 研究设计与实施

根据前期研究计划,各阶段具体设计如下。

一、量化研究设计与实施

(一)问卷设计

本研究基于张梅琳、孙传远等学者的研究,自编问卷《基于移动社交媒体的老年人慕课学习适应性调查》,问卷由引言、指导语、调查题目、结束语组成。引言部分介绍了本次调查的目的与用途;指导语部分为老年人填写问卷方法提供指导,并以举例方式介绍移动社交媒体、慕课课程的概念,帮助老年人进一步理解该调查;结束语部分对被调查对象表达了感谢。问卷主体为调查题目部分,包括基本信息调查和学习适应性调查,学习适应性调查主要包括学习现状、学习内容、学习活动、学习动机和态度、学习障碍五个维度,各维度调查内容及题型如表4-1所示。问卷在正式发放前进行了试测。首先,由两位老年大学教师对问卷措辞、排版进行审查,根据其意见修改问卷。问卷在某老年社区学校进行了小规模试测,根据试测结果进行修订,最终形成正式问卷,详见附录1。

表4-1 问卷的维度、子维度及题型设计

维度	子维度及题型设计
学习现状	从现状角度调查老年学习者现有的移动设备拥有情况、社交媒体类型、熟练程度及获取帮助的渠道。包括单选题、多选题,其中熟练程度采用李克特5级量表
学习内容	该维度主要考察老年学习者使用移动社交媒体时偏好的学习内容(多选题)与呈现形式(单选题)
学习活动	该维度主要从外在学习行为角度考察老年学习者常使用的移动学习活动及老年人对这些学习活动的适应程度
学习动机和态度	该维度主要从内在心理角度考察老年学习者的学习态度,题项类型包括多选题、李克特5级量表
学习障碍	该维度主要考察阻碍老年学习者使用社交媒体开展学习因素,根据已有文献,筛选出6类障碍,设计题型类型为排序题

(二)问卷发放与回收

本研究调查范围为西部地区某省会城市的老年社区学校、老年大学中的老年学习者。为保障问卷的填写质量,由4名研究小组成员深入学校,以面对面方式进行纸质问卷的发放和回收。共计发放问卷460份,回收有效问卷391份,问卷数据采用SPSS 25.0进行分析。调查样本基本信息如表4-2所示。该数据显示,老年学校的学习者接受过中学及以上教育的比例占94.1%,该比例高于全国老年人受教育水平,表明老年学校学习者具备较好的文化教育基础。另外,数据显示老年学校的男女性别比例失衡严重。导致该现象的原因可能有两种:一是与我国法定退休年龄规定有关,按照规定男性退休年龄迟于女性,参与老年学校学习的机会和动力

表4-2 调查样本的基本信息

维度	分类	频率	百分比
年龄	50～54	105	26.9
	55～59	225	57.5
	60～64	54	13.8
	64以上	7	1.8
性别	男	73	18.7
	女	318	81.3
教育程度	小学及以下	23	5.9
	中学	273	69.8
	本科(含大专)	92	23.5
	硕士及以上	3	0.8
先前移动设备使用经验	有	223	57
	无	168	43

会低于女性;二是与老年学校开设的课程类别相关,已有的老年学校中文艺类课程偏多,而这类课程对于女性退休人员的吸引程度远高于男性。

二、质性研究设计与实施

在完成以问卷调查为主的量化研究后,开展质性研究。该阶段采用焦点小组访谈法,访谈对象均为自愿参与,且参与了前一阶段的问卷调查。访谈问题聚焦在问卷调查中划分的五个维度,访谈主持人为经过访谈法训练的两名研究生。访谈小组分为两个小组,第一个小组包括8名老年大学学习者,第二个小组包括9名老年社区学校学习者。访谈时间在20~40分钟。在获得受访对象的同意后,访谈过程全程录音,后转为文本导入QDA miner中分析。

第四节 老年学习者在线学习适应性分析

本研究结合量化数据与质性数据进行分析。通过质性数据的补充,为量化数据提供了更多的支持性、解释性信息,丰富了量化数据结果。

一、基于"学习现状"维度的适应性分析

在线学习环境方面,主要以移动设备为主。目前移动设备(以手机为主)拥有数量方面,量化数据结果表明老年人智能移动设备拥有数量达到98.2%,这说明老年学习者群体已经具备了基本的设备基础,从访谈结果看,大部分老年人移动设备为智能手机,访谈对象中有12位老年人的手机为购买新机,5位老人手机为家里年轻人淘汰的二手手机,但均具备智能手机的基本功能,包括装载APP应用,管理信息内容等。分析访谈数据发现,除了看重"大屏幕"以外,"存储空间大""上网速度快"等年轻人关注的手机性能点,也成为当前老年人的诉求。这也侧面反映出老年人的移动设备应用体验更加全面、多样化,对于网络社交与互动,有了更高的诉求。

常用的社交媒体方面,根据数据显示,老年学校的老年人用于学习的社交媒体中,占据前三位的分别是综合社交类(85.4%)、新闻类(72.1%)、视频社交类(62.2%)。访谈过程中发现,在老年学习者群体中,微信用于移动学习的利用率最高,其次是今日头条、抖音。以微信为例,很多老年人都喜欢使用微信来查询和分享信息,并参与了很多微信群。半数以上的受访老年学习者表示已经加入班级微信群,通过微信群可以"查看老师分享的学习内容""上传自己的作品""组织班级活动"等。这些均表明老年学习者已经可以很好地适应微信学习的方式,通过微信构建学习环境已经具备成熟的条件。微信发展至今,已经不仅仅是一个通信和社交软件,而是成为一种生活方式。访谈数据表明,微信的各种功能很好地契合了老年人的多种层次的需求,包括认知需求("用微信查需要的资料"),情感需求("与家人和朋友聊天交流"),生理需求("微信可以帮我处理很多日常生活的事儿")等。

操作的熟练程度方面,均值为3.01,表明老年人已经具备一定的社交软件操作基础。另外,本研究还分析了老年人基本情况(年龄、性别、先前移动设备使用经验、受教育程度)与操作

熟练程度的相关性。结果显示,只有"先前移动设备使用经验"对熟练程度产生影响。这表明先前的电脑或手机设备相关使用经验,能够使老年学者更好地适应利用移动社交媒体开展学习的环境。

获取软件操作帮助的主要渠道方面,学校教师和同伴占 61.2%,家人和朋友占 60.1%,前者略高于后者。这可能与本次问卷发放范围为老年学校有关。访谈数据显示,部分老年学习者表示"我们老师会发学习资料到微信群里,他会鼓励我们上微信反复回顾学的这些东西。"这表明已有教师在有意识地引导老年学习者使用社交媒体进行学习。还有一名老年学习者表示"我们群很活跃……遇到不懂的问题可以在群里互相询问",由此可见,老年学习者间交流氛围良好,老年学习者可以通过学校渠道获得帮助。另外,已有相关报告表明,由于"空巢老人"数量逐渐增多,部分老年人从关注核心家庭逐步转向自身社交。因此,与过去主要靠家人来教授使用手机软件相比,老年人可以获得的帮助渠道也逐渐变得更加多样化。

综合各维度的量化数据和质性数据可以发现,当代老年人的网络社交生活比我们想象的要更加丰富和复杂。受社会固有观念影响,当前很多老年人的网络社交和网络学习行为在一定程度上被限制。根据访谈数据,老年人的学习行为现状可分为两类:完全自主个体和非完全自主个体。完全自主个体类的老年人,能够掌控自己的网络社交行为,根据自己真实的行动愿景和学习需求采用相应行动,包括注册和拥有独立的社交账号、自主查找网络学习资料和实施网络学习行为等,这类老年人具有更好的信息素养,对于网络风险的认识和承受力也更高,相应的学习适应速度快,在线自主能力也比较高,他们自身就是知识内容的创作者和主动接受者;非完全自主个体的老年人,不能够完全掌控自己的网络行为,受到外界影响(如子女或者配偶的限制)或者自身信息素养水平限制,对于网络风险承受力不高,更喜欢被动接受或通过代理的方式完成网络社交、网络学习行动,被动接收移动网络和社交媒体提供的学习内容,较完全自主个体类的学习者学习适应性较低。但该群体所表现出的对于移动社交媒体和移动学习方式的包容、正面的态度,使得该群体接受和适应移动学习方式同样具有较高的可能性。

二、基于"学习内容"维度的适应性分析

学习内容方面,各类学习内容及占比如表 4-3 所示。结果显示,老年学习者更关注身体健康、个人兴趣相关主题的学习内容。

表 4-3 学习内容偏好调查

学习内容主题	人数	百分比
书画类(书法、山水画、花鸟画等)	193	49.4%
摄影类	181	46.3%
文艺活动类(器乐、声乐、合唱、舞蹈等)	258	66.0%
体育活动类(健身操、太极拳等)	107	27.4%
医学保健类(养生知识、中医知识、按摩推拿等)	133	34.0%
家政技艺类(营养学知识、烹饪知识等)	66	16.9%
其他文化知识类	59	15.1%

除此之外,访谈数据显示,有两类零散的信息内容得到老年人的普遍偏好和关注。一是情感类的心灵鸡汤、幽默片段,受访对象中有 12 位表示会经常浏览;二是时事政治和新闻,这类内容尤其得到男性老年学习者的关注。这些主题也恰好反映了老年人的情感需求和认知需求。因此,在设计学习内容时,可以考虑如何将这些受欢迎的资源整合到体系化教学资源中。

在学习内容呈现形式中,老年学习者最偏好的是视频形式(73.2%)。这一结果与访谈数据一致。相对于文本、音频类内容,视频类内容对老年学习者而言更为友好,更能为其提供具体而易于理解的经验;除此之外,大脑处理视频类信息速度也比文本类效率更高,这对于老年学习者而言也更有价值。与年轻人相比,老年人生理状况与认知水平都有所下降,老年人对于其偏好的、大脑加工效率更高的视频类学习内容适应性会更好。

三、基于"学习活动"维度的适应性分析

移动学习活动方面,"查看和分享学习资料"(89.1%)和"与老师、同学在线交流"(78.3%)占据主要地位。访谈数据显示,老年人使用社交媒体参与学习的活动中,主要聚焦在"查看""转发""分享"等低阶认知层面,面向高阶认知的学习活动和行为很少。另外,访谈数据显示面向老年人的学习内容以单个主题为主,主要是利用网上零散的学习资料或者教师自制的学习资源参与学习,而系列课程很少。

移动学习活动时长方面,选择"30 分钟以内"老年人占 34.1%,"30~60 分钟"的老年人为 51.6%。表明老年人学习时长适应性应控制在 1 个小时以内为宜。根据访谈数据显示,大多数老年人在校外的学习时间是分散的,其主要原因包括:①受身体原因(眼睛不适、颈椎不适等)影响,无法长时间查看移动终端;②受家务、看顾后代等事务影响。因此,老年学习者利用移动社交平台开展的学习活动以零散的学习行为为主。另外,访谈结果显示,9 位老年人认为"可以接受的持续使用移动社交媒体学习时间为 1 个小时左右"。对比已有研究,老年学习者对于学习时长的适应性低于年轻人,对碎片式的、短时间的学习活动方式表现了较好的适应性,而对于长时间的课程学习则适应性较差。

四、基于"学习动机和态度"维度的适应性分析

使用社交媒体进行学习的学习动机方面,占据前两位的分别是"方便与他人沟通交流"(72.1%)"满足自己兴趣爱好"(68.3%),表明老年人使用社交媒体时更重视沟通交互,关注自身兴趣。访谈数据也表明,老年人具有很高的社交互动意愿,以减少因年龄增长、退休等原因导致的社会隔离和孤独感,这使得老年人使用社交媒体开展社交行为具有很好的适应性。

学习态度方面,老年学习者的接受度数据均值为 4.02,未来使用意向数据均值为 4.31,表明老年学习者对于使用移动社交媒体开展学习的形式抱有积极的态度和使用期待。但值得注意的是,访谈数据显示,老年人对于使用社交媒体开展学习抱有积极但谨慎的态度。一方面,访谈数据显示出老年群体具有"希望与时俱进""活到老学到老""减少跟年轻人代沟"等积极意愿,这些都表明新时代下老年人对于生命质量具有更高的追求,这也与当前社会倡导的"积极老龄化"理念一致。这种包容度有助于提高他们对新型学习形式的适应性。但另一方面,他们对于使用社交媒体学习替代实际中的老年大学学习生活抱有谨慎拒绝态度。其中一位老年学

习者的发言很具有代表性,他说"我们现在孩子不在身边,就渴望这种聚集在一起热闹热闹,聚在一起聊天做活动(的感觉)。我们在学校不止为了学知识,一方面可以满足自己兴趣,另一方面还可以认识一些新朋友。这可是与拿着手机,看不到摸不着同伴,完全不一样的。"因此,若要提高老年人使用社交媒体学习的动机,老年人的情感诉求值得关注。

五、基于"学习障碍"维度的适应性分析

针对学习障碍的排序题,通过计算 6 个题项的综合得分最终得到各题项综合排序与得分,如表 4-4 所示。该调查结果表明,尽管老年人已经具备一定的移动社交软件操作基础(见上文"熟练程度"数据),但在软件操作、学习过程中的障碍仍然较高。通过分析访谈数据发现,老年人对"移动社交媒体软件操作障碍"主要聚焦在使用新软件的学习操作障碍,如某老年学习者表示"进入账号后,有好多功能……我不知道从哪开始点"。对于熟悉的软件,如微信、抖音,多个受访老年人表现得更为自信,表示"操作简单",使用时"没啥困难"。关于"缺少支持服务"方面,他们表示学习过程中缺少人"帮忙解决技术操作问题"和"讲解不会的地方",老年人更关注"技术操作支持""互动答疑支持"等服务。关于"移动学习资源不足"方面,不同老年人间态度存在差异,少数表示"有很多资料可以学",多数则表示"找不到想要的资料"。这可能与支持老年人学习的资料不足、老年学习者个体的信息素养差异有关。关于"个人身体状况问题",个别受访老年人表示存在一些如视力问题、肩颈问题、糖尿病一类的慢性病等,但是这些因素主要表现在影响其持续使用社交媒体的时长方面,他们对于短时学习仍然表现出积极接受的态度。"缺少必要的设备和网络支持"方面,由于国内移动设备和网络基础建设的发展,移动学习的设备和网络障碍因素已经弱化。

表 4-4 老年学习者使用移动社交媒体的障碍因素

题项	综合得分	排序
移动社交媒体软件操作障碍	4.80	1
使用社交媒体开展学习过程中缺少支持服务	4.50	2
适合老年人的移动学习资源不足	4.43	3
没有充足的时间使用社交媒体学习	3.77	4
个人身体状况问题(视力问题、肩颈问题等)	2.20	5
缺少必要的设备和网络支持	1.52	6

在此基础上,为了更全面地理解老年人学习障碍,本研究在访谈时还收集了老年人使用移动设备过程中的障碍点和困惑点,并对这些访谈数据进行了进一步的分析、编码,得出老年人的三类一级节点,包括网络安全感知障碍、技术类障碍和非技术类障碍。网络安全感知障碍的二级节点包括支付安全、网络诈骗、个人隐私和网络病毒;技术类障碍二级节点包括软件操作、手机设备操作、网络连接、软件服务;非技术类障碍二级节点包括信息迷航、信息丢失、信息垃圾和网络暴力。这些障碍点会影响老年人对利用社交媒体开展学习的认知、态度和动机。如访谈对象中有一位老年人表现出很强的防骗意识,反而被推向了另一个极端——拒绝网络行为,导致其互联网"自我边缘化"。调查中还发现,过量的网络垃圾信息也会使老年人对通过移

动社交媒体学习知识产生拒绝和厌恶的情绪,访谈中就有老人吐槽微信群垃圾信息过多,"浪费时间和精力""厌烦了"。因此,在提升老年人学习适应性时,不仅要关注老年人学习障碍的"痛点",还要注意激发和维持他们的学习动机。

第五节　面向老年人的在线学习建议

老年人"老有所学""老有所为"的学习诉求日益增多,老年学校有限的招生空间使老年教育供需失衡情况日益严重。使用移动社交媒体,既能有效解决"老年大学一座难求"的困难,也可以为老年学习者提供更为灵活、便捷、轻松有趣的学习环境。结合本研究的调查与访谈结果,提出以下几点建议以提升老年人使用移动社交媒体开展学习的适应性。

一、遴选老年人熟悉的、符合教学目标的学习工具

在帮助老年人遴选用于学习的社交媒体工具时,要以熟悉性原则和适合教学目标原则为依据进行展开。首先是熟悉性原则。调查和访谈表明,老年人在使用自身熟悉的工具时,操作障碍低,自信心高。因此,学校、教师可以在开课前通过问卷调查等方式确认老年人的使用偏好,选择他们常用的、熟悉的社交媒体工具,以减少操作方面的问题,使老年人更有自信、有精力地投入学习内容和学习活动中。其次是适合教学目标原则,即根据具体的教学目标层次,选择适合的社交软件或软件功能,以服务于教学目标的实现。具体操作时,可以参考数字布鲁姆教学思想,结合数字化活动和社交媒体的对应功能,设计面向老年人的不同的教学目标的活动。

二、设计开发切合老年人需求的、视频化、碎片化的慕课内容

在设计开发课程内容时,要充分考虑老年人的实际兴趣点和困惑点。一是设计开发与老年学习者自身兴趣相关的课程。与在职成年人追求"提高工作绩效"目的不同,老年学习者的学习目的在于"保持身心健康""提高生活质量",本次调查结果也表明老年人更关注自身兴趣类课程。因此可以侧重于老年人更为喜好的文艺类、书画类、公共健康类的知识内容进行设计开发。另外,还可以将老年人喜闻乐见的诸如心灵鸡汤、幽默段子、时事新闻等碎片内容适度整合到课程中。二是与老年人技术应用相关的课程。调查结果与访谈表明,当前老年学习者群体对于移动设备的操作熟练程度仍然不足、信息素养不高,这也成为老年人群体认可的最主要的学习障碍。通过培训可以有效提升非完全自主老年群体的信息素养水平,提高其学习适应性。例如,老年学校可结合实际情况,面向老年学习者开设"社交媒体软件使用方法"的相关课程,重点可以通过向老年学习者介绍社交媒体的优势,结合与老年人自身相关的兴趣点(如养生知识、歌舞资源、打折信息等)和关注点(如隐私性、安全性等)开展应用培训,提升老年学习者的使用意愿。另外,已有文献表明主观规范(个人对于是否采取某项特定行为所感受到的社会压力)对于老年人技术接受行为具有积极影响。这表明老年人容易受到他人影响,其主要影响来源包括家人、教师、朋友或同伴。因此,老年学校还可以考虑面向教师开设"如何利用社

交媒体开展教学"类的课程,通过提升教师的使用适应性,影响和推动老年学习者的使用行为。

课程形式方面,由于老年人更偏好视频形式,因此课程内容建议多采用视频方式制作和分享。具体实践时,老年学校可以利用移动社交媒体软件(如微信、抖音等)建立公共账号,对视频内容进行分发。有条件的学校,还可以考虑开设直播课程。如国家开放大学老年大学在2020年开设了"联合行动·乐学好课"系列直播课,取得了良好的反馈。

课程视频长度方面,根据老年人学习特点,建议将较长的课程视频内容按照知识点进行碎片化处理。视频长度建议控制在30分钟以内。但是要注意做到"课程形式碎片化,课程内容体系化"。具体操作时,可以借鉴微课的设计开发思路,建设老年人系列微课课程。

三、设计与开发面向高阶认知目标的、互动式的课程学习活动

学习活动目标设计方面,建议借鉴布鲁姆的学习目标分类思想,结合老年人已有认知水平,设定学习目标。调查结果显示,现有学习活动主要以低阶认知目标为主。教师应考虑适当增设一些高阶认知层的学习活动,如分析、评价、创造,以促进老年人的认知能力。以微信为例,可以设计的各层次活动包括:设计识记和理解层,"教师通过公众号或微信群组分发教学内容,学生查看内容";应用层,"学生在群内复述老师讲过的内容";分析、评价层,"学生个体(或小组)在群内围绕某一学习主题开展讨论或者辩论,或对发表的作品进行评价";创新层,"学生通过微信群组或朋友圈发布自创作品"。

学习活动交互形式方面,充分利用手机和社交软件的互动功能,开展师生之间、生生之间、学生与教学内容之间的多种交互。其中,人与人的交互可以依托聊天软件、聊天平台、聊天社区完成。人与内容的交互,要充分结合社交媒体的信息组织与分享的优势。除了提供核心知识内容外,教师还应考虑老年人的学习特点,为其提供与学习内容和学习活动相关的学习支架,如资源类支架、情境类支架等。

学习活动时长方面,根据调查结果反馈,以实际活动完成时间为准,建议持续时间长度控制在1小时内。另外,条件允许情况下,教师也可以考虑开展混合式教学,通过线上发布一些教学内容,线下进行精细讲解或辅导答疑等。

四、提供高质量的学习支持服务,消减学习障碍

与成人年相比,老年人在使用信息技术时的技术焦虑感偏高,自我效能感偏低。本研究的调查数据也显示,"使用社交媒体开展学习过程中缺少支持服务"在学习障碍因素中排名靠前。另外,已有研究表明,服务质量对学习用户的持续使用意愿有显著影响。因此,老年教学机构、移动APP运营机构需要考虑如何设计支持服务,为老年学习者提供更多更好的学习支持。从分工角色方面看,老年学校学习支持服务的提供主体应包括老年大学的教学管理人员、教师、技术支持人员等三类角色;从服务过程看,老年学校提供的线上学习支持应当贯穿从最初的开设课程(或活动)到最后的课程(活动)结束;从支持服务类型看,不仅要提供学术性支持(包括学习指导、能力发展等),同时还应发挥社交媒体的优势,关注老年人社交意愿,为老年人提供在线的非知识型支持服务(如在线社交、情感支持、合作支持等)。另外,应充分利用自适应技术和大数据技术,为老年人提供个性化服务,这也有助于打破老年人对网络学习的心理厌倦,

保持学习动力。以微信公众号为例,从学习过程角度分析学习支持服务,其一般过程应包括:首先,由教师、教学管理人员、技术人员合作设计公众账号的相关功能、学习者分组规则、学习内容分类推送规则等;其次,由教学管理人员或教师引导老年学习者关注公众账号,通过设置互动问题,按照年龄、学习兴趣、学习习惯等维度对学习者进行分组;之后,由教学管理人员、技术人员针对不同特征小组进行内容的精准化推送;最后,针对这些内容,教师可将公众账号中的学习资源与线下课程相结合,开展教学,或学习者针对线上内容开展自学,由教师提供教学支持,技术人员提供技术支持等。通过多种支持服务,尽最大可能消解老年人学习过程中的技术障碍和认知障碍,提升其采用社交媒体开展学习的适应性。

第五章　老年人在线学习影响因素研究

在对老年人的在线学习适应性进行分析的基础上,本章以面向老年人的在线学习影响因素为研究目标,依托计划行为理论(TPB)、技术接受模型(TAM)、技术接受模型扩展模型(TAM2)、技术接受综合模型(TAM3)、整合型技术接受和使用模型(UTAUT),利用问卷调查方法,构建结构方程模型,通过量化方式探究影响老年人采纳在线学习的接受度。为后续面向移动端的慕课课程设计和实践探索提供重要的数据支撑。

第一节　研究内容与方法

一、研究内容

以西安市某老年大学和某老年教育学院的学习者们为研究对象,结合老年人在线学习的实际情况,研究老年群体对在线学习这一行为的接受程度。研究内容主要从以下几部分展开:

(一)模型构建。以 TPB、TAM 等理论为基础,基于已有文献建立外部变量,提出研究假设,形成初步的研究模型。

(二)设计问卷,收集数据。基于已有文献,设计技术焦虑、自我效能感、先前经验、主观规范、便利条件五个外部变量,基于技术接受模型中已有的有用性、易用性、行为意向三个核心变量设计老年人在线学习情况调查的问卷。问卷发放初期,先小规模地对部分老年人进行试测,并通过反馈予以调整,然后大规模地进行问卷调查。

(三)结构方程模型分析。通过后期的问卷发放了解基本情况,之后进行数据结果的信度效度分析,验证模型构建的假设是否成立,分析变量信息之间的关系。

(四)基于结构方程模型结果,提出提升老年人在线学习接受度的策略和适用于当下老年人在线学习的有关建议。

二、研究方法

本章主要采用文献分析法、问卷调查法两种研究方法。

文献分析法:文献分析是通过对收集到的有关方面的文献资料进行研究,以探明研究对象的性质和状况,并从中引出自己观点的分析方法。本书将着重查阅有关影响老年人在线学习方面的文献资料,分析整理老年人在线学习的影响因素、技术接受模型,为之后的研究打下良好的理论基础。

问卷调查法:问卷调查是科学研究中最常用、最直观的一种研究方法,研究者设计好问卷,通过线上或线下的方式发放问卷,以书面表达的形式与研究对象进行交流。本文以 TPB、TAM、TAM2、TAM3、UTAUT 为基础,参考相关文献的经典量表,结合老年人在线学习的一般特点形成最终的问卷调查。由于老年群体的特殊性,问卷通过线下方式进行发放,研究对象在自然状态下完成问卷,对于不理解的地方研究者会予以解释,最大程度地保证问卷的真实性和有效性。

第二节 理论基础

一、影响因素分析

根据现有的文献,许多因素可能会影响老年人对使用信息技术开展课程学习的接受和行为意向。根据技术采纳领域的相关研究,这些因素可以大体分为三个主要的背景:个人、社会和组织。

个人因素主要包括与老年人的身体和精神状况有关的因素,如先前经验、技术焦虑和自我效能感等。先前经验是影响老年人行为的一个重要因素。先前经验指的是老年人前期具有相关的使用经验。与年轻人相比,老年人更抗拒变化,对于信息技术态度更为谨慎。如果他们在使用技术方面有积极的先前经验,那么他们将乐于采纳新的技术进行学习。技术焦虑也是一个重要的个体因素。由于老年人通常对信息技术使用经验较少,他们的技术焦虑水平会更高。另外,一些研究发现焦虑和自我效能感之间有显著的关系。社会学习理论的创始人班杜拉从社会学习的观点出发,在 1977 年提出了自我效能理论,用以解释在特殊情景下动机产生的原因。自我效能感是指"人们对自身能否利用所拥有的技能去完成某项工作行为的自信程度"。该概念被提出以后,心理学、社会学和组织行为学领域开始对此进行大量研究。与年轻人相比,我国老年人的自我效能感相对较低,一方面是受其身体机能和心理衰退影响,另一方面,也与我们国家的谦逊文化存在一定关系。

社会因素方面,影响老年人接受新技术和新的学习方式的主要影响因素是主观规范。在技术采纳语境下,主观规范指的是个人对于是否采取某项特定行为所感受到的社会压力,即在预测他人的行为时,那些对个人的行为决策具有影响力的个人或团体对于个人是否采取某项特定行为所发挥的影响作用大小。已有研究表明,主观规范是塑造老年人行为意向的一项关键因素。

组织因素方面,主要考虑组织层面对个体的影响。便利条件是其中重要因素之一。便利条件指的是一个组织和技术基础设施对支持个体使用某技术的支撑程度。这一因素也影响老年人对技术的采用。总体来说,便利条件包括学习服务支持、技术服务支持、学习成本支持等方面。与年轻的学习者相比,老年学习者在学习过程中需要更多的技术支持。另外,考虑到退休后的收入水平问题,学习成本也会是阻碍老年人开展在线学习的一个重要因素。统计显示,61.2%的中国老年人担心他们的养老金不足。因此,我国的老年人可能对学习成本更为关注。

综合已有国内外研究,存在诸多因素影响着老年人开展在线学习的行为。然而,目前关于老年人在线学习采纳方面的研究很少,因此本研究从个人、社会、组织三个维度,根据已有文献,初步遴选五个因素,即技术焦虑、自我效能感、先前经验、主观规范和便利条件,探讨这些因素是否影响老年人采纳在线学习的行为。

二、理论模型框架

(一)计划行为理论(TPB)

计划行为理论出现于理性行为理论之后。理性行为理论被认为只适用于预测完全受意志控制的行为,但在实际情况下,个人对行为意志的控制往往受许多其他因素的影响,遇到非意志控制的行为时会降低其预测作用。于是,阿耶兹(Ajzen)在理性行为理论的基础上深入探索与研究,增加了知觉行为控制这一新的预测变量,提出了计划行为理论(The Theory of Planned Behavior,TPB)。与理性行为理论不同的是,计划行为理论增加了行为意向的第三个决定性因素——知觉行为控制(Perceived Behavioral Control),指的是个人感知到控制并完成特定行为的容易或困难程度,由控制信念和知觉强度共同决定。控制信念是指个体对促进和阻碍完成特定行为的因素的知觉,知觉强度是指个体知觉这些促进和阻碍完成特定行为的因素对发生特定行为的影响程度。计划行为理论的理论模型如图5-1所示。

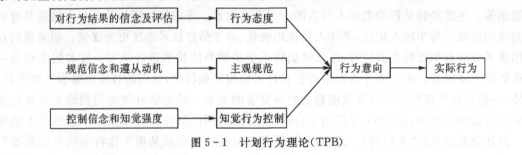

图5-1 计划行为理论(TPB)

(二)技术接受模型(TAM)

1989年,戴维斯以理性行为理论为基础对用户进行信息系统接受度研究时,结合期望理论、自我效能感理论、行为决策理论、创新扩散理论、市场营销以及人机交互,提出了技术接受模型(Technology Acceptance Model,TAM)。技术接受模型主要的决定因素之一是感知有用性(Perceived Usefulness,PU),感知有用性是指用户个体主观感知和外部信息技术对工作绩效的影响程度;即如果用户认为该系统对自身学习或工作有帮助,就会有使用该系统的欲望。技术接受模型另一个主要决定因素是感知的易用性(Perceived Ease of Use,PEU),感知易用性是指用户个体主观认为使用某信息技术的难易程度;即如果用户认为该系统在使用上很简单方便,就会产生积极的使用意愿。在技术接受模型中,对信息技术或系统的使用是由行为意向(Behavioral Intention,BI)决定的,而行为意向则由使用态度(Attitude Toward Using)和感知有用性共同决定,使用态度由感知有用性和感知易用性共同决定,感知有用性由感知易用性和外部变量共同决定,感知易用性是由外部变量决定的。技术接受模型如图5-2所示。

图 5-2 技术接受模型(TAM)

(三)技术接受模型扩展模型(TAM2)

随着广大学者在技术接受模型的基础上不断深入研究,TAM 显现出一定的局限性。文卡特什和戴维斯在 TAM 的基础上加入自愿性和经验作为调节变量,同时,引入社会影响过程变量和认知工具过程变量,提出技术接受扩展模型(Extension of the Technology Acceptance Model,TAM2)。TAM2 中的社会影响过程变量和认知工具过程变量共同对感知有用性起决定作用。社会影响过程变量包括主观规范、自愿性和形象,主观规范含义见上文,自愿性指个人对使用特定系统的强制性程度的感知,形象(Image)指个人对使用特定系统后其社会地位提高的感知程度。认知工具过程变量包括工作相关性、输出质量、结果可证明性和感知易用性,工作相关性(Job Relevance)指个人对目标系统适用于其工作的程度的感知,输出质量(Output Quality)指个人对系统执行任务的效果的感知,结果可证明性(Result Demonstrability)指个人使用创新的结果可行性。TAM2 的理论模型如图 5-3 所示。基于该模型,很多学者通过构建和调整外部变量,展开了相关研究,如帕克等人,基于 TAM 模型构建了影响大学生开展移动学习的技术接受模型并进行了验证。

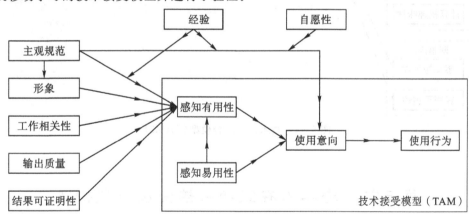

图 5-3 技术接受扩展模型(TAM2)

(四)技术接受综合模型(TAM3)

为了了解各种干预措施如何影响技术接受和使用,文卡特什和巴拉在已有研究理论和实践的基础上对 TAM2 进行改进,结合 TAM2 和感知易用性的决定因素模型提出了技术接受综合模型(Integrated Model of Technology Acceptance,TAM3)。TAM3 保留了 TAM2 中对感知有用性产生影响的外部变量,即主观规范、形象、工作相关性、输出质量、结果可证明性和感知易用性。在文卡特什开发的感知易用性的决定因素模型中,锚定因素包括计算机自我效能感、计算机焦虑、计算机趣味性以及对外部控制条件的感知,调整因素包括感知愉悦性和客观可用性。TAM3强调与感知有用性和感知易用性相关的独特作用和过程,并认为感知有用性的决定因素与感知易用性的决定因素不会交叉。TAM3仍然将经验和自愿性作为调节变量,研究发现,随着经验的增加,感知易用性对行为意向的影响减少,而感知易用性对感知有用性的影响则会增加。TAM3的理论模型如图5-4所示。

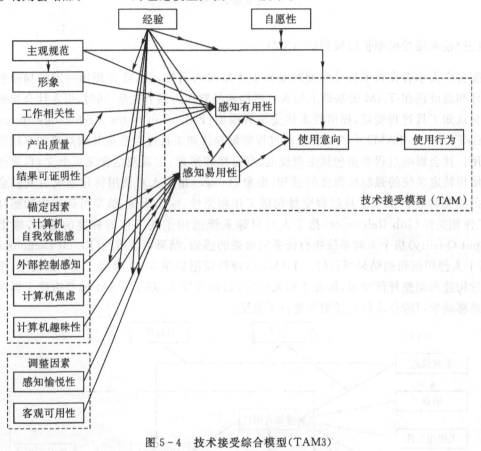

图5-4 技术接受综合模型(TAM3)

第三节 老年人在线学习接受度模型构建

基于上述影响因素的分析,在参考了戴维斯、帕克等学者的文献研究后,本书以技术接受模型为基础理论模型,结合老年群体心理特征与在线学习基本特点,构建老年人在线学习接受度模型,如图5-5所示。在帕克的模型中,影响大学生采纳移动学习的相关变量包括个人、社会和组织三维度因素。基于老年人和大学生的差异,本研究在帕克模型基础上进行了调整,最终形成五个外部因素。另外,考虑到态度因素对于调节两种感知因素(感知有用性和感知易用性)与行为意向之间的关系的薄弱性,本研究基于TPB、TAM、TAM2、TAM3、UTAUT模型,删除了态度因素,最终提出了自己的研究模型。该模型中各箭头表示各变量之间的关系,之后会对各箭头关系进行检验,验证连线是否成立。

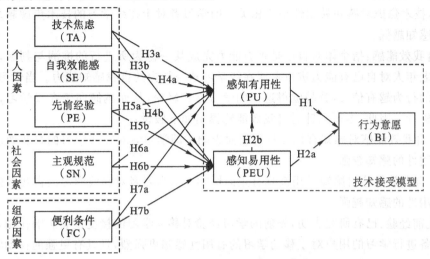

图5-5 老年人在线学习接受度模型

本研究模型共包括八个研究变量:自变量为五个外部变量,分别为技术焦虑、自我效能感、先前的经验、主观规范、便利条件,因变量为行为意向,感知有用性和易用性则为中介变量。通过查阅相关文献,参考已发表研究,本书将八个研究变量分别进行如下研究假设。

(1)感知有用性:在本研究中是指老年人认为在线学习对其生活、学习的有用程度。在TPB、TAM、TAM2、TAM3、UTAUT模型的有关研究中,感知有用性是其中的核心变量,同时也被证实它能通过外部变量的反馈而影响用户对系统的行为意向,它使用户对技术产生更强的使用意愿,对用户使用态度有正向的影响作用。因此,本书针对感知有用性提出如下假设:

H1,感知有用性对学习者行为意向具有正向影响。即学习者对在线学习的有用性感知越强,则其行为意愿越强烈。

(2)感知易用性:本研究中是指老年人开展在线学习程度的难易程度。同感知有用性一样,感知易用性也会受到外部变量的影响。当老年人觉得在线学习对自身越简单,越容易接受,就会有更强的使用意愿。戴维斯在相关研究中指出感知易用性通过影响感知有用性对行为意向产生间接影响,同时对行为意向造成直接影响。因此,针对感知易用性本研究提出如下假设:

H2a,感知易用性对感知有用性具有正向影响。即学习者对慕课在线学习的易用性感知越强,则对其有用性的感知越强。

H2b,感知易用性对学习者行为意向具有正向影响。即学习者对慕课在线学习的易用性感知越强,则其行为意愿越强烈。

(3)技术焦虑在本研究中指的是老年人在慕课在线学习过程中对学习平台的相关操作不熟练使老年人产生的焦虑、紧张、有压力等情绪。当老年人出现上述的负面情绪时,可能会造成其对慕课在线学习这一行为的抵触,认为在线学习的方式有难度,从而降低进行在线学习的行为意愿。基于此,本研究针对技术焦虑提出如下假设:

H3a,技术焦虑与感知有用性呈负相关。即学习者对于在线学习的技术焦虑越多,则其对有用性的感知越低。

H3b,技术焦虑对感知易用性呈负相关。即学习者对于在线学习的技术焦虑越多,则其对易用性的感知越低。

(4)自我效能感:指个体对自己是否有能力完成某一行为所进行的推测与判断,而在本书中指的是老年人对自己有能力进行慕课在线学习这一行为的自我感知能力。当学习者对自己在线学习的行为越有信心,就越觉得这样的学习方式轻松,从而越倾向于在线学习,提高在线学习的积极性。因此,本研究针对自我效能感提出如下假设:

H4a,自我效能感对感知有用性具有正向影响。即学习者对在线学习的自我效能感越高,则其对有用性的感知越强。

H4b,自我效能感对感知易用性具有正向影响。即学习者对在线学习的自我效能感越高,则其对易用性的感知越强。

(5)先前经验:已有研究表明,先前的学习经验对移动学习的接受度有影响作用,之前使用过移动设备进行学习的用户对于移动学习的有用性感知更强烈,且具有更强的移动学习意愿。本研究的当前经验指学习者之前使用手机或计算机等终端工具进行学习的操作经验。学习者先前的学习经验积累得越多,就会觉得慕课在线学习简单易上手,也会倾向于在线学习的方式进行学习,同时增加其在线学习的行为积极性。本研究针对先前经验提出如下假设:

H5a,先前经验对感知有用性具有正向影响。即学习者先前在线学习的经验越丰富,则其对有用性的感知越强。

H5b,先前经验对感知易用性具有正向影响。即学习者先前在线学习的经验越丰富,则其对易用性的感知越强。

(6)主观规范:在本研究中指的是老年人感知到身边对自己来说重要的人(如家人、朋友、同学)对进行在线学习这一行为的影响。有关研究认为,主观规范对感知有用性与感知易用性有着显著的影响效果。因此,本研究针对主观规范提出如下假设:

H6a,主观规范对感知有用性具有正向影响。即对学习者来说重要的人对学习者在线学习的影响越深,则其对有用性的感知越强。

H6b,主观规范对感知易用性具有正向影响。即对学习者来说重要的人对学习者在线学习的影响越深,则其对易用性的感知越强。

(7)便利条件:在本研究中指的是帮助老年人更方便地开展在线学习的客观因素和硬性条件,包括网络、费用、他人的帮助等。对于老年人来说,如果满足了基本的网络连接条件、能用较低的成本方便快捷地进行在线学习,那么他们就会轻松高效率地在线学习,在线学习的热情和行为意愿也会越强烈。因此,本研究针对便利条件提出如下假设:

H7a,便利条件对感知有用性具有正向影响。即学习者在线学习的便利条件越容易满足,则其对有用性的感知越强。

H7b,便利条件对感知易用性具有正向影响。即学习者在线学习的便利条件越容易满足,则其对易用性的感知越强。

第四节　老年人在线学习接受度问卷设计与方法

一、问卷设计

老年人在线学习情况调查问卷是研究学习者对在线学习接受度的直接数据来源。本书参考已有文献，参照权威量表，结合老年人使用在线学习的真实情况进行问卷设计。老年人在线学习情况调查问卷由两个部分组成，分别是被调查者基本信息和问卷的主体。基本信息包括被调查者的年龄、性别、受教育程度、对移动社交媒体的使用情况等信息。主体部分采用Likert五级量表，分别对技术焦虑、自我效能感、先前的经验、主观规范、便利条件、感知有用性、感知易用性、行为意向几个维度进行测量，按照题目的符合程度进行选择并计分，五个选择为"完全符合"（记为5分）、"符合"（记为4分）、"一般"（记为3分）、"不符合"（记为2分）、"完全不符合"（记为1分）。本研究参考文卡特什发表文献的经典量表，根据老年人在线学习基本情况对量表相关题项进行选取并结合实际情形适当增减，共设计25个测量题项，最后将选取的题项译成中文形成最终问卷，问卷详见附录2。

二、问卷发放

（一）问卷发放对象

本研究的问卷发放对象从西安市某老年大学和某老年社区教育学院的学习者中选取。调查对象为老年人，其年龄均在50岁及以上。参加老年大学作为其度过业余时间的流行方式，老年人们在老年大学学习的课程内容丰富、形式多种多样，包括武术、模特走秀、化妆、声乐、摄影、软笔书法、国画、交谊舞、民族舞。本研究在学习者的课间时间完成问卷发放。受疫情影响，在2020—2021年，各类老年大学、社区学校的课程均开设了在线微课、慕课课程，因此，本次实验大部分调研对象均具有在线学习经历，能够较好地理解在线学习的含义。

（二）问卷发放过程

在问卷正式发放之前，发放小规模问卷进行前期试测，根据反馈的问卷数据及填写情况进行相应的修改，最后将最终问卷进行大规模正式发放。研究团队在老年学习者上课的地点进行问卷发放，包含室内和室外。为保证此次研究的信度和效度，本研究问卷的发放工作全部在线下进行。由研究者将调查问卷打印成纸质版，在老年大学和老年教育学院进行发放并当场收回，部分老年学习者在填写过程中出现对题项的不理解和视力不佳的状况，研究人员会进行解释和对题项的复述，最后回收所有调查问卷。

第五节 老年人在线学习接受度结构方程模型分析

在对老年人在线学习调查情况的调查问卷回收后,利用问卷星平台对每份问卷进行手动录入。此次共发放 402 份问卷,回收后将无效问卷舍弃,得到的有效问卷共 391 份,有效率达到 97.2%。利用 SPSS 软件对得到的有效数据进行统计分析,用于验证本研究初始模型的假设,分析各变量之间的关系。

一、样本描述性统计分析

利用 SPSS 软件对完成问卷的被调查者的基本信息数据进行描述性统计分析,得到的描述性数据如表 5-1 所示。

表 5-1 老年人在线学习情况调查研究样本描述性统计分析

属性	类别	频数	百分比
年龄	50～54 岁	105	26.9%
	55～59 岁	225	57.5%
	60～64 岁	54	13.8%
	64 岁以上	7	1.8%
性别	男	73	18.7%
	女	318	81.3%
教育程度	初中及以下	23	5.9%
	高中或中专	273	69.8%
	大专或本科	92	23.5%
	硕士及以上	3	0.8%
在线学习的经历	1 年以内	54	13.8%
	1～2 年	151	38.6%
	3～4 年	92	23.5%
	4 年以上	94	24.0%

从样本的年龄分布可以看出,在线学习已渗透到了各个年龄段。在其中,使用网络平台进行学习的老年人主要在 60 岁以下,总共达到 84.4%。在发放调查问卷时发现,由于课程属性等原因,老年大学和老年教育学院的女学习者占了总学习者人数的较大比例,是男学习者人数的四倍左右,男学习者人数相对较少。从受教育程度的分布可以看出,初高中、大中专、本科、硕士及以上人数占比较多。从在线学习经历的年数分布情况可以看出:1 年以内的人数占 13.8%;在 1～2 年的人数占比最多,为 38.6%;一半左右的人开展在线学习的时间在 3～4 年或 4 年以上,说明此次调查的大多数老年人都具备一定的在线学习经验。从研究样本的描述

性统计数据分析结果可以得出,年龄、性别、教育程度、在线学习的年数四个变量的样本分布比较合乎常理,这也与现代老年人在线学习的实际情况相符合。

二、信度与效度分析

信度分析是为了检验样本的测量结果是否可靠,效度分析是为了检验问卷设计的质量。将调查问卷进行回收后,应对有效问卷数据进行信度和效度分析,以保证研究样本数据的有效性。

本研究采用克隆巴赫信度系数(Cronbach's α)值检验法进行信度分析,Cronbach's α 值可以用来检验问卷的内在一致性。α 的值越高,则说明问卷的信度越高,问卷的内在一致性越好。当 α 的值大于 0.7 时,可认为调查问卷的信度较高;当 α 的值在 0.5~0.7 时,则认为调查问卷的信度一般。本文对问卷有效数据进行信度分析,分析结果如表 5-2 所示。根据老年人在线学习情况调查问卷的整体有效数据显示,各研究变量的 α 值均在 0.7 以上,表明该问卷具有较高的信度,通过信度检验。

表 5-2　老年人在线学习情况调查问卷的信度和效度分析

研究变量	测量题项数	Cronbach's α	因子载荷量	CR	AVE
先前经验(PE)	a01	0.83	0.99	0.85	0.66
	a02		0.72		
	a03		0.69		
技术焦虑(TA)	a04	0.77	0.87	0.78	0.54
	a05		0.66		
	a06		0.65		
主观规范(SN)	a07	0.88	0.95	0.88	0.72
	a08		0.80		
	a09		0.78		
自我效能感(SE)	a10	0.85	0.97	0.86	0.67
	a11		0.73		
	a12		0.74		
便利条件(FC)	a13	0.87	0.99	0.88	0.65
	a14		0.74		
	a15		0.72		
	a16		0.73		
感知有用性(PU)	a17	0.83	0.93	0.84	0.63
	a18		0.73		
	a19		0.70		

续表

研究变量	测量题项数	Cronbach's α	因子载荷量	CR	AVE
感知易用性(PEU)	a20	0.85	0.97	0.86	0.67
	a21		0.73		
	a22		0.74		
行为意向(BI)	a23	0.82	0.96	0.84	0.63
	a24		0.68		
	a25		0.72		

问卷的效度分析可从三个方面进行,分别是内容效度、结构效度、区分效度。由于本研究采用的问卷大多参考经典量表并进行翻译而来,因此在内容方面具有较高内容效度。结构效度的检验主要包括聚敛效度和区分效度。聚敛效度需要抽取研究变量的因子载荷量(大于0.5)、组合信度(CR>0.7)、平均方差(AVE>0.5)。如表5-2所示,各研究变量因子载荷量得分高于可接受标准,表明此调查问卷具有较好的因子载荷。当组合信度值大于0.7时,则表明调查问卷具有较高的内部一致性,表中显示,所有变量的组合信度值均大于0.7,说明问卷内部一致性较高。区别效度指的是研究变量之间的显著差异性,本研究的区分效度检验如表5-3所示,对角线上的数值表示相应的研究变量平均变异量抽取值的平方根,其余数值表示矩阵中各对应变量之间的相关系数。若研究变量平均变量抽取值的平方根大于其与其他变量的相关系数,则说明模型中各研究变量之间的区别效度较好。由表5-3可知,各研究变量之间的相关系数都小于其平均变量抽取值的平方根数值。可见,本调查问卷具有较好的区分效度。综上述可知,本问卷的设计具有良好的信度和效度,可用于之后的数据统计和研究分析。

表5-3 老年人在线学习情况调查问卷的相关矩阵与区别效度检验

研究变量	FC	SE	SN	TA	PE	PEU	PU	BI
FC	0.804							
SE	0.431	0.818						
SN	0.548	0.469	0.847					
TA	0.441	0.411	0.553	0.736				
PE	0.416	0.424	0.434	0.289	0.813			
PEU	0.442	0.464	0.419	0.420	0.434	0.821		
PU	0.464	0.521	0.513	0.456	0.435	0.470	0.795	
BI	0.269	0.293	0.277	0.260	0.258	0.432	0.440	0.796

三、模型拟合度分析

利用AMOS软件对建构的模型进行拟合度检验,拟合度检验的指标分别为自由度比值(X^2/df)、比较适配指数(CFI)、良性适配指数(GFI)、调整后良性适配指数(AGFI)、渐进残差均方和平方根(RMSEA)。通过查阅克莱恩和拜恩的相关文献可得五个拟合度指标的标准指数,具体数值和研究调查问卷的模型拟合检验如表 5-4 所示。通过对比各拟合度指标的数值与拟合度标准指数得出,各指标的拟合度都在标准数值的理想范围内,因此该研究模型的适配程度好,可用性高。

表 5-4 老年人在线学习情况调查问卷的模型拟合检验

拟合度指标	数值	拟合度标准指数	是否拟合
X^2/df	1.105	<3	是
CFI	0.995	>0.9	是
GFI	0.948	>0.9	是
AGFI	0.933	>0.9	是
RMSEA	0.016	<0.08	是

四、研究假设结果验证

本书将对研究模型的假设路径进行检验,以此来验证提出的研究假设是否成立。利用 AMOS 软件对老年人在线学习情况调查模型进行路径分析,分析结果如表 5-5 所示。

表 5-5 老年人在线学习情况调查问卷的研究假设验证结果

研究假设	假设路径	路径标准系数	P 值	是否成立
H1	BI←PU	0.304	<0.001	是
H2a	BI←PEU	0.289	<0.001	是
H2b	PU←PEU	0.14	0.013	是
H3a	PU←TA	−0.131	0.037	是
H3b	PEU←TA	−0.178	0.006	是
H4a	PU←SE	0.228	<0.001	是
H4b	PEU←SE	0.214	<0.001	是
H5a	PU←PE	0.125	0.017	是
H5b	PEU←PE	0.206	<0.001	是
H6a	PU←SN	0.162	0.011	是
H6b	PEU←SN	0.042	0.514	否
H7a	PU←FC	0.105	0.06	否
H7b	PEU←FC	0.162	0.005	是

当路径的显著性概率 $P<0.05$ 时,则认为该路径达到显著性水平,即该假设是有研究意义的。由上表数据可知,主观规范对感知易用性、便利条件对感知有用性的 P 值分别为 0.514 和 0.06,均大于临界值 0.05,这两条路径没有达到显著性水平,因此判断出假设 H6b(主观规范对感知易用性具有正向影响)和假设 H7a(便利条件对感知有用性具有正向影响)在本研究

中不成立。其余的假设 H1(感知有用性对学习者行为意向具有正向影响)、H2a(感知易用性对感知有用性具有正向影响)、H2b(感知易用性对学习者行为意向具有正向影响)、H3a(技术焦虑与感知有用性呈负相关)、H3b(技术焦虑对感知有用性呈负相关)、H4a(自我效能感对感知有用性具有正向影响)、H4b(自我效能感对感知易用性具有正向影响)、H5a(先前经验对感知有用性具有正向影响)、H5b(先前经验对感知易用性具有正向影响)、H6a(主观规范对感知有用性具有正向影响)、H7b(便利条件对感知易用性具有正向影响)的路径均存在显著性。除此之外,研究假设验证结果还显示,除 H3a、H3b 外,其余假设的路径系数均为负值,这表明 H3a、H3b 这两条路径的变量之间存在负相关关系,其余假设的变量之间则为正相关关系。

第六节 研究总结

本书以 TPB、TAM、TAM2、TAM3、UTAUT 为基础模型,将感知有用性、感知易用性、行为意向相关研究变量予以保留,并结合社会发展背景以及老年人在线学习实际情况加入技术焦虑、自我效能感、先前的经验、主观规范、便利条件 5 个研究变量,建构老年人在线学习接受度模型,提出各变量之间关系的研究假设。再参照国外经典量表,进行适当修改,形成老年人在线学习情况调查问卷,经过问卷试测和正式发放阶段后,对有效问卷进行统计、整理、分析。本书的数据分析包括样本描述性统计分析、信效度分析、模型拟合检验分析,除此之外,对问卷设计的合理性、研究的假设都进行了相应的验证。

研究结果显示,问卷的描述性变量样本分布与老年人开展在线学习的实际情况相符合,问卷的信效度和拟合度较好,可用于后续研究。根据研究假设验证结果可知,除主观规范对感知易用性具有正向影响、便利条件对感知有用性具有正向影响这两个假设外,其余各路径假设均成立。在已验证的假设中,具体结论如下:

(1)感知有用性、感知易用性对行为意向具有显著的正向影响。即老年人对慕课在线学习的有用性、易用性感知越强,则其行为意愿越强烈。这两个变量对学习者行为意向的正相关性极高,数据显示它们的显著性概率远小于其临界值。老年人开展在线学习时,如果发现其对他们的生活、工作、学习方面有很大的用处或者操作起来比较简单,他们就会更倾向于开展在线学习活动。

(2)感知易用性、自我效能感、先前的经验、主观规范都对感知有用性具有正向影响。老年人认为自己有能力进行在线学习,先前经验支持其顺利开展在线学习,周围的朋友、同学、老师认为其应该参与在线学习,都会使老年群体感知到在线学习的有用之处。其中正相关性最显著的变量是自我效能感,其次是主观规范,这与老年人的心理特性和行为特征相符。老年人对自己能顺利进行在线学习的行为越有自信,他们在使用过程中就会更加得心应手,行为意愿也会更强。同时周围人的意见对老年人的心态影响也很大,老年人的在线学习行为会受子女、周围伙伴们的同化。技术焦虑对感知有用性呈现负相关,这是因为如果老年人在使用过程中感到焦虑、紧张的负面情绪,他们将减少在线学习的频率,部分老年人甚至会放弃在线学习。

(3)自我效能感、便利条件对感知易用性具有正向影响。老年人觉得自己有能力进行在线学习,相关条件能支撑在线学习,都会使老年群体感受到在线学习的方便快捷。自我效能感的影响在于,老年人对自己在线学习的能力达到预期,之前的计算机、手机等使用经验都能让其更轻松地进行在线学习。技术焦虑对感知易用性呈现负相关，对技术的紧张感、焦虑感会让老年人觉得在线学习有难处，给他们造成困扰。

一、研究启示

虽然老年群体的文化观念和当代年轻人不同，但他们对新事物的学习渴望并不比年轻人弱。慕课在线学习自主性强、内容涵盖范围广、时间灵活度高，更适合老年人的学习习惯，能够帮助老年人提升自我，实现终身学习。通过对老年人在线学习接受度模型中各变量关系的分析，同时结合老年人在线学习的调查现状，可发现在线学习已经开始渗透到老年群体的日常生活中。结合我们的研究结果，提出以下实践建议。

在技术焦虑方面，针对老年群体的特殊性，老年教育领域的管理者应该加强对老年在线学习的技术指导，可以设置有关课程供学习者学习，也可以组织线上线下的培训、答疑等活动，提高老年人在线学习的能力。课程和平台开发工作者也可以针对老年用户设计专门的页面和程序，优化用户体验，降低老年人对技术的焦虑、紧张等负面情绪。在自我效能感方面，老年人应该加强自身对在线学习这一技能的训练，积极提升主观学习动力，提高自我效能感。在主观规范方面，对老年大学、社区学院等组织的教员也可进行相应的培训，让他们多运用信息技术工具辅助教学，鼓励老年人多使用移动设备等开展在线学习活动，提高全体学习者的综合素质。在便利条件方面，政府有关机构可以出台相应措施，加大对老年教育的资金投放力度，在设施设备上进一步满足老年人学习需求，提高老年人对在线学习易用性的感知能力，缓解老年教育领域供需矛盾。

二、研究局限性

本研究的研究局限包括：首先，本研究的调查对象针对西安市老年人，研究结果是否适用于其他情况，还需要进一步验证其的可推广性。其次，除了本研究中讨论的影响因素外，还存在一些其他因素可能影响老年人的行为意向。如希林克等人证明了感知愉悦性这一因素对老年人采纳使用对话机器人的影响；Ma等人发现自我满意度影响老年人对智能手机技术的接受程度等，这些问题应在未来研究中进行考虑。第三，受条件限制，本研究仅开展了量化研究，后续研究应考虑通过质性研究对老年人的技术接受情况进行解释。

第六章　老年人慕课学习环境分析与设计

将信息技术融入老年教育的改革与发展进程之中,是扩宽老年群体受教育渠道的一种新方式。慕课作为开放式在线课程,为老年人提供了便利的学习路径。但是,老年人能否接受和喜欢慕课课程,很大程度上取决于慕课所创设的网络学习环境是否适用于老年学习者。由于老年人认知能力和身体机能的下降,在线教育的优势和特点并不一定能使老年人获得舒适的学习体验,老年人可能会遇到一些访问困难,如视力下降导致难以看清字体较小的文字、难以辨识对比度较低的图片,动作敏捷度降低导致难以使用鼠标进行精细操作,运动闪烁的网页元素可能会加重老年人的认知负荷等。这些老年人难以克服的访问困难都和老年在线学习平台的无障碍设计密切相关,因此,研究面向老年人的慕课学习环境显得尤为重要。本章主要围绕慕课学习环境的两个主要终端形式——基于电脑端的在线教育平台和基于移动端的教育移动应用(Mobile Application,后文统一简称为APP),探讨适合老年人的网络学习环境设计。

第一节　老年人在线教育平台分析

2016年国务院办公厅印发的《老年教育发展规划(2016—2020年)》中指出要"推动信息技术融入老年教育教学全过程""支持老年人网上学习"。国内老年在线教育平台大多以政府及教育部门推动、各地广播电视大学为依托。近年来,老年在线教育平台相继建立,如中国老年大学协会远程教育网、国开老年开放大学等全国性老年在线学习平台,浙江、上海、吉林、天津等省市也积极搭建地方性老年在线教育平台。但视力、听力、肢体灵活性等身体障碍导致老年人成为在线学习的边缘人群,老年人在网络学习中会遇到更多的访问障碍。网络的可访问性,即网络无障碍,英文为"accessibility",指包括残疾人、老年人在内的任何人都能对网站进行访问、理解、操作和交互。教育网站的可访问性要求高于普通网站,老年在线教育网站的可访问性要求高于一般教育网站,也就是说,老年在线教育网站所需达到的可访问性要求最高。提高老年人网络参与度的方式有两种,一是从作为主体的老年人的角度来说,培养老年人的计算机及互联网高级操作技能,以提高他们的参与度;二是从外部的客体对象角度来看,要降低计算机和互联网的使用门槛以方便老年人的操作。通常网站设计开发者无法改变与控制用户的信息技能水平,因此,降低使用门槛以包容更广泛的用户群,即提高网站的可访问性这一方式将更可行、更高效。戴维斯提出的技术接受模型(TAM)将感知有用和感知易用作为用户接受新技术的两项关键指标,感知有用指用户对某一技术能提升工作绩效的程度的主观看法,感知易用指用户对使用某一技术所需付出的努力程度的主观看法。高感知易用性可以提高用户对技术系统的接受度,因此,提高老年在线教育网站的可访问性在一定程度上能够提升老年人参与在线学习的意愿。

一、研究设计

为了解我国老年在线教育网站无障碍设计的整体水平,明确我国老年在线教育网站在无障碍设计方面存在的问题,以期为后续我国老年在线教育网站的无障碍设计提供改进方向,本研究采用软件自动检测与用户调查相结合的方法调查我国老年在线教育网站存在的可访问性问题。虽然一个网站是否完全无障碍不能仅凭自动检测工具的测试结果来判定,但可以肯定的是,存在可访问性问题的网站不可能通过自动测试。AChecker(一个开源的 Web 可访问性评估工具)的测试报告呈现三类检测问题:确定的问题、可能的问题、潜在的问题。通常"可能的问题"和"潜在的问题"需进一步进行人工检测以确定该元素是否符合检测点,如为非文本元素图片所提供的对应的文本信息是否太短而不能正确描述图片内容,类似这样的不确定性问题都需要进一步进行人工检测。但由于本次样本网页数量较多难以逐一进行人工检测,而且人工检测的主观性太大,故本研究的自动检测报告数据主要是"确定的问题"。吉森斯指出可用性及界面设计是老年人在线学习的一大障碍,软件自动测试的结果反映的仅是网站是否符合可访问性技术规范,侧重于网站的技术可用性分析,而缺少对网站设计层面的分析。因此,为了弥补软件自动检测的这一不足,获得更接近真实的网站无障碍设计数据,本研究在软件自动检测的基础上,又采取了对老年人在线学习过程进行观察和对老年人在线学习感受进行访谈的方法,以进一步深入了解老年在线教育网站在设计层面可能存在的可访问性问题。

二、自动检测的研究设计

研究方法:通过网站无障碍测试工具 AChecker 来评估我国老年在线教育网站是否符合 WCAG 2.0 标准、违反了 WCAG 2.0 的哪些检测点,以及发现老年在线教育网站在无障碍设计方面存在的问题。

研究对象:本研究选取国家级、省级及市级的老年在线学习平台 20 个,对网站首页、课程目录页面及课程页面进行自动检测。样本网站涉及国家级、省级及市级,目的并不是要进行对比研究,而是为了使样本更具全面性与代表性。所选取的老年在线教育网站有老年大学的门户网站、终身学习网站、专门针对老年人的在线课程网站等,确保了样本网站的多样性。由于构成网站的网页数量巨多,在有限的时间内无法对所有样本网站的全部页面进行检测,本研究选取网站首页、课程目录页面及课程页面进行无障碍测试。网站首页是用户能否顺利进入相关板块的关键,课程目录页面影响用户是否能顺利地选择特定课程,课程页面的无障碍程度影响用户的学习体验,因此,网站首页、课程目录页及课程页面在一定程度上能够代表老年在线教育网站的无障碍层次水平。样本网站包括:中国老年大学协会、国开老年开放大学、中国终身学习网、湖南老年开放大学、河北终身学习在线、吉林省老年远程教育学习网、福建老年学习网、第三年龄学堂(浙江)、山东老年大学远程教育网、嘉兴学习网、上海老年人学习网、太原老年开放学院、温州老年教育网、南京学习在线、厦门老年大学、长沙市老干部大学、宁波老年大学、石家庄老年教育、龙岩老年大学、天津老年远程学习网。

评估工具:网站无障碍自动检测工具有很多,如 AChecker、Bobby、WAVE 等。之前的网站无障碍研究多选用 Bobby 单机版为测试工具,但 Bobby 在 2007 年被 IBM 公司收购后不再免费且不再提供单机版,而 WAVE 的检测报告与 WCAG2.0 的检测点对应模糊不利于结果分析,故本研究采用 AChecker 对网站进行无障碍评估。AChecker 是一个开源的 Web 可访问性自动检测工具,在 2009 年由多伦多大学包容性设计研究中心推出,支持 BITV 1.0(德国)、Section 508(美国)、Stanca Act(意大利)、WCAG 1.0、WCAG 2.0 多种网站可访问性检测标准。AChecker 测试结果包括:网页是否通过 WCAG2.0 的三级标准、违反了 WCAG2.0 所规定的哪些检测点、错误实例在网页中的位置。AChecker 还针对检测错误提供技术解决方案。

评估标准:本研究采用 WCAG 2.0 国际标准。WCAG 2.0(Web Content Accessibility Guideness),即网站内容无障碍指南,它以提高用户的网站访问体验为目标,涉及包括视力、听力、身体、语言、认知、学习和神经残疾等广泛的残疾症状,尽可能降低障碍人群使用互联网的门槛,还可让普通用户获得更好的上网体验。WCAG 2.0 整体结构分为四大原则(可感知性、可操作性、可理解性、稳定性)12 条准则、61 项检测点。每一原则下设多条准则来确保该原则实现,每条准则之下又包括若干检测点来评估是否符合该准则。WCAG 2.0 的各项检测点分属三个不同的级别:A 级(所有网站必须满足的最基本、最低级别的无障碍访问要求)、AA 级(所有网站应该满足的无障碍访问要求)、AAA 级(最高级别的无障碍访问要求,并非所有网站必须达到)。

三、用户调查的研究设计

调查对象:由于本次实验调查需要老年人对网站进行访问,故需要接受调查的老年人具备基础的计算机网络操作技能。基于上述原因,研究者在某老年活动中心随机选择了 10 位有一定计算机使用基础的老年人,6 位女性 4 位男性,年龄跨度为 60～82 岁,其中 60～70 岁有 7 人,70～80 岁有 2 人,80 岁以上 1 人。我国 2015 年修订的《中华人民共和国老年人权益保障法》规定老年人的年龄为 60 周岁以上。

实验过程:向老年学习者介绍本次实验的目的及相关的实验说明;老年学习者访问老年在线教育网站,并选择自己感兴趣的课程进行在线学习,观察老年用户在这一操作过程中遇到的困难;实验结束后对老年用户进行访谈,访谈问题主要集中在三方面:一是就老年学习者在先前操作中出现的问题,询问导致这些操作问题的心理过程,进而发现网页设计不合理之处;二是了解老年学习者使用老年在线学习平台的整体感受;三是该老年在线教育网站还需要做哪方面的改进以更适合老年人的在线学习。

四、数据收集与结果分析

(一)自动检测结果分析

软件自动测试于 2018 年 2 月 7 号、8 号集中进行。根据 AChecker 的检测结果,通过 WCAG 2.0 的三级标准的网站只有河北终身学习在线,仅占样本网站的 5%,其他网站的各页面均存在可访问性障碍,这表明我国老年在线教育网站的可访问性程度很低。表 6-1 显示了样本网站的网站首页、课程列表页面及课程页面在三个等级上出现的检测错误与实例错误的平均数。检测错误与实例错误具体指的是,如果网页中有 4 张图片没有替代文本,那么检测报告中就会呈现"无替代文本"这一检测错误,而这一检测错误对应 4 个实例错误。由表 6-1 可知,在 25 项 A 级检测点中,样本网页违反的检测点为 0~8 项,平均检测错误约为 4;在 13 项 AA 级检测点中,样本网页违反的检测点为 0~2 项,平均检测错误约为 0.5;在 23 项 AAA 级检测点中,样本网页违反的检测点为 0~1 项,平均检测错误约为 0.3。大多数网页的实例错误数是检测错误数的数百倍,这意味着网页中出现了很多同类型的错误。网站首页出现的检测错误和实例错误最多,其次是课程列表页面,课程页面错误最少,这可能是因为课程页面中视频元素占据页面大部分面积,所包含的其他网页设计元素相对较少,而网站首页所呈现的信息量大,结构复杂,所包含的网页设计元素多。

表 6-1 各页面检测错误与实例错误平均数统计表 单位:个

等级	网站首页		课程列表页		课程页面	
	检测错误	实例错误	检测错误	实例错误	检测错误	实例错误
A 级	4.55	1741	3.8	656	3.55	388
AA 级	0.6	213	0.55	127	0.5	87
AAA 级	0.4	576	0.35	540	0.25	37

通过对网站中出错的检测点进行归纳梳理,整理得出网页最常违反的检测点如表 6-2 所示。其中出错的网站比率指违反此检测点的网站数量占样本网站的比率,错误实例平均数指一个网页中违反此检测点的实例的平均数。未达到 A 级检测点的错误主要涉及:①未为非文本内容提供替代文本;②所呈现的信息、结构和关系不能通过编程确定或在文本中得到;③某些功能无法通过键盘进行操作;④无法人为控制网页中动态信息的暂停、停止与隐藏;⑤网页缺少标题;⑥链接指向不明;⑦网页的默认语言无法通过编程确定;⑧用户输入内容时未出现相应的标签或说明;⑨元素没有完整的开始和结束标记、元素嵌套不符合规范、元素包含了重复属性、ID 不唯一。未达到 AA 级检测点的错误主要集中在:⑩缺失辅助技术的情况下文本大小不可调;⑪缺少标题和标签两方面。未达到 AAA 级检测点的错误主要集中在:⑫文字与背景、图像色彩的对比度低上。从 WCAG 2.0 的网站可访问性四大原则的角度看:①②⑩⑪属于可感知性维度上的访问障碍,③④⑤⑥⑫属于可操作性维度上的访问障碍,⑦⑧属于可理解性维度上的访问障碍,⑨属于稳定性维度上的访问障碍。网站最常违反的检测点分别是为非文本元素提供替代文本和网页语言,未为非文本元素提供替代文本这一检测错误几乎覆盖了所有网页,具体表现为图片或图像域缺失 Alt 属性、用作锚的图像缺少有效的 Alt 文本等,从而导致无法读取文本信息,违反网页语言这一检测错误具体表现为未定义文档语言、文档的语言代码无效等。错误实例平均数最多的检测点仍是为非文本元素提供替代文本,其次是对比度,违反对比度检测点具体表现为访问链接的文本颜色等与背景的对比度没有达到一定要求,网页文本可读性低。

表 6-2 各等级错误类型统计表

等级	检测点	出错的网站比率			错误实例平均数		
		网站首页	课程列表页	课程页面	网站首页	课程列表页	课程页面
A级	1.1.1 为非文本内容提供替代文本	90%	90%	70%	69.1	18.35	4.95
	1.3.1 以编程的方式确定或在文本中获得所呈现的信息、结构和关系	65%	60%	45%	4.2	4.3	5.4
	2.1.1 所有功能可通过键盘接口进行操作	25%	20%	20%	5.2	3.45	2.75
	2.2.2 用户能够控制网页中运动、闪烁、滚动、自动更新的信息	15%	10%	5%	0.15	0.1	0.05
	2.4.2 网页中有描述主题或目的的标题	20%	25%	35%	0.2	0.5	0.35
	2.4.4 链接的指向可以由单独的链接文本确定,或是由链接文本与其编程确定的链接上下文来确定	50%	15%	30%	3.75	0.95	1.2
	3.1.1 网页的默认语言可以通过编程确定	90%	85%	80%	1.8	1.9	1.65
	3.3.2 用户输入内容时,要出现相应的标签或说明	65%	60%	45%	2.2	3.1	2.8
	4.1.1 除非规范允许外,用标记语言实现的内容,其元素的开始与结束标记必须完整、嵌套符合规范进行、属性不重复、ID唯一	30%	15%	25%	0.4	0.15	0.25
AA级	1.4.4 不需要辅助技术实现文本放大至200%,且无内容或功能的损失	50%	45%	40%	10.5	6.1	4.25
	2.4.6 标题和标签能够描述主题或目的	10%	10%	10%	0.15	0.25	0.1
AAA级	1.4.6 对比度(增强):文本、图像的视觉对比度要至少达到 7:1	40%	35%	25%	28.8	27	1.85

(二)用户调查结果分析

通过观察老年用户的在线操作发现,老年用户在访问老年在线教育网站时遇到的困难主要集中在三大方面。一是课程入口问题。在从网站首页进入课程页面的过程中,4 位老年用户找不到进入课程页面的入口;课程推荐区域以图片及课程名称配对的形式呈现课程信息,4 位老年用户注意到了图片从而从这一区域选择课程进行学习;1 位老年用户通过搜索栏查找自己所需学习的课程;仅1位老年用户从导航进入课程列表页面按照课程类型选择课程,其他9位老年用户都没有注意到首页上方的导航。二是迷航问题。在研究者的提示下,老年用户从首页的导航进入课程页面的过程中,两位老年用户不能依次点击课程类别进入课程页面,另有两位老年用户无法顺利退出课程页面返回目录页。三是网站首页带给老年人的视觉感受会影响老年用户的在线学习意愿。有7位老年用户表示,若网站首页引起老年人的生理不适,老年用户会抗拒使用该老年在线教育网站,从而抵触在线学习。通过对老年用户进行访谈发现,导致上述问题的主要有①页面导航不醒目;②导航条中的标题太过专业化学术化;③容易吸引老年人注意的大图片无实际的内容指向;④以文字形式呈现的课程标题不醒目;⑤链接过深;⑥页面缺失导航或超链接;⑦页面没有提示操作步骤的按钮;⑧字体太小;⑨文字信息过多;⑩页面布局复杂等。老年用户的在线学习困难及与之对应的网站存在的访问性问题具体如表6-3所示。

表6-3 老年用户的在线学习困难及与之对应的网站存在的访问性问题表

老年用户的在线学习困难	老年在线学习网站存在的可访问性问题
难以找到课程页面的入口	首页上方的导航不醒目(所占区域太小、配色对比度低),很难引起老年用户的注意
	不理解如"MOOC资源""远程教育"等的含义,不知道导航中的这些标题指向课程页面
	占页面区域较大的图片更容易吸引老年用户的注意,而此图片并未设置链接,不能链接到与图片内容相对应的课程
	课程标题以文字的形式显示,难以引起老年用户的注意
迷航	从网站首页到课程页面的链接过深,操作步骤太多
	进入课程页面后没有超链接或导航支持,无法随意切换页面
	页面中没有明显的进入课程或后退等提示操作步骤的按钮
不愿访问网站进行在线学习	页面的字体太小
	页面呈现的文字信息过多
	页面布局复杂

调查发现,老年用户对老年在线教育网站可访问性的满意度与其自身的计算机水平和身体状况直接相关。整体而言,计算机水平较低或身体状况较差的老年用户对网站的可访问性要求极高。根据访谈反馈的结果来看,老年用户对温州老年教育网的满意度最高。这是由于相比其他网站,温州老年教育网的页面布局更简洁明了、导航及课程列表更醒目,与其他老年在线教育网站的设计有明显区别。老年用户对老年在线教育网站建设方面的建议与网站无障碍设计紧密相关,主要包括以图片作为呈现信息的主要方式、文字图片等要大、页面布局要简单明了、视频要带字幕、视频播放要变速可控、取消网站的注册登录等。

从自动检测数据和用户调查结果来看,目前我国老年在线教育网站在可感知性、可操作性、可理解性、稳定性四个维度都存在不同程度的访问障碍,网页中违反同一检测点的错误多次出现,网页的界面设计而非课程资源是影响老年用户是否愿意进行在线学习的最直接因素,主要体现在页面导航、链接设置及文字图片的呈现等方面。之所以出现上述问题，笔者认为主要有以下两方面原因：一是在网站发布前，网站设计开发者并未专门排除网页中可能存在的细节性的低技术错误。违反某些检测点的错误频发，并不是因为此检测点所涉及的技术难度大，如为非文本内容提供替代文本、在用户需要输入内容时给出标签或说明等，其实，只需要网站开发者将相应元素的属性填写完整即可解决，并无什么技术难度，类似这样的问题都应引起网站建设者的充分重视。二是同大多数教育网站一样，老年在线教育网站也只重视网络资源建设本身，从老年用户角度进行的探讨不多，网站的无障碍设计对老年用户的重要性并未被关注。网站开发者有意或无意地按照一般教育网站的模式与标准去建设老年在线教育网站，没有意识到老年群体对网站的可访问性的特殊要求，导致信息弱势群体难以访问。

(三)研究结论

老年在线教育是应对人口老龄化的有效途径，老年人的在线学习参与度，一方面与在线课程资源对老年人的适用性有关，另一方面与老年在线教育网站的可访问性有关。由于视力、听力、肢体灵活性下降等诸多生理不便，网络可访问性在很大程度上会影响老年人能否适应在线学习。由于老年人具有一定的生理障碍，要求网站具备极高的可访问性，老年在线教育网站必须提高网站的无障碍程度以消除老年人在线学习过程中可能遇到的问题，最大程度发挥老年在线课程在老年教育中的作用。

目前我国老年在线教育网站的无障碍水平不容乐观，为提高我国老年在线教育网站的可访问性，我们认为我国老年在线教育网站的建设应该在以下三方面加以改进：一是从观念角度看，网站设计开发人员在老年在线教育网站建设中要树立网站无障碍设计的意识，提高对网站无障碍设计的重视程度。老年在线教育网站的用户群体是老年人而非身心健康的网络用户，网站无障碍程度的高低对一般用户的影响或许不大，但却直接关乎老年用户能否正常使用网站进行在线学习。二是从技术角度看，老年在线教育网站的开发人员要严格遵循WCAG2.0的要求进行网站的设计开发，在网站发布前借助自动检测工具进行检测，排除网站中存在的低级错误。目前老年在线教育网站存在大量低技术性的细节类错误，网站的设计者和开发者只需稍做修改就能在很大程度上提高网站的可访问性。后续的老年在线教育网站的开发要合理安排建设周期，投入一定时间实现那些需要耗费精力完成的细节，从而兼顾效率与质量。三是从设计角度看，老年在线教育网站的设计要以重点突出、简洁明了为基本原则，在页面结构、链接设计、文字图片排版等各环节贯彻这一原则。在实际的网站开发过程中，要合理安排页面布局突出课程信息、设置导航链接支持页面跳转、控制图片文字的数量与大小，以提升网站带给老年人的视觉体验。

第二节　老年人移动学习 APP 分析

在 5G 时代下，越来越多的老年人开始学习使用智能手机，相比于电脑，移动设备更小巧、携带更方便。目前老年人在移动端进行学习的途径比较分散，各个平台的水平不一，有一些微信公众号或小程序会以虚假标题来吸引老年人观看，但这里面有一些知识并非科学的，有些甚至还夹杂广告或隐性消费。目前移动端的老年人在线学习主要是依托 APP、微信小程序以及各个省市搭建的线上老年大学网站。

一、老年人使用移动终端学习的障碍分析

所谓老年人使用移动终端学习的障碍,也就是老年人在使用移动端进行学习时会遇到的障碍与困难。关于学习障碍的分类,目前学界比较认可的障碍因素可以分为三类:一是个人因素,二是机构因素,三是环境因素。本课题对于老年人使用移动终端学习的障碍分析便是使用此种分类法进行阐述。

(一)个人因素

个人因素主要是指影响老年人在移动端学习时心理和生理方面的因素。在人类老化的过程中,感官显著发生变化的就是手部、视觉、听觉以及心理机能,而这些都会直接影响老年人在移动终端学习的体验。除了老年人身体上的变化,他们的技术水平也会成为他们进行移动端学习的障碍。

(1)手部机能的变化对老年人使用移动终端学习的影响。进入老年后,人身体的肌肉会出现萎缩现象,这一现象最直接的体现就是他们的反应速度和灵敏度的降低。如果组件焦点和按键太小,他们在操作时会感到比较困难。手部机能的退化导致老年人在使用手机时操作控制行为会变得缓慢,对消息接受与处理的反应也会变慢,这就需要留给他们充足的时间去处理一条弹窗信息。

(2)视觉机能的变化对老年人使用移动终端学习的影响。随着年龄的增长,人的视力会慢慢下降,对外部刺激的反应时间也会延长,因此所有老年手机的设计都是大字体、大按键。线上学习的课程是丰富多彩的,但是如果因为丰富多彩的课程使得应用界面花哨和复杂,会加大老年人对屏幕信息处理的困难。《移动互联网应用(APP)适老化通用设计规范》中明确规定,在适老版移动应用中,主要文字信息不小于 18 dp/pt,段落内文字的行距至少为 1.3 倍,也对行间距作出了明确的要求。这些都是为了更加适应老年人退化的视觉机能。

(3)听觉机能的变化对老年人使用移动终端学习的影响。人类的听力也会随着年龄的增长而呈现退化的现象,一般只会在 50 岁左右明显感觉到听力的衰退,也就是我们常说的"耳背"。在对信息的处理方式上,比起视觉感知,老年人还是更加倾向于听觉感知,例如他们希望传达信息时以震动或语音作为提示手段。在《互联网网站适老化通用设计规范》中就规定:适老化页面各组件和文本信息均应提供在线语音阅读服务。

(4)心理机能的变化对老年人使用移动终端学习的影响。老年人在认知上,短期记忆的能力较差,常常会出现刚刚学会,过一会就忘记的情况,因此对于较为复杂的软件,他们在操作学习上需要较长时间,并且需要反复教,这会大大打击他们的自信心,让他们感到受挫与气馁,可能会就此放弃学习。除此之外,有一些软件会有广告或隐性消费,老年人很难去辨别,因此容易上当受骗,这也使得他们不愿意接受在线学习。

(5)技术水平对老年人使用移动终端学习的障碍。前面四点就老年人身体方面的障碍进行分析,我们不难发现这些障碍都指向他们对移动设备的使用上。倘若老年人群体技术水平较高,就可以较为顺畅地使用手机,那么他们对在线学习操作方面的障碍就会相对减少;反之对于技术水平不太高的老年人群体,再加之他们身体原因带来的不便,极大程度上会加大在线

学习的障碍。

(二)机构因素

机构因素指的是课程特征、交互程度以及平台设计等与学习机构相关的因素,这些障碍在理论上是不应该存在的,学习机构应当在设计时充分考虑到老年人的特征,尽量减少机构因素对于老年人使用移动终端学习时的障碍。

(1)课程特征对老年人使用移动终端学习的影响。课程特征包括课程的难度和课程资源的整合程度。首先,进行在线学习的老年人文化程度不一,若课程设计过难或过简单都不适合大部分的学习者,因此课程设计者应当考虑到老年人认知水平以及文化程度的分布,设计难度适中的课程。其次,目前移动端的在线学习资源并不如电脑端丰富,并且老年人对于信息搜寻的能力要弱于年轻人,因此需要机构对课程资源进行整合,不仅仅要做到资源丰富,对于资源的搜寻方式、排版方式的设计也要适老化。

(2)交互不足。参与线上学习的老年人,更愿意在网络中表达自己的学习欲望、展示自我。老年人参与在线学习不仅是为了学习知识,他们也是在寻找扩大社交、融入社会、增加智慧、陶冶情操的有效途径,满足社会交往的需求。但目前市面上的移动端学习平台缺乏交互的设计,让老年人仅仅面对一个手机,无法很大程度上满足他们社会互动的意愿。其次,老年人对移动端设备操作不熟悉时,儿女又常常不在身边,他们希望得到帮助,若平台此时未提供帮助服务,则他们大概率会放弃在此平台继续学习。

(3)平台设计对老年人使用移动终端学习的影响。老年人生理和心理上的特征是难以改变的,因此需要平台设计来尽量规避这些障碍。平台设计包括界面设计、提示设计、交互设计等很多方面,然而目前市面上的在线学习平台依旧存在字体太小、界面太花哨等基础性问题,造成老年人不敢操作、不会操作、不易操作。

(三)环境因素

环境因素包括家庭特征、学习环境等。根据数据统计,现今普遍的4-2-1家庭结构中,67%老年人的子女工作繁忙,无法照顾孩子、家庭,尚需父母帮助承担家务和照顾孩子。对于这些67%的老年人而言,他们无法轻松地去学习,最终将导致他们放弃课程的学习。其次,根据马斯洛需求层次理论,对于家庭条件较差或家庭情况复杂的老年人,他们的低级需要还没有得到满足,自然不会去追求更高级的需要。学习环境主要指老年人所持设备。智能手机市场最广大的用户是年轻人,手机的设计也都是面向年轻人的需求,因此并不是最适合老年人日常使用的。很多老年人首先不愿意接受使用智能机,然而面向老年人开发设计的老年机通常不具备在线学习功能。

二、面向老年人移动学习应用分析

通过分析目前市面上针对老年人的各类小程序、APP,本研究将老年人移动学习应用大致分为三种类型:一是各个地区承办的地方性开放大学,这类大多依托网站和小程序的形式;二是专门为老年人设计的在线学习APP;三是设有在线学习板块的面向老年人的应用程序,例如在一个老年人社交APP中加入在线学习版块。由于网站与APP的要求有所不同,在操作和界面上也有其自己的特点,因此将网站和 APP 分别进行分析,再结合上一节对老年人学习障碍的分析,采用不同维度对 12 款移动端学习应用进行分析。

(一)地方性开放大学网站/小程序应用分析

地区承办的地方性开放大学基本依托网站学习,虽然提供的课程种类丰富,平台也会让用户觉得安全可靠,但有些网页的设计更加贴合于电脑屏幕,当在移动端进行操作时,就会显得过于复杂,因而给老年人带来一定的困难。本研究挑选了广州、福建、湖南、吉林、浙江以及安徽所承办的开放学习平台进行了具体分析,包括广州终身学习网、福建老年开放大学、安徽老年远程教育网等。分析框架方面,主要结合《互联网网站适老化通用设计规范》确定分析的四个维度分别是可感知性、可操作性、可理解性、兼容性。可感知性主要针对老年人视听类障碍,是指用户在接触一个新的应用时,可感知到的信息会直接影响用户对它的第一印象,例如页面布局是否符合用户操作习惯,字体大小、色彩搭配是否会使用户不适等;可操作性是指图标焦点大小和位置摆放是否方便用户操作,是否存在一些不利于老年人操作的方式;可理解性指设计者是否充分考虑到老年人的理解力;兼容性是指当系统开启辅助工具,例如手机中自带的"语音辅助",网站或 APP 的界面是否能正常工作,会不会出现不兼容的情况。详细分析情况如表 6-4 所示。

表 6-4 地区承办的地方性开放大学学习环境分析

分析维度		分析结果
可感知性	优点	1.在页面布局上,都做到了布局设计扁平化; 2.有少数网站设计了适应手机的页面布局,所有功能依次排列,用户只需进行上下滑动的操作
	缺点	1.大多数网站在进入网页时为 100%显示,字体及图标都特别小,操作也很困难,必须放大页面进行操作;有极个别网站在打开网页后直接为放大状态且不可以缩小页面至 100%显示,操作时需要通过上下左右滑动; 2.大部分网站均未提供适老化大版块布局; 3.没有语音提示功能
可操作性	优点	1.在课程排列方式上,大部分的网站都对课程进行了分类,学习者可以快捷地找到自己想要学习的课程; 2.均无广告或诱导类插件
	缺点	未设置语音控制功能
可理解性	优点	1.在信息操作及表达方面:对于一些老年人可能不理解的词汇给予了解释,帮助老年人理解; 2.在导航栏设计上:导航栏清晰易理解; 3.课程信息呈现方式为,图文结合,课程名称的描述直白易懂,并有学习者人数、教师介绍等相关信息

续表

分析维度		分析结果
可理解性	缺点	1. 注册、登录方式:少部分网站进行注册操作时,注册需要填写邮箱,而邮箱对老年人来讲存在一定的理解障碍; 2. 在信息操作及表达方面:没有提供告知当前状态、位置和组件关系的机制,并且有的页面没有设置撤销上一步操作的动作; 3. 存在一部分网站并未对课程进行分类或分类方式不易理解
兼容性	优点	有的网站为用户提供了线下学习咨询的组件服务
	缺点	1. 组件样式不会因为浏览器或操作系统的不同而做出适应性变化,有部分组件因网页在移动端打开而展示不完全、导航栏处的文字位置错乱导致看不清楚; 2. 大多数网站未能提供与老年人生活实际需求相关的组件服务

通过对上述网站的分析,可以发现,目前地方性开放大学网站的适老化程度并不利于老年人在移动端进行在线学习。大部分的网站只适用于电脑屏幕,当使用移动端操作时,就会出现不兼容的现象。除此之外,网站中并未设置专门的老年版界面,也没有设置专门的语音、听力辅助功能,虽然手机中都有自带的"读屏"功能,但此功能面向所有软件,不具备针对性。

(二)老年人在线学习应用 APP 分析

在调研老年人学习应用 APP 市场时,通过在浏览器、应用市场搜索"老年慕课""老年在线学习""网上老年大学""老年人 APP"等词条,再综合考虑其出现频率、下载方式等因素,本研究最终选择了网上老年大学、银龄慧、年轮学堂、链老生活、百乐萌和中老年生活六款应用进行分析。网上老年大学是全国老年大学线上学习平台,目前已有 500 所老年大学入驻,学习资源丰富,平台安全可靠;银龄慧是面向全国老年教育的数字化资源支撑平台,主要以视频课程和新闻资讯为主;年轮学堂是"樊登读书"为老年人设计的在线学习平台,以图书、视频学习、音频学习为主;链老生活是一个较为综合的 APP,涉及健康监控、旅游线路推荐以及在线学习功能;百乐萌是一款短视频互动软件,设置了"大学城"版块供用户学习;中老年生活是一款中老年社交平台,主要以交友为主,设置了学习模块。参考《移动互联网应用(APP)适老化通用设计规范》选择可感知性、可操作性、可理解性、兼容性、安全性五个维度,除此之外,由于 APP 相对于网站可以更好地实现交互功能,因此添加了交互性维度。其中详细分析情况如表 6-5 所示。

表 6-5 在线学习 APP 分析

维度		分析结果
可感知性	优点	色彩方面:基本都以白色为底色,再搭配其他颜色,总体而言颜色较为简单
	缺点	1. 大部分 APP 内不能对字体大小进行设置; 2. 背景颜色不可调节,不能满足用户的不同色彩需求; 3. 没有单独设置语音播报功能

续表

维度		分析结果
可操作性	优点	1. 主要功能图标焦点大小较大，看得清、点得到； 2. 没有设置复杂的操作手势，均为简单常用的操作
	缺点	除核心功能以外的附加功能较多
可理解性	优点	1. 登录方式均为老年人较为熟悉的微信登录或手机号登录，操作不复杂； 2. 课程按照不同类别排列，课程信息呈现方式为图文结合，大多数 APP 可以做到课程名称的描述直白易懂，并附有课程课时或教师信息或课程简洁，方便学习者理解课程； 3. 有部分 APP 可以在用户第一次使用时给予操作引导，即使没有操作引导的也会提供"操作手册"或"操作小助手"，一定程度上帮助老年人学习 APP 的操作
	缺点	虽然都设置有不同形式的引导功能，但引导功能未贯穿在整个使用过程中，不能保证用户"不会操作随时问"
兼容性	缺点	当手机系统调整至"老年模式"后，APP 内字体过大导致界面排版杂乱
安全性	优点	均无广告或诱导类插件
交互性	优点	1. 为每个课程提供学习者沟通桥梁，例如微信群、APP 内聊天等方式； 2. 均可以对课程进行评论，学习者可以在评论区进行沟通交流
	缺点	存在一部分 APP 的交互功能不够健全，仅有评论区的设计

通过上面两个表我们可以看出，在移动端学习环境中，APP 的建设要比网站健全很多，不论是界面设计、功能设计还是交互设计，都比较适合老年人群体。而 APP 中最容易出现的问题就是功能繁多，没有做"减法"，这些功能很多老年人不会使用，它们的存在非但没有便利老年人，反倒给老年人操作带来影响，例如误点而不会退出，会让它们产生畏惧心理。

三、问题分析

经过对不同类型、不同形式的移动端在线学习应用进行分析后，可以发现，即使这些应用是面向老年人群体，但它们并没有完全做到适老化，大多平台的设计依旧比较适合于年轻人，对于引导、提示的机制也比较缺乏。下面就存在的问题进行分析。

(1)可感知性：一是页面布局，大多数地方性老年开放大学依托的是网站，这些网站大多是适应电脑的布局，并没有单独做出适合移动端设备或适合老年人的布局。二是颜色用途，目前的移动端在线学习平台，不论是网站还是 APP，都是仅使用文本或颜色作为提示手段，没有设计语音形式的提示机制。

(2)可操作性：可操作性在网站中显示出了明显的弊端，网站字体和图标都非常小，如果不放大是很难进行操作的；但是如果放大页面，就无法总览整体布局，例如用户放大页面执行完当前操作后想要进行下一步操作，就需要上下左右滑动屏幕来找到操作位置或缩小页面找到操作位置后再放大页面。这极大地加大了老年人的操作困难。其次，网页的页面布局大多过于复杂，链接过深，也没有为老年人提供反馈机制。

(3)可理解性:虽然很多平台可以适配手机系统自带的"读屏功能",但每个用户的手机智能程度不一,有的手机读屏功能不够方便,且较为机械,不方便老年人进行操作。这就需要平台设计引导机制和适老化版本:可以在初次接触应用时给予操作引导,初次引导之后若用户有再次引导的需求,也可以快速找到提供引导的按键位置;其次可以在应用中加入语音提示机制,因为并不是所有老年人都会在平时使用手机时开启"读屏"功能,因此若可以在应用中单独设置此功能,便不需要用户来回切换"读屏"功能的开关,另一方面也可以避免系统"读屏"功能与该应用出现不兼容的情况。

(4)兼容性:很多 APP 和网页内部不可以调整字体的大小,用户需要通过调成系统字体大小改变应用内的字体。事实上老年人使用智能手机时会设置为"老年模式",字体大小的事情就解决了,但对于部分应用,系统字体调整之后会和应用本身不兼容,出现文字位置错乱的情况。

第三节 面向老年人慕课移动学习平台设计
——以老年人慕课学习 APP 为例

一、老年人慕课 APP 总体设计

(一)目标用户分析

老年人慕课平台是基于信息化时代下老年人对于在线学习需求所设计的,针对的目标是想要在线学习的老年人。通过对老年人在线学习需求调查,我们提取出两点主要需求:交流和学习。从这两点主要需求出发,继续分析目标用户——老年人群体的生理属性、心理属性、文化属性、社群属性及硬件属性,并对属性进行说明与描述,得出相应的设计启发。具体分析过程如表 6-6 所示。

表 6-6 老年人属性分析

序号	属性类别	属性说明	属性描述	设计启发内容
1	生理属性	听力水平	老年人普遍听力下降,但比起用视觉接受信息,他们更喜欢听觉的方式	1.设计"语音"模式,开启该模式后会读出界面上的主要内容供用户选择; 2.语音提示要发音清楚、声音较大
		视力水平	老年群体中大多为老花眼,并且长时间看手机屏幕会导致眼睛不舒服	1.字体、图标大小应尽量大; 2.课程时长不宜过长; 3.尽量避免动态文字
		色彩分辨	老年人的色彩分辨能力下降	1.相近颜色尽量不要搭配在一起; 2.界面颜色不宜过多、过乱

续表

序号	属性类别	属性说明	属性描述	设计启发内容
1	生理属性	手部机能	老年人手部机能退化,手指变粗,反应速度变慢	1.图标焦点大小尽量大; 2.对不必要计时的信息延长操作时间或不设置操作时间,即用户没有操作,信息就不会消失
		注意力	老年人的注意力不会集中太长时间	课程视频的时长尽量短一些
2	心理属性	孤独感	老年人大多为自己在家,子女时常不在身边,他们的孤独感会比较强,希望与他人进行交流	设计交互功能,可以提供文字交流、语音交流、视频交流,还可以在小范围内组织线下交流
		自尊心	老年人对于电子产品不熟悉,但他们又有较强的自尊心,如果被教很多次还是没有学会,会大大打击他们的自尊心	1.操作尽量简洁; 2.提供引导服务(文字引导和语音引导相结合)
		怀旧与保守	每个人对于自己年轻时候所接触到的事物的记忆会比较深刻和美好,但他们不太能接受或需要很长时间接受新鲜事物	课程内容要贴近他们的生活
3	文化属性	文化水平	老年人参与线上学习的文化层次不一,但文化层次很低的人群占少部分	课程的难度不宜过难或过易,要适合大部分用户的文化水平
4	社群属性	健康需求	老年人比较关注自己的身体健康	可以增加"健康监控"板块,例如监控老年人每天使用手机的时长,可以提醒老年人不宜长时间观看手机
5	硬件属性	拥有设备	老年人拥有设备的种类:电脑、手机、平板	要做好兼容性,要随着用户设备的变化调整字体大小、排版方式、比例关系等

(二)设计原则

1. 无障碍原则

无障碍设计在我们的日常生活中随处可见,无障碍卫生间、无障碍通道等等,是指专门为一些特殊群体,根据他们使用产品的特征而设计更加便利的使用方式。在智能化社会下,老年人无疑是一个特殊的群体,因此在设计应用平台时必须遵守无障碍原则。"信息无障碍"是在2000年在八国首脑会议的《东京宣言》中伴随着数字鸿沟等相关问题所提出的,其中新理念是关于网络信息较之城市设施对残疾人的生存和发展应该具有同等重要作用,任何人在任何情况下都能平等、方便、无障碍地获取信息并利用信息。

针对老年人的无障碍设计要做到:字体大、使用语音提示、易懂以及提供引导机制。根据老年人视觉上的障碍,我们所设计的平台字体要大,除此之外还要使用语音提示,要考虑到我们的用户群体可能会有不识字的老年人或看不清字的老年人。易懂体现在操作机制、文本信息等要符合老年人的认知,要让他们可以理解。引导机制应该在使用APP的任何时候都有所体现,例如我们在接触一款新游戏时,它会一步一步指引你去操作,直到你学会就可以关闭引导模式,同样我们慕课平台的无障碍性也要做到这一点。事实上,目前已经有很多APP推出了"无障碍版",例如:百度地图关怀版、百度大字版APP等。但是通过与老年人的交谈,我们发现很多老年人并不知道有无障碍APP,他们依旧使用的是标准版;还有一部分软件是可以在设置中切换无障碍版本,但是很多老年人表示切入口难找,如果没有引导机制或子女的帮助,自己是很难发现的。

2. 实用性原则

老年人与年轻人使用慕课平台的动机可能有所不同,年轻人学习的动机大多数是想要在专业领域提升自己,但是在老年人的学习动机中,提升自己的比例较小,对于大部分老年人来说,他们使用学习平台的动机是"满足自己的兴趣爱好"。针对这样的学习动机,我们的课程内容应当满足实用性,即以老年人所需要的、与他们生活密切相关的知识为基础来设计课程内容。如果一个老年慕课平台的课程都是过于深奥或严重与用户生活脱节的,那么就会影响用户对该平台的使用,从而失去了建设慕课平台的初衷。

除了课程内容的设计要符合实用性外,平台的功能设计也应该符合实用性原则。市面上的应用软件设计大多都是体现多功能性,即一个软件里有多个功能,其初衷是为了给用户提供更丰富的功能应用。然而这却对老年人造成了使用负担,过多的操作功能容易使老年人在应用中迷航,无法快速准确地找到相关功能。因此,面向老年人的APP功能设计更需要考虑其实用性,即所设计的功能都是非常实用且快捷的,对于一些不常用或可有可无的功能,应尽量删减,避免因功能过多而给老年人在操作中带来不便。

3. 简洁性原则

简洁性原则体现在三个方面:界面简洁、功能简捷及文字说明简洁。对于面向年轻人的应用程序,设计师们更多追求的是界面的美观、个性化,用户可以根据个人偏好选择界面风格。组件的排列、布局方式也会顺应年轻用户需求,支持用户进行灵活的个性化界面定制等,而此类设计并不适用于老年人群体。对于面向老年群体的应用程序来说,界面简洁是最重要的,具体体现在简单的网页布局、简洁的组件排列、整齐的文本信息呈现、清晰的导航栏以及适当的色彩搭配等。其中,文本信息呈现简洁性方面尤其重要。由于老年人理解能力退化,研发的APP应用中不仅要提供相关文字信息,同时需要慎重考虑文字信息的可读性和简洁性,以降低老年人读取信息、学习文字内容时的认知负担,但同时又要保障老年人对该内容的充分理解。例如尽量避免使用双重否定的语句,应采取更加通俗易懂的描述方式代替。

4. 容错性原则

老年人对于智能手机或应用程序的畏惧感很大一部分原因是害怕因自己操作错误而造成一些麻烦,因此这就要求我们的适老化应用程序应当遵守容错性原则,即容许出现错误。在我们平时使用软件操作时如果出现操作失误的情况,一般软件会以文字弹窗、语音、音效等方式给予提示,用户就会立马意识到自己的操作有误并找寻办法去纠正错误。但是,并不是所有的软件都会在用户操作失误之后允许返回上一步并给予操作引导。或许这一点在年轻用户所使用的程序中并不一定非常重要,但对于面向老年人的应用程序来说,这一点尤其重要。当老年人出现错误操作时,系统不仅应当给予操作错误的提示,还应当以某种形式告诉老年人该如何正确操作,防止出现他们操作失误后束手无策的情况。容错性原则可以提高老年人在操作中的效率,同时也保护了他们的自尊心,提高了他们继续使用该软件的积极性。

二、老年人慕课 APP 设计思路

结合本研究整理的开发原则,针对老年人实际学习诉求,本研究提出了面向老年人的慕课学习 APP 设计思路。

(一)感知方面

1. 视觉无障碍设计

视觉障碍人群主要来自以下四个方面:视觉敏锐度下降的人群、对比灵敏度下降的人群、色彩的感知度发生损坏的人群以及有效视野改变的人群。老年人的静态和动态视觉下降严重,其中大部分人都会出现远视、视野范围缩窄的情况,其次他们对于光、颜色的感知能力降低。针对以上特点,我们的平台设计在文字呈现、组件、颜色搭配上作出了相应的要求,具体要求如表6-7所示。

表6-7 针对视觉障碍的设计要点

序号	分类	具体设计要点	解释
1	文字呈现	使用无衬线字体和12~14字号,适当使用黑体,避免使用斜体及装饰性字体	由于老年人视力差别于年轻人,合理的字体设计十分重要
		尽量避免文字滚动	老年人由于视力减退,追踪移动的文本是困难的,信息应以其他吸引人的方式显现
		重要的信息应该明显地呈现在界面中,即可以集中在中心区域	老年人由于视域变窄,重要信息应放到网页的中心区域
		文字内容尽量简洁	语言应该是自然、简洁和用户相关的,不应包含技术术语。这样能够增加可读性,便于用老年人理解信息
2	组件	界面的组件呈现效果较普通较大	老年人由于视力减退和移动操作精确度下降,界面组件(包括菜单、导航按钮、超链接按钮等)应清晰可见,便于老年人察觉,进而捕捉
3	颜色搭配	合适地运用色彩	太多色彩的使用,使眼睛不断地在调整焦距,容易分散注意力,给阅读网页信息带来困难
		界面中的颜色搭配尽量简单,加大颜色对比度,相近的地方尽量不使用相近的颜色	网页的背景色和前景色的使用要保持一致性,背景色不宜太花哨,不要选择饱和度过高的颜色。加强对比度,增加可视性,有利于阅读

2. 听觉无障碍设计

老年人对于声音的敏锐度降低,听到的频率范围减少,因此平台中所有的语音应当适应老年人听觉的变化。虽然老年人的听觉能力变差,但相比于视觉信息,他们还是希望可以以听觉的方式呈现某些信息,因此设计听力辅助功能是非常必要的。

对于声音的使用,要提供声音调节以适用不同听力用户的需要;警示的声音不应太刺耳,宜采用低频率的声音;减少课程音视频中的噪声,确保声音干净清楚。总之,平台中涉及声音的设置不能让老年人有不适感,同时要发音清楚、声音响亮。

听力辅助功能是针对视力有障碍和不喜欢阅读文本形式信息的人群所设计的。即使现在的智能手机都有"读屏功能",但不同手机对读屏功能的设计有所差异,也不能很好地和所有的应用程序适配,因此平台中必须要设计单独的听力辅助功能。设计出的听力辅助功能可以实现:用户可自行选择是否进行语音阅读,在界面中设计一个小浮窗,包含使用听力辅助功能时的一些控制按钮,例如可以对朗读的语速进行调整,可以随时暂停和继续等。

(二)认知方面

老年人认知方面包括记忆、思维、智力、学习能力的变化。由于年龄的增长,记忆力会发生明显下降,具体来说:瞬时记忆下降不明显,短时记忆下降严重,长时记忆变化不大,意义识记减退较少,机械识记减退明显。因此在设计平台时,要简化操作步骤,减少不必要的信息,在页面布局和内容上减少机械识记。在老年人思维方面,他们不具有较强的变通性,比较容易形成思维定式,逻辑推理能力有所下降。最后,年龄增长带来智力和学习能力的下降会让老年人天然地对智能化产品产生畏惧心理,因此平台设计要照顾到用户这样的心理状态。具体针对老年人认知方面变化的设计要点如表6-8所示。

表6-8 针对老年人认知的设计要点

序号	分类	具体设计要点	解释
1	页面布局	页面布局、导航及术语的使用应简洁、清晰、一致	老年人由于认知能力下降,提供尽可能简单的页面布局,便于老年人熟悉页面,保持术语和导航的一致性,能增加页面的可读性。凌乱的页面布局无疑会分散老年人注意力,给识别和熟悉界面组件增加困难
2	图形图像	图形图像的使用应与主题内容相关,不要仅仅用作装饰,尽量少用动画	不相关图形图像的使用会分散老年人的注意,增加他们阅读想要的信息的困难。动画的使用令老年人感到烦乱,并分散老年人的注意力
		图片应该有 Alt 属性标签	当图片不是很清晰时,Alt 文本有助于了解图片的内容,同时也能为使用辅助上网设备的老年用户提供等值信息
3	图标	图标应简洁,寓意明确	简洁且寓意明确的图标有利于老年人辨别、领会相关信息
4	链接	链接应有清晰的命名,不要使用相同名字的链接	清晰的链接命名能增加可读性,有助于老年人识别前往的信息区域
5	导航	提供当前网页位置	提供当前网页位置,有助于老年人在导航中定位方向,最好提供从出发到当前页的路径

续表

序号	分类	具体设计要点	解释
5	导航	避免使用下拉式菜单	由于老年人视力、运动技能和认知都有不同程度的下降或减退,因此,在同一时间协调卷动和单击操作是困难的
		不要使用较深的信息结构,导航信息按相关性分组	较深的信息结构将会花费老年人过多的时间获得所要的信息,对他们认知能力是一个考验。信息分类导航有助于老年人搜寻所要的信息,提高查找速度,也便于扫视整个页面
6	其他	提供足够的时间阅读信息	老年人由于认知能力下降,需要更多的时间识别、获取和理解信息,提供足够的阅读时间以适应老年人阅读节奏
		依赖识别而不是记忆减少工作	老年人由于记忆水平降低,识别、记忆信息的效率降低,这对网页访问是至关重要的。因此,应在老年人识别信息时提供方便,而不是需要他们记住所找到的项目位置

(三)操作方面

老年人手部机能和理解力的变化会影响他们对于软件的操作过程,平台的操作设计要能让老年人理解,在理解的基础上才会获得更好的操作体验。详细分析过程如表6-9所示。

表6-9 针对操作方面的设计要点

序号	分类	具体设计要点	解释
1	页面布局	页面布局应避免不相关信息	内容页应精简到最匹配的信息,保持页面简洁,提高老年人寻找信息的便利性
2	图标	主要组件的可点击焦点区域尺寸至少为 60×60 dp/pt	由于老年人指端变粗,行动力缓慢,太小的焦点区域不利于老年人操作
3	搜索引擎	搜索引擎应有拼错检查和纠正功能	老年人由于键盘输入错误而造成不正确的输入,应提供恢复或纠正的反馈。拼错了字词时,不能显示搜索无结果,而应试图提供正确的拼写结果。这样有助于操作能力和视力不佳的老年人,因为他们常常因看不清键盘字母或击打键盘不准确而造成输入错误
4	窗口特性	尽可能避免卷动条	水平的滚动条很容易避免,但垂直滚动条在浏览器窗口很常见。对于老年人来说,边卷动屏幕、边阅读信息是困难的,有些信息可能会丢掉
5	用户反馈与支持	提供站点地图	站点地图能给老年人一个清晰、准确的APP结构,概览对他们有用的信息,识别与他们相关或不相关的信息
		提供在线帮助指导	提供在线指导服务,应具体且详细。例如提供如何使用本APP的引导机制,有利于老年人用户减少错误,提高访问效果

续表

序号	分类	具体设计要点	解释
5	用户反馈与支持	支持用户弹性操作（字体可调，背景色可调）	赋予网页一定的操作弹性，有利于老年用户找到适合自己的最佳浏览效果
		错误信息应该简洁明确	错误信息提示要简洁明确，避免仅对计算机专业人员有用，这样有助于阻止老年人重复犯同类错误

三、老年人慕课 APP 功能模块设计

老年人慕课学习 APP 分为三个功能模块：课程视频、讨论区、朋友圈。用户第一次使用 APP 时，进入首页之前，界面中会呈现出主要操作提示，帮助用户更快地了解 APP 的使用方式。当用户未登录账号时，只可浏览学习板块的课程列表，若要观看课程视频或使用其他功能，均需要登录账号。登录账号可以选择免费注册账号，需要填写手机号及获取验证码，并自己设置密码；也可使用第三方登录，即微信、QQ。若忘记密码可以选择找回密码，输入注册账号时的手机号，获取验证码即可重新设置账号。登录后即可正常进行操作，具体的功能列表如表 6-10 所示。

表 6-10 老年人慕课学习平台功能列表

一级功能	二级功能	三级功能	四级功能	五级功能	备注
首页	朋友圈		关注		查看关注的好友的动态、作业
			推荐		根据用户的喜好推荐陌生用户的动态
			作业		用户可以将自己的作业发布在该模块，老师、同学均可以看到，并且可以互相进行点评
			发表动态		可以选择发布在"作业"或"动态"专区；形式多样，可以选择文字、图片、视频、语音等
			我的消息		他人的点赞及评论会在这里提示
	课程	课程分类	课程列表	目录	查看课程目录，点击即可进入视频学习
				同学	显示学习该课程的所有同学，点击即可进入该同学的主页，查看他近期学习的课程、发表的动态
				资料	分为"课件"和"拓展"资料，用户可以自行下载查看
				测试	1.该模块下的测试默认只有老师看得到，完成课程视频的学习并且测试均达标即可获得课程证书；2.用户可以选择直接将自己的作业同时发布在"朋友圈"的"作业"专栏
	讨论		课程讨论		用户在该模块可以与老师、同学进行某一课程的讨论
			好友聊天		互相关注的同学即可成为好友，进行聊天
	资讯				推送新闻、生活小常识、公告等资讯，用户可以分享至其他社交平台，例如微信、QQ 等

续表

一级功能	二级功能	三级功能	四级功能	五级功能	备注
我的	学习中心	我的测试	待提交		按照提交时间由近及远排列
			已完成		可以查看自己的作业详情以及老师的点评
		我的证书			可以在线查看和下载
		我的课程			1.按照选课时间（由近及远）进行排序，点击后进入课程详情页； 2.显示学习进度
	我的朋友圈	作业专区			查看我发布的作业，可以进行删除、隐藏的操作
		动态专区			查看我的动态，可以进行删除、隐藏的操作
		发表动态			可以发布选择发布在"作业"或"动态"专区；形式多样，可以选择文字、图片、视频、语音等
	设置	个人信息			进行用户名、头像、密码、个性签名、地区等基本设置
		系统设置	字体大小		默认字体大小为"标准"，用户还可以选择"小"和"大"字体
			背景颜色		可以选择"黑色""白色"（默认状态）以及"暖色"
上方工具		搜索框			可以文字或语音搜索，若用户搜索结果为空，系统会推荐相近的搜索结果
		帮助			使用语音和文字引导，当简单的帮助不能满足用户时，用户可以寻找人工客服进行反馈
		语音助手			用户可以点击该按钮，通过语音进行简单的操作，例如：用户发出"我想要查找钢琴的课程"的指令，系统会将钢琴课程呈现在界面中，供用户选择
		听力辅助			用户点击该按钮后，再点击屏幕中的任意组件或文字，系统会进行语音播报，并对用户点击的组件进行简单的解释

(一)课程学习模块

老年慕课平台最核心的功能就是在线学习，该模块设计有视频学习、课程资料、测试题。该模块可以点击首页界面的"课程"按钮进入。进入到课程模块后，课程按照不同的分类进行排列，用户可以自行选择感兴趣的模块进行学习；也可以直接在"搜索框"搜索自己想要学习的课程。进入某一个分类的课程后，课程按照列表排列，每一个课程显示图片、课程名称以及喜欢该课程的人数和不喜欢的人数。首页界面 UI 设计如图 6-1 所示，课程分类界面 UI 设计如图 6-2 所示，某个分类下（以书法美术为例）课程列表 UI 设计如图 6-3 所示，课程详情页如图 6-4 所示。课程详情页下可以查看课程目录、同学信息、课程资料、测试题，若用户想要学习该课程，可以单击"选课"按钮，也可以对该课程进行评价，评价方式采用点赞和踩，每个人都可以看到课程的点赞人数和踩的人数。查看同学信息的界面如图 6-5 所示，查看资料界面

UI 设计如图 6-6 所示。查看测试界面 UI 设计如图 6-7 所示,完成的测试会显示"对勾"的图标以及分数,用户也可以在"我的"→"学习中心"→"我的测试"中查看我学习的课程的测试。

图 6-1　首页界面 UI 设计

图 6-2　课程分类界面 UI 设计

图 6-3　书法美术下课程列表 UI 设计

图 6-4　课程详情页 UI 设计

第六章 老年人慕课学习环境分析与设计

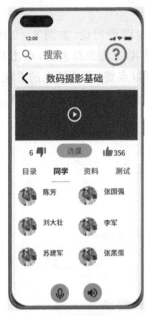

图6-5 查看同学界面UI设计

图6-6 查看课程资料UI设计

(二)讨论区模块

讨论区模块是为了满足老年人的社交需求而设计的。用户可以通过账号添加好友,也可以在课程详情页面中与同学互相关注成为好友,操作如下:用户可以点击查看某同学的主页,如图6-8所示,可以看到该同学的学习标签以及发布的朋友圈,单击"关注ta"后对方会收到消息,若对方也关注了自己,则两人成为好友。成为好友后的用户之间可以进行在线聊天、语

图6-7 课程测试界面UI设计

图6-8 同学主页UI设计

音通话、视频通话、查看对方的朋友圈等操作。

除了与好友进行交流，用户还可以进入"讨论"模块参与课程讨论，如图6-9所示。教师和用户均可以发布讨论话题，每一个话题版块显示话题、图片以及课程名称，点击某一个话题后的界面如图6-10所示，用户可以发表自己的看法，也可以点赞、评论他人的看法。

图6-9 课程讨论界面UI设计

图6-10 课程讨论详情UI设计

(三) 朋友圈模块

用户从首页进入朋友圈模块后，可以查看关注好友的朋友圈、同学的作业，系统会推荐优秀的作业在"推荐"栏。朋友圈界面UI设计如图6-11所示。

用户可点击右下方的悬浮按钮发表自己的朋友圈，发表页UI设计如图6-12所示。朋友圈可以发表至动态专栏或作业专栏，动态专栏的内容只有好友可以看到，作业专栏的内容同学和好友均可查看。若用户选择发表在作业专栏，需要进一步选择发表作业所属的课程。

(四) 其他设计

1. 为用户提供引导机制

由于老年人相对于年轻人在新产品的使用上存在较大的问题，例如学习操作能力较差，需要反复教学等。因此在用户第一次使用APP时，会提供操作引导，帮助用户快速明白各个功能的使用方法，例如首页界面三个组件的操作引导界面UI设计如图6-13所示。系统默认

图6-11 朋友圈UI设计

所有功能在第一次使用时会给予引导,当用户在使用过程中对某一功能存在疑惑,可以点击右上角的"问号"按钮,系统会再次进行操作引导。

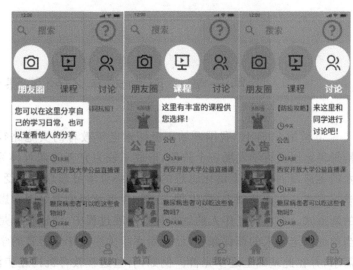

图 6-12　朋友圈发表页 UI 设计　　　　图 6-13　操作引导界面 UI 设计

2. 背景颜色可调节

由于每个人对颜色的分辨能力不同,平台提供了三种背景颜色,分别为亮色、暗色以及暖色。用户可以在"我的"→"设置"中对背景颜色进行修改。三种背景颜色的 UI 设计如图 6-14 所示。

图 6-14　三色背景 UI 设计

第七章 老年人慕课课程设计与开发

第一节 面向老年人的慕课课程现状

20世纪80年代,我国开始积极探索老年教育的实施路径。目前,大致经历了探索尝试、精细稳定以及科学发展三个阶段,形成了较为完善的课程体系。进入21世纪,随着互联网技术的迅速发展、积极老龄化思想的提出、终身学习理念的广泛传播,老年人开始主动寻求新的学习方式。在此基础上,受生理、心理、经济承担能力等因素影响,远程教育逐渐成为老年教育的新形式。在面向老年人的远程教育发展过程中,课程资源是影响和制约其发展的重要因素。当前面向老年人的慕课课程,已开始逐步关注老年学习者的学习特点、满足老年学习者的学习需求,并在此基础上逐步完善。例如,有些远程教育机构逐步淘汰了一批与老年人生理特点相悖的精细手工类课程,补充了大批老年人喜闻乐见的音乐舞蹈、摄影摄像、营养保健等类型的课程。

从整体来看,当前面向老年人的慕课课程主要发布在老年课程平台和慕课学习平台两类渠道。各平台之间在课程数量、课程类型、课程资源等方面各有特色,但还存在一些共性问题,具体表现如下。

一、课程数量不足,课程门类划分较为混乱

当前老年课程平台所设课程数量仍然略显不足。通过调查已有老年平台发现,慕课课程资源较少,部分课程内容并不是针对老年学习者的;部分平台尽管设计了较为完备的课程体系,但仍然处于逐步完善阶段。各平台对于课程体系的划分也存在较大的差异。例如,陕西老年大学将课程分为中国书法、美术、音乐戏曲、器乐、舞蹈形体、中医保健、外语及文史八大类别,摄影课程属于美术类别中的一门;而重庆老年大学则将课程分为文史语言、书法、美术、健身、声乐、器乐、钢琴、舞蹈、应用技术类,摄影课程归于应用技术类。这种差异的出现反映出不同组织对老年课程的认知差异,也反映出当前老年课程定位不明确,课程开发缺乏相应的理论指导。这些也为老年教育相关课程研究增加了难度。

二、课程资源供给单一,缺少促进老年人参与社会的内容

步入老年,伴随着社会角色的转变、社会参与感的丧失,孤独、空虚等不良心理感受常出现在老年人心中。"老了,没用了""什么也干不了了""不再招人待见了"等悲伤、消极的话语总是不时从老年人嘴边流出。这一方面反映出老年人对自身生理机能退化的无奈;另一方面也反

映出老年人在探索继续融入社会生活、寻找自身存在感、实现自我价值的过程中最为真实的现实状况。根据埃里克森人格发展理论，进入老年期，老年人会主动对现实中的"我"进行剖析，由自我实现与否获得积极或消极的心理感受。由此可见，帮助老年人缓解消极情绪，促使其积极面对生活，发现自身价值，老年人已成为社会的一个重要责任。

当前，针对老年人的慕课课程内容主要集中于科学知识、艺术休闲层面，关于信息技术、理财管理、心理健康、生命教育等类型的课程较少，课程内容较为单一。很多课程平台关注"老有所乐"的实现，而针对"老有所为"，关注老年人社会参与的课程开设得较少。有关"老有所乐"的课程也并未渗透"老有所为"学习理念，关注点主要在老年人的外在学习兴趣，而忽视了其内在学习需求。如何适应老年群体需求由生存型向发展型转变，提高老年人的生活和生命质量，提升老年人的社会参与感，成为当前课程开发应重点关注的问题。

三、课程教学性和互动性不足，缺乏针对老年人心理特点的活动设计

当前老年人学习平台上的课程主要是以微视频为主，很少提供配套的教学资源，组织相关学习活动等。调研发现，当前各老年在线课程平台的学习活动都包括视频学习板块，但是很少设置讨论答疑、测验与作业板块。设置了讨论区版块的两个老年人的学习平台中，很少有人参与，使用率很低。这种情况一定程度上与老年人的学习诉求相关。与其他成人学习者不同，老年人课程学习并不是以考核为导向，而是以实用、兴趣为导向，因此对课程的教学性要求并不高。

另外，对于老年人而言，"交友"是老年人加入学习组织的一个重要诉求。如何加强与外界的联系，减轻自身孤独感，已成为老年人参与慕课学习的深切愿望。为了在线上获得积极的学习体验，形成良好的学习环境和学习氛围，教学设计者与组织者应考虑增强课程的互动性和社交性，而当前的课程在这方面仍然欠缺。根据本书前文研究结论，可以尝试结合一些社交媒体软件，如微信、抖音等，开设基于社交媒体的慕课课程与活动，这是一种促进学习交流互动的良好渠道。

四、课程体系性不足，编排不够合理，未充分考虑老年人的认知特点

当前课程视频的体系性也略显不足。部分地方老年学校的课程平台上发布了较多零散的短视频，有些短视频直接节选自动画短片、情景短片、科教纪录片、养生节目等网络视频资源，缺少版权意识，且未形成体系化课程，缺少系统化的加工和组织。

另外，伴随着年龄的增长，老年人的各项生理机能逐渐退化。尤其在学习方面，老年人与其他成年人相比，机械记忆衰退明显、再认能力逐渐老化、信息加工速度降低、信息提取愈发困难、认知水平降低，遗忘现象时有发生。而与之相对应的现阶段针对老年人的慕课课程仍然以普通成年人的学习规律进行内容编排，并不重视对知识内容的重复及巩固，缺乏对老年人各阶段学习状况的了解，以至于很多老年人学着这一节忘了上一节，学着提高课忘了基础课，课程学习效果不尽如人意。

五、平台建设不够规范,相关功能还需进一步完善

总体来看,目前针对老年人的慕课学习平台虽已建立,但相关功能、效果却没有完全适应老年人的学习特点,各平台功能设置存在一定的差异。慕课学习视频播放的可控性不足,字体设置相对老年人而言较小,部分课程清晰度有待提高等一系列问题影响着老年人的学习,需要我们继续关注与解决。

第二节 面向老年人的慕课课程未来发展趋势

一、融合创新:统一课程分类,规范平台建设

进入21世纪,融合创新早已成为当今社会发展的主流趋势。针对老年人的慕课课程设计与开发亦是如此。

当前,互联网技术的迅速发展引发了对传统学习生活方式的深刻变革。在此基础上,老年人也开始主动探寻智能时代的发展路径。根据2021年双十一购物节的统计数据显示,老年人购买的物品中,智能手机超越羽绒服、毛呢外套排在第一。可见,当前老年人进行慕课课程学习的硬件设备已经开始普及;而与之相对,与发达国家相比,我国老年教育起步较晚,各地、各平台间面向老年人的慕课平台课程建设还处于经验探寻阶段,平台间各有特色也各有不足。

我国老年人慕课平台发展也要借鉴发达国家经验,发挥政府主导作用。在未来,各地、各平台间针对老年人的慕课课程分类与建设必将在借鉴发达国家先进经验的基础上,发展具有我国本土特色的新路径。以国家老年开放大学慕课平台为主导,各老年慕课平台的发展建设必将积极开展互动交流,适应老年人的学习特点,共同探索出最为科学、最为合理的课程分类体系;在此基础上,整合各地先进经验,实现优势互补,规范平台建设,实现从分裂到融合的新发展格局。

二、冲破桎梏:更新课程理念,拓宽教育内容

第一,大力推进心理健康教育、生命教育相关课程。2021年,由中国科学院心理研究所和社会科学文献出版社共同发布的国民心理健康蓝皮书《中国国民心理健康发展报告(2019—2020)》中指出我国老年人的心理健康现状,目前我国近三分之一的老年人存在抑郁状态。由此得知,老年人的心理健康问题不容忽视。老年教育慕课课程的设计与开发应关注老年人因社会角色、环境变化而带来的消极情绪,帮助其快速适应与以往差别较大的生活方式,树立正确的人生态度,正确面对死亡,减少自身恐惧。

第二,挖掘老年人自身潜力。老年人作为社会重要的人力资源,具有其他年龄阶层不可比拟的经验;从老年人自身来说,他们渴望将这些经验应用于社会生活的方方面面,促进社会正向发展。老年教育则应关注老年人的自身潜力,开设与之相配的课程(如理财)供其学习,促进

老年人的社会参与度。

第三,在"老有所乐"中实现"老有所为",在"老有所为"中实现"老有所乐",帮助老年人发现自身价值,参与社会活动。例如,针对老年慕课摄影课程的学习设置相应的作业,让老年人帮助身边亲朋好友完成一次满意的拍摄,在拍摄的过程中发现自身价值,获得满足感。若能形成一种良性循环,这必将成为未来面向老年人的慕课课程设计与开发的新趋势。

第四,针对不同地区特点,开设具有本土特色的慕课课程。我国幅员辽阔、地大物博,不同地区的人在社会生产生活中逐渐形成了具有地区特色的先进文化。以戏曲为例,在逐渐发展的过程中,形成了包括黄梅戏、京剧、豫剧、评剧、川剧、越剧、粤剧、河北梆子在内的八大剧种。根据不同地区特点,开设具有本土特色的课程,更符合我国社会主义文化建设要求,既可以有效传播本地特色文化,又可以增加老年人的地方文化认同感与归属感。

三、循序渐进:理清共性个性,拓展课程深度

面对同一门慕课课程,学习兴趣一致是老年人间的共性,而年龄结构、受教育背景、学习能力之间的差别则反映出不同老年人间的个性。老年人间的共性带来了其对同一课程内容的关注,而个性则影响了其对课程内容的学习理解。

面向老年人的慕课课程设计与开发应遵循循序渐进的教学原则,考虑到不同老年人间的个性差异,针对同一门课程,安排包括基础班、提高班、研究班等在内的不同难度层级的教学活动,供老年人自行选择。在此基础上,不断拓展课程深度,为老年人对同一门课程的持续学习、主动深挖提供帮助。

四、主体位移:关注教学设计,提高教学质量

目前,国内各级各类学校课程教育理念正在从传统的"以教师为中心"向"以学生为中心""以知识为中心"转变,实现教学的主体位移。面向老年人的慕课课程设置也应如此,转变传统教学方式,优化教学设计,从强化老年人的学习动机出发,提高课程教学质量。

已有研究提出通过高校师资培训、教师自发交流等方式提高老年教育师资水平,促进老年教育教师队伍专业化发展,进而提高老年教育课程质量。除此之外,随着近年来国家对老年教育的重视,笔者认为,在未来,面向老年人的慕课课程设计与开发必将吸引大批教育类专业青年学子,在此基础上,高校有关老年教育的基础课程也将付诸实践。

五、优化服务:增加互动形式,满足情感需要

交友作为老年人参与教育活动的重要目的,对老年人情感需求的满足有着至关重要的作用。针对当前老年慕课平台在线互动模块建设中存在的问题,在未来,面向老年人的慕课课程教学互动必将在对老年人的生理特点、生活习惯进行了解的情况下进行设计。

首先,以各大老年教育慕课学习平台为依托,开发相应的教学互动板块;其次,针对当前各平台教学互动板块的打字输入方式与老年人的生理特点相悖的现状,开发语音讨论、视频讨论等功能,一键按动,即可实现语音、视频发送,参与课程讨论;第三,了解老年人的生活习惯,灵

活运用老年人所熟悉的在线互动 APP(如微信),建立相应的课程群聊,为课程教学互动设置第二平台,增加老年人间的交互方式,满足老年人的情感需要。

第三节 老年人慕课课程设计——以"数码摄影基础"课程为例

面向老年人的慕课作为一类社会公益性质的课程,兼具社会发展与个人发展双重功能。首先,从社会发展的角度而言,该课程的建设与实施是顺应时代发展,积极应对人口老龄化、实现教育现代化、建设学习型社会的重要举措;其次,从老年人自身而言,该课程的建设实施是满足老年人多样化学习需求、提升老年人生活品质、促进社会和谐的必然要求。

一、课程总体结构

通过调查研究,深入挖掘老年人学习需求,我们形成如图 7-1 所示的课程体系。

图 7-1 面向老年人的慕课体系设计

首先,面向老年人的慕课内容设置以促进"老有所为"与"老有所乐"间的良性循环为依托,逐渐拓展课程广度,形成了包括心理健康、书法、美术、摄影摄像、音乐戏曲、器乐、舞蹈形体、中医保健、外语、文史、智能生活、理财等在内的多个类别,各类别课程内容有待商榷。在保证老年人心理健康的基本目标下,努力在休闲养生课"老有所乐"基础上,促进老年人将自身兴趣爱好应用于社会生活,实现"老有所为";在潜力开发课等"老有所为"课程基础上,促进老年人积极适应社会生活变化,获得社会参与感,实现自身价值,促进"老有所乐"的实现。

其次,针对每门课程,设置基础课、提高课和研究课三种课程类型,循序渐进,适时重复,不断拓展课程深度。针对课程学习基础较弱、以自身兴趣为引导的老年人设置基础课,供其了解学习;针对有一定能力基础、以继续发展为目的的老年人设置提高课,供其继续深入;针对能力基础较为完善、以持续深入为目的的老年人设置研究课,供其持续探究。同一课程基础课、提高课、研究课间内容深度应螺旋式上升,以促进老年人更好地理解和掌握学习内容。

二、"数码摄影基础"课程设计

根据课程体系规划,本研究以课程体系中的基础课——"数码摄影基础"为例,具体介绍本课程的设计思路。

(一)学习者分析

学习者是学习活动的主体。受年龄、心理、社会等因素影响,学习者个体之间往往存在着一些相同点与不同点。这些特点影响着学习者的学习活动,对教学活动的顺利开展具有重要影响。

"数码摄影基础"作为一门面向老年人的慕课,学习对象主要是老年人。作为课程学习、认知活动的主体,老年人的认知发展特点、学习起点水平、学习风格和学习动机等各项特征均影响着对课程资源的设计、开发,也影响着个体对课程学习资源的使用结果。在分析老年人学习特征的基础上,应对学习内容进行相应的选择、设计与开发,以使其更有利于老年人的学习,提高老年人使用教学资源的效果,进而提高其学习效果。

以下将从老年人的认知发展特点、学习起点水平、学习动机三个方面来对学习者进行分析。

1. 认知发展特点分析

皮亚杰按照人的生理年龄特点,通过逻辑和运算的数理工具将人的认知发展分为感知运动、前运算、具体运算以及形式运算四个阶段。他认为,认知发展的各个阶段具有不同的特点,后一阶段的出现以前一阶段的存在为依托,依次表现出由简单到复杂、由低级到高级的特征。这就是认知发展的顺序性、阶段性以及连续性。

"数码摄影基础"课程学习对象——老年人的认知特点在第四阶段——形式运算阶段的基础上,表现出与以往更大的不同。具体体现在感知觉能力、思维发展、记忆水平等多个层面。

首先,感知觉能力退化,视力、辨色能力、明暗适应能力等视觉表现水平均已下降;听力、声音辨别能力等听觉功能衰退;触觉敏感性下降,反应迟钝。由此,面向老年人的"数码摄影基础"慕课设计与开发需要运用相对较大的字体、较高的音量给予老年人相应的学习刺激以引起老年人的注意,弥补其在感知觉能力方面的不足。

其次,在思维发展层面,老年人的语言文字理解能力、信息加工能力逐渐退化,信息加工速度逐渐降低。在此基础上,面向老年人的"数码摄影基础"慕课设计与开发应采用较慢的语速,结合生动形象的故事、图片、比喻等促进老年人对课程内容的理解。

第三,在记忆水平层面,根据心理学相关研究,从属于流体支流的记忆水平进入老年期后衰退进程明显加快,给老年人的日常工作生活带来了极大影响。具体表现在初级记忆与次级记忆、再认与回忆以及意义记忆与机械记忆等层面,但各层面衰退进程并不相同。其中,次级记忆较初级记忆衰退明显,回忆较再认衰退显著,机械记忆相对意义记忆衰退严重。面向老年人的"数码摄影基础"慕课设计应该设置相应的情景问题,帮助老年人针对教学内容进行一定的意义建构,在此基础上,采用布鲁姆螺旋式上升教学的编排方式,借鉴再认方式,减缓记忆水平衰退对老年人学习能力的影响。

2. 学习动机分析

学习动机是促进学习者进入学习活动的一种内在动力,是激励和指引学生完成学习的一种学习需要,对学生的学习具有重要的影响。

目前,已有研究针对老年人参与慕课学习的学习动机进行分析,指出老年人参与慕课学习的动机主要包括六种,由高到低依次为①解决问题;②获取知识;③提高认知;④寻求乐趣;⑤造福他人;⑥社交。

在此基础上,对参与"数码摄影基础"课程学习的老年人学习动机进行分析。对应上述动机分类,主要包括:①解决日常摄影中发现的问题,例如,新买的相机不会正确持机完成拍摄,拍摄所得的照片总是灰蒙蒙的等;②从课程视频、资料以及与其他参与本慕课学习的老年人那里获取更多拍摄技巧;③减少因衰老所导致的与社会发展脱轨,保持自身思维活跃;④受个人自身摄影相关兴趣爱好驱使,希望能够通过课程学习体会到自身一点一滴的进步,感受到成功的喜悦;⑤通过课程学习,继续为社会、家庭等发挥自己的余热,例如,希望为社区文化宣传贡献自己的力量,希望在春节时手持相机将家庭影像、儿孙生活瞬间等记录下来;⑥能够理解周围摄影爱好者谈话内容,并参与到他们的交流中,满足自身社交需要。

3. 学习起点水平分析

学习起点水平即学习者在课程学习之前所具备的能够促进学习者理解知识内容的心理表征。学习起点水平制约着课程教学内容的设计,影响着教学活动的顺利进行。

基于此,对面向老年人的"数码摄影基础"慕课学习者学习起点进行分析。可以发现,不同老年人学习起点水平间的共同之处在于,老年人已经对智能手机/电脑的正常使用,慕课平台、小程序、微信 APP 的应用等有了一定的认识,能够利用这些软件完成相应的任务和学习。而不同之处在于,其对单反相机摄影的了解程度并不相同。"数码摄影基础(基础课)"的学习者对单反相机的基本使用方法及其原理,以及构图方式的选择等知识的了解几乎为零;"数码摄影基础(提高课)"的学习者已经具备了单反相机摄影中的基本知识、基本技能,但针对这些基本知识、基本技能在各个场景中的应用与操作还不熟悉;"数码摄影基础(研究课)"的学习者对单反相机的原理、应用已经基本掌握,但针对特定场景中"大片"的拍摄技术还有待提高。

(二)课程内容分析

课程内容分析主要是针对课程内容类型以及课程内容编排进行分析,从而为教学目标的确定、教学策略的选择、教学方法的运用以及教学评价的设计提供指导。

1. 课程内容类型分析

根据课程涉及内容属性的不同,可以将课程内容分为理论、技能、实验以及作品制作四种不同的类型,对应的课程即理论课、技能课、实验课以及作品制作课。具体课程内容特点如表 7-1 所示。

表 7-1 课程内容类型

课程类型	课程内容特点
理论课	以基本概念、原理等为课程内容,以理解和运用相关理论知识为教学目标的课程
技能课	以基本技能、基本操作为课程内容,以培养学生的动手操作能力为教学目标的课程

续表

课程类型	课程内容特点
实验课	以开展规范化的实验为依托,包括实验前各项条件的准备、实验过程的记录、实验数据的收集、实验报告的撰写等过程的课程
作品制作课	以完成作品为教学目标开展的课程

在此基础上,对面向老年人的"数码摄影基础"慕课内容进行分析,主要包括理论、技能、实验以及作品制作四种类型。其中,面向摄影基础较弱的学习者所开设的"数码摄影基础(基础课)"内容涵盖理论与技能两种类型,旨在促进学生基本知识、基本理论、基本技能的获得;面向有一定摄影基础的学习者所设置的"数码摄影基础(提高课)"内容则在理论、技能的基础上,开始增添一些帮助学习者自主探索的实验课,例如通过调整不同的光圈数值,对同一场景进行拍摄,探究光圈大小与照片明暗度之间的关系;面向摄影基础较好,想要获得更高水平提升的学习者所设置的"数码摄影基础(研究课)"内容则弱化了基本理论与技能,保留了实验课对摄影中相机各项参数的调节,增加了以作品制作,如以拍摄夜晚星轨为目标的更高难度的内容。

2. 课程内容编排分析

课程内容编排即根据课程目标和学生的学习起点水平,应用相关理论,将课程内容有目的、有计划地进行组织,以确定课程内容的顺序、范围和深度。近年来,对课程内容编排影响较大的理论主要包括布鲁纳螺旋式编排、加涅直线式编排,以及奥苏贝尔循序渐进分化和综合贯通三种。

(1)布鲁纳螺旋式编排。布鲁纳认为被社会所认可的知识应该在任何时候(例如小学、初中、高中……)以某种合理的方式交给任何发展阶段的儿童。基于此,针对课程编排,布鲁纳强调在学习者分析的基础上,按照由浅入深、由易到难的顺序,使同一知识内容在不同的时期以不同的方式呈现给学习者,以实现学习者能力的逐步深入、螺旋式提升。

(2)加涅直线式编排。加涅认为个体的学习具有累积性,较高层级学习的获得以较低层级学习的获得为依托。体现在智慧技能的学习上,概念的获得以辨别为依托,规则的获得以概念为依托,高级规则的获得以规则为依托,个体的学习就是在辨别、概念、规则、高级规则的基础上不断累积完成的。课程编排应遵循学生的心理加工顺序,根据学生的学习进展,按照由简到繁、由低到高的顺序层层深入、不断推进、依次展开。其中前后学习内容一般是不重复的。

(3)奥苏贝尔循序渐进分化和综合贯通。奥苏贝尔认为课程学习应先教会学生最一般、最具概括性的概念,再在此概念的基础上按细节和具体性不断分化。例如在教授学生认识数码相机时,应先将数码相机的概念、特点、功能等传授给学习者,再针对数码相机的具体分类,例如,对卡片式数码相机进行讲解。除此之外,针对综合贯通,奥苏贝尔提出,应根据学科内容的整体性,按照学科自身结构、方法和逻辑顺序编排学习内容。

面向老年人的"数码摄影基础"慕课内容编排正是在此基础上,参考布鲁纳螺旋式编排方式,每节课程之间、章节之间,基础课、提高课、研究课三类课程之间的内容设置在联系先前所学知识的基础上,实现由简单到复杂、由一般到特殊的过渡,从而促进新知识的理解与应用,实现老年人的高效学习(图7-2)。除此之外,针对某些基本概念、原理、方法类课程,例如"数码摄影基础(基础课)"第一章,参考加涅直线式编排方式,实现课程学习的不断累积。最后,参考奥苏贝尔的循序渐进分化和综合贯通课程编排方式,根据摄影课程自身结构顺序,先向学习者讲授影响曝光的三大要素,即快门、光圈、感光度,再针对每个要素进行展开,不断分化。

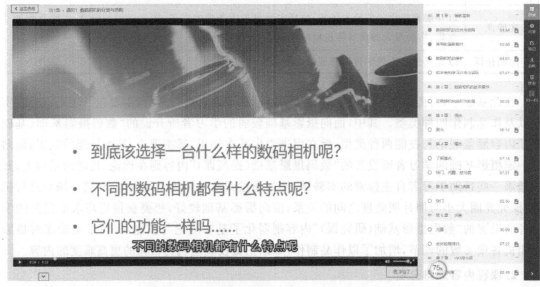

图7-2 "数码摄影基础(基础课)"课程内容编排

(三)课程目标分析

20世纪50年代,布鲁姆根据学生学习后不同的结果将课程学习目标分为三类:认知领域、动作技能以及情感。在此基础上继续拓展,针对认知领域课程学习,分为知道、领会、应用、分析、综合、评价六层。这六层结果由低到高,由浅入深,具有累积性,每一层次都包含了较低层次的内容,依次描述了我们学习后不同的结果。1972年,辛普森等人继续对其拓展,针对动作技能领域的学习,将其分为知觉、准备、有指导的反应、机械动作、复杂的外显反应。1964年,克拉斯伍等人根据学生参与情感学习后针对情感价值内化的程度,将情感领域的学习目标分为接受、反应、评价、组织、性格化五级。

参考布鲁姆学习领域目标分类,将面向老年人的"数码摄影基础"慕课目标分为知识、能力与情感三部分。

知识领域的学习目标主要参考布鲁姆认知领域学习目标分类进行设置,以知道、领会、应用为基本目标,努力实现向更高层级的学习目标过渡。例如,以"数码摄影基础(基础课)"第六部分数码相机六大功能之三光圈为例,知识领域教学目标主要包括①理解光圈的含义;②掌握光圈值对应光圈大小的关系;③能够正确判断不同光圈的应用场景;④能够针对他人摄影作品中光圈的应用效果进行评价。

能力目标设置参照布鲁姆认知领域学习目标分类,以及辛普森动作技能领域学习目标分类进行设置,实现由知觉到复杂外显反应的过渡。以"数码摄影基础(基础课)"第六部分数码相机六大功能之三光圈为例,通过自主学习与协作学习,能够注意到不同光圈为照片带来的不同的变化;在此基础上,能够在教师或同伴的指导帮助下,正确操作相机,改变光圈大小,完成一张照片的拍摄;在不断尝试与练习中,实现知识与技能的内化,能够在不同场景下,根据自身拍摄意图,正确调整相机光圈数值,完成一张曝光、虚化效果合理的照片的拍摄。

情感目标主要参考克拉斯伍等人的情感价值内化程度进行设置,旨在帮助老年人接受年老的现实,通过慕课学习参与课程讨论,结识志趣相投的伙伴,并与之形成虚拟学习共同体,减少在线学习焦虑感,促进自身学习兴趣的提高;在此之后,积极主动参与社会活动,将所学知识应用于实践,贡献出自己的力量,在为自己、为他人、为社区等拍照的过程中,形成自我认同感,减少悲观等不良情绪的产生,获得生活满足感,促进积极老龄化的实现。

(四)教学策略设计

教学策略是教师在现实教学中,以特定的教学目标为指导,为完成教学任务不断控制和调节教学进程,而设计采取的一系列教学活动。

在对老年人的学习动机进行分析的基础上,本节将以美国学者凯勒开发的ARCS学习动机模型为指导,对教学策略进行设计。具体包括以下四个方面。

1. 引起注意(attention)

利用老年人感兴趣的事物及制造认知冲突等方式引起注意,使其对学习内容产生兴趣。根据ARCS模型,结合老年学习者的特点,主要包括三种方式:①展示课程学习后的优秀成果;②展示同一场景下,不同操作后的结果对比;③展示与课程有关的视频资料或故事材料。

2. 切身相关(relevance)

通过使用一系列的教学策略,使老年人感受到课程内容与自身生活实际密切相关:①设置与老年人日常生活实际相似的情景、问题;②展示与课程有关的新闻报道、时事资料;③给予每位老年人展示自我的机会,使其成为课程学习的主导者,以及知识的生成者、传播者等。

3. 建立信心(confidence)

课程内容难度适中,让老年人相信通过自己的努力,可以获得满意的结果:①针对同一门课程,按照不同难度进行分类,以供不同学习起点的老年人学习;②从教学目标出发,为其提供相应的学习支架;③借助"同伴效应",设置更多的协作学习活动,实现老年人间的同伴互助。

4. 获得满足(satisfaction)

课程重视老年人自身满足感的获得,帮助老年人在每节课程的学习中体会到自身一点一滴的进步,逐步达到自己的心理期望,从而获得由内而外的自身满足感。

基于此,可以在课程学习中,由教师或其他学习者针对老年人不同的学习情况给予及时的学习反馈与鼓励,主要包括:①课程设计与开发人员对课程平台答题、讨论功能等进行设置;②设计协作学习活动。

在此基础上,"数码摄影基础"慕课针对不同学习起点的老年人设置了基础、提高、研究三种不同难度的课程,通过对三门难度不同的课程进行介绍,帮助老年人选择更适合自己的课程进行学习。课程开始多以老年人在摄影过程中遇到的一系列问题,同一场景下操作相机形成的不同摄影作品,以及与课程相关的小故事等来吸引老年人的注意。在课程的学习中,为学生提供相应的学习支架,例如,在对光圈与进光量、照片亮度的关系进行讲解时,结合老年人日常生活中常见的现象——窗帘的打开与关闭,促进老年人对知识内容的理解。除此之外,结合老年人的摄影作品完成对课程知识的讲授,例如,在构图的讲解中,借助前期老年学习者提交的摄影作业对其所使用的构图技巧进行分析,让老年人真正成为课程内容的生成者。协作学习活动对老年人的课程学习至关重要。"数码摄影基础"课程协作学习活动主要依托慕课平台以及老年人常用的社交软件微信等展开,通过一系列协作学习活动的设置促进老年人间的合作,促进课程虚拟学习共同体的形成:一方面减少老年人在线学习的孤独感、对课程内容的焦虑感;另一方面,给老年人提供资源分享、评价交流的平台,促进自身课程学习满足感的获得。课程习题设置主要包括课中习题设置以及课后习题设置。在每节课程学习中以及课程结束后,设置相应的习题,根据学习者的作答情况,给予学习者及时的学习反馈,帮助学习者检验自身学习成果,获得学习满足感。

(五)教学方法设计

教学方法主要包括教师"教"的方法和学生"学"的方法,是教师为达成教学目标而采用的手段,是教师教学水平最直观的表现。在具体的教学实践中,教学方法的选择一般根据教学目标、教学内容、学习者特点、教学环境以及教师水平的不同而有所不同。

受在线教学及"数码摄影基础"慕课内容类型及编排的影响,针对每一门课,其所对应的教学环境、教师水平以及学习者能力水平基本一致。由此,在对"数码摄影基础"慕课课程教学方法进行考虑时,主要依照教学目标及教学内容特点进行选择。

针对理论课,其教学目标一般对应理解、应用等较低层次,所对应的教学内容主要包括一些基本概念、基本原理,这些内容往往枯燥无趣,难以有效激发学习者的学习兴趣。因此,在实际教学中,往往借助竞赛法、情景教学法、直观演示法、类比法以及游戏化教学法等来激发学习者的学习兴趣,促使学习者参与到课程学习中。在"数码摄影基础"课程学习中,理论课大量存在于其所对应的"基础课"中。以光圈的概念学习为例,采用类比法,将光圈调节对照片的影响与生活中常见的窗帘打开与关闭对房间明与暗的情况进行类比,帮助老年人理解。

针对技能课,其教学目标旨在培养学生的动手操作实践能力,所对应的教学内容主要包括基本技能、基本操作,在实际教学中,要注意凸显课程特征,把握技术本质,在实现基本操作的基础上,培养学生根据拍摄场景等的不同,自动提取相关知识解决问题的能力;除此之外,还应利用分层次教学实现课程学习的优化。以"数码摄影基础"第二部分正确持机完成初次拍摄为例,在基础课中,主要采用演示法展示正确的持机姿势,比较其与手机摄影持机方式的不同,在此之后,介绍采用这种持机方式的原因;而在提高课中,教学重点则关注于在不同的场景、拍摄意图下选择不同持机方式完成拍摄,以实现技能课的分层次教学。

针对旨在通过实验获得相应知识技能的实验课,其教学过程主要包括实验准备、实验讲授以及实验指导三个方面。在"数码摄影基础"课程学习中,实验课多存在于其所对应的"提高课"中。例如,探究不同光圈的大小对照片虚化程度的影响实验,需要老年人针对同一场景,选择不同大小的光圈完成至少3张照片的拍摄,上传照片并记录每张照片对应的光圈值。在此之后,总结光圈大小与照片虚化程度之间的关系。

作品制作课作为"数码摄影基础"系列课程中难度最高的课程,仅在"研究课"中出现,指的是将作品制作作为授课任务来完成教学。主要包括规划设计、作品制作以及展示评价三个环节。在具体的教学如星轨拍摄实战中,采用直观演示法,教师需要将拍摄准备、拍摄要点等视频、文件资料上传至平台和微信群中,供老年人学习;在此之后,采用讨论法,组织老年人在天气晴朗的夜晚完成拍摄后,将摄影作品上传至课程平台或微信群中,与其他老年学习者共同讨论,互相取长补短。

(六)教学评价设计

教学评价即在教学活动进行中或教学活动结束后,针对教师的教、学生的学以及课程教学质量三者与教学目标之间的差距进行比较而进行的一种价值判断。从评价的功能来看,主要包括诊断性评价、形成性评价以及总结性评价。从评价的主体来看,主要包括学生自评、学生互评、教师评价以及平台自动评价等。从评价的标准来看,主要包括相对性评价、绝对性评价以及个体内差异评价。

在对老年人的学习特点进行分析的基础上,针对老年人设计实施的教育评价采用多元评价模式,贯穿于课程学习各个阶段,充分发挥教学评价的诊断、激励和导向功能,促使老年人积极参与到课程学习中,关注老年人自身满足感的获得。

以"数码摄影基础"慕课学习为例,诊断性评价主要存在于课程开始前,采用学生自评为主,结合学生互评、教师评价的相对性评价方式,确定利用网络参与慕课学习困难的老年人,在课程开始前、课程学习中给予适时的帮助,保证其可以顺利地参与到慕课学习中。形成性评价主要存在于课程进行中,包括:①视频学习中平台自动完成的绝对性评价,教师在课程开发中选择相应的学习重点、难点编制成题,在老年人视频学习中,以"弹题"的形式出现,对老年人的学习进行监控,在这个过程中平台可以根据老年人的作答情况及时给予评价;②作品交流活动中的教师评价和老年人间的相对评价,在慕课平台课堂讨论区以及课程微信群中,由教师设置相应的作品交流活动,老年人分享自己的摄影作品,在此之后,教师和其他老年人对作品进行赏析和点评;③课程学习后的教师评价,针对及时完成任务的学习者,适时给予鼓励。总结性评价出现在课程学习结束后,由教师选择并提交结课名单,在此之后,依托慕课平台针对全部完成课程学习任务和作业的老年人发放结课证书。

第四节 老年人慕课课程开发——以"数码摄影基础"课程为例

面向老年人的慕课课程开发主要包括课程平台的选择、课程团队的确定、课程资源的开发三个步骤。具体如图7-3所示。

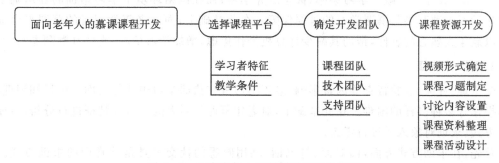

图7-3 面向老年人的慕课课程开发流程

一、选择课程平台

当前关于老年人的慕课课程平台主要包括在线教学平台和移动学习APP两种形式,具体见本书第六章老年人慕课学习环境分析部分。

在选择课程平台时,需要重点考虑以下因素。

(一)学习者特征

学习者作为学习活动的主体,对课程平台的选择具有重要影响。慕课学习作为远程学习的一种,可以参考远程学习者特征的DSMS模型进行考虑,完成课程平台选择。

1. 人口学特征

人口学特征主要包括生理特点、社会特点、经验等。

从生理特点进行分析,首先,随着年龄的增加,老年学习者的思维发展水平下降,信息理解、加工能力退化。由此,面向老年人的慕课平台应能够向老年人提供包括课程视频、配套课件、补充性教学拓展材料等在内的多种多样的学习材料,促进老年人对课程知识的理解、掌握。其次,老年人记忆水平下降,遗忘现象明显,需要各种学习活动帮助其不断巩固所学知识。在此基础上,慕课平台中帮助老年学习者回忆、深化所学知识的课程习题、讨论活动等就显得十分重要。除此之外,慕课平台中以课程大纲等形式呈现的课程资源列表,可以帮助老年人更加便捷地理解课程内容,并巩固所学知识内容。

从社会特点进行分析,主要分析老年学习者的工作、家庭状况。退休后,老年学习者拥有了更多可以自由支配的时间。但是,受我国传统文化的影响,其大多选择回归家庭,帮助照料儿孙的生活。因此,学习时间较为碎片化。面向老年学习者的慕课平台应具备学习进度保存功能,帮助老年学习者在上次学习的基础上继续完成学习,减少不必要的时间浪费。

从经验方面进行分析,主要包括计算机操作技能、在网络环境下学习培训的经历。受社会发展影响,老年学习者的计算机操作技能相对较差,在网络环境下学习培训的经历也相对较少。参考第五章相关研究,与计算机操作技能相关的技术焦虑对老年学习者参与慕课学习具有负面影响,会导致其减少学习频率,甚至放弃学习;而在网络环境下学习培训的经历则是支持老年学习者顺利参与慕课学习的重要保障。在此基础上,面向老年学习者的慕课平台选择应辅以老年人熟悉的软件,帮助其减少计算机操作焦虑,增加学习信心,支持其顺利参与学习。

2. 支持性特征

受生理、社会、经验特点等因素影响,老年学习者在慕课学习中往往会面临包括知识理解、技术操作等多种多样的困难。在此基础上,对老年慕课学习者的支持性特征进行分析,主要从求助方式、求助对象入手进行考虑。

首先,在求助方式方面,面对面、打电话、利用熟悉的社交工具是其常用的求助方式。其次,在求助对象方面,教师、同伴等是其主要求助对象。

为减少慕课教师负担,面向老年学习者的慕课学习平台还应具备实时社交功能,为老年学习者、教师创建聊天群,帮助老年人解决慕课学习中的问题。

3. 动力特征

动力特征主要包括学习动机、自我效能感等。

首先,在学习动机方面,已有研究表明,老年人参与慕课学习的动机中内部动机居多,除此之外,社交也十分重要。面向老年人的慕课平台除了应为其提供帮助其解决学习问题的聊天群外,还应考虑提供辅助其参与小组协作学习的工具,通过慕课平台布置的多种多样的协作学习活动,支持其社交需求的进一步满足。

其次,在自我效能感方面,主要包括一般效能感和技能效能感。一般效能感即老年学习者对学习内容、学习方式的自信程度。参考相关研究,明确、详细的评价量规可以帮助学习者准确地检测自身水平,对学习者的一般效能感具有积极影响。由此,面向老年学习者的慕课平台应能够在章节开始之前,为其制定详细而明确的评价量规,以促进老年学习者一般效能感的实现。技能效能感即老年人对网站、软件、计算机的一般操作的自信程度。老年慕课学习者技能效能感相对较低,因此,在选择慕课平台的过程中,熟悉的软件、相应的支持服务必不可少。

4. 策略特征

策略特征主要包括认知策略、元认知策略和资源管理策略。

不同老年学习者的认知策略、元认知策略、资源管理策略并不相同,在慕课平台的选择过程中,除了考虑学习材料、评价量规外,还应使用协作学习中的拼图分组法,帮助老年学习者更加积极、顺利地参与到课程学习中,提升学习效果。除此之外,为促进老年学习者资源管理策略中时间和任务管理的实现,慕课平台应能够为老年学习者提供相应的课程提醒功能,在课程发布、截止等时间节点通知老年人积极参与到慕课学习中。

(二)教学条件

教学条件(如硬件设施、老年人常用学习软件等)也是教学平台选择的重要依据。

当前,我国老年人手机拥有率正在逐年攀升,开展慕课学习所需的硬件设施已经基本配备,而针对手机使用的软件还有待提高。通过课题组的前期调查可知,微信是老年人群体常用的移动学习软件。

结合本课题研究的目的,"数码摄影基础"课程采用某慕课平台和微信两种形式。首先,在慕课平台上投放包括课程学习任务、课程视频、配套课件、补充性教学拓展材料在内的课程学习材料,设置相应的课程习题和讨论活动,并制定详细而明确的评价量规;其次,在对老年人的慕课学习动机进行分析的基础上,针对老年人参与在线学习满足自身社交需求的特点,充分利用老年人熟知的社交软件如微信中的相关功能,建立微信聊天群,将慕课平台中的课程学习材料、课程习题、讨论活动、课程学习评价量规等转发至微信群中,老年人点击即可参与学习。除此之外,以微信交互为主为老年人设置协作学习活动,采用拼图分组法对老年人进行分组,以使老年人的社交需求得到进一步满足,提高课程教学质量。

二、确定开发团队

参考荷兰代尔夫特理工大学、德国慕尼黑科技大学、爱丁堡大学、哥伦比亚大学等多个慕课开发团队分工,可将慕课开发团队分为课程团队、技术团队以及支持团队三部分。

课程团队主要包括教师、教育技术专家、教学设计师、内容专家等,课程团队作为慕课开发中的统领,主要负责课程视频、习题、讨论、活动等的教学设计;技术团队主要包括媒体制作人员、摄影师、剪辑师等,负责协助课程团队教师完成课程视频、习题、讨论、活动的开发;支持团队包括协调员、版权专家、新媒体中心人员等,负责对各方工作进行协调,完成课程资料的整理,促进慕课开发、上线等工作的顺利进行。

在此基础上,对面向老年人的"数码摄影基础"慕课课程进行开发。

(一)课程团队

课程团队由老年大学相应教师、高校教育技术相关专家、教学设计人员等组成。首先,由老年大学相应教师提供"数码摄影基础(基础课)""数码摄影基础(提高课)""数码摄影基础(研究课)"三门课程的学习内容、学习目标和前期教学经验;接着,高校教育技术相关专家确定课程开发的可行性、必需性,与老年大学教师共同确定课程开发的总体原则;在此之后,由教学设计人员对老年学习者的学习特点进行分析,并分析老年大学相应教师所提供的教学内容、教学目标及教学经验,对课程进行设计(主要包括课程视频脚本、习题、讨论、活动等的教学设计),使之更加符合老年人的学习习惯,进而提高课程教学质量。

(二)技术团队

由媒体制作人员、摄影师、剪辑师组成的技术团队主要负责完成视频等课程资源的开发。媒体制作人员负责辅助老年大学教师使用相关软件进行录屏,完成不需教师出镜的课程视频录制;摄影师带领老年大学教师走进摄影棚,完成出镜视频的录制;剪辑师根据前期要求,对录制好的视频进行剪辑整理,完成课程视频的制作。

(三)支持团队

支持团队的工作贯穿慕课开发的始终。首先,在课程设计初期,支持团队中的协调员负责整理老年大学教师、教育技术专家、教学设计人员等各方关于慕课课程开发的意见,并促进相关人员进行协商讨论,统一意见。接着,在课程开发过程中,协调员应促进课程团队与技术团队更好地沟通,将课程设计的思想准确地传递给技术人员,促进课程的顺利开发;章节课程开发完成后,版权专家负责对其进行审核,并提出相应的意见。最后,在课程开发完成后,协调员将协调各方工作,使开发完成的课程符合各方要求,确定完成后,将其交给新媒体中心人员完成课程资料的整理及上线工作。

三、课程资源开发

课程资源开发主要围绕视频形式确定、课程习题制定、讨论内容设置、课程资料整理以及课程活动设计五个部分进行。

(一)视频形式确定

慕课平台课程视频形式主要包括教师讲授式、可汗学院式、教学动画式三种类型。

教师讲授式视频主要包括演播室录制式、录屏式以及实拍式三种。其中,演播室录制式是指教师在演播室内面对镜头完成录制,一般成本较高,但效果较好;录屏式是指教师操作电脑利用PPT等课件采用录屏软件对课程进行录制,这种视频制作简单、适用范围较广;实拍式是指在真实的教学环境中进行教学,完成课程视频的录制,多用于文科类或技能类课程。

可汗学院式视频的制作简单、时长较短,多是利用相机直接对写字板、聊天工具进行录制。但在录制过程中,要防止教师的手遮挡课程内容。

教学动画式视频主要是利用动画制作技术对课程进行开发,其画面丰富多彩、内容形象直观,但开发难度也相对较大。

结合时间、精力、效果等多方面考量,"数码摄影基础"课程开发团队选择采用教师讲授式对课程视频进行开发,如图7-4所示。首先,由课程设计人员提供设计好的课件资源、相应解说词;课程开发人员辅助课程教学人员利用录屏软件Camtasia和制作好的PPT课件完成课程基本知识的录制,之后,针对相机的基本操作,采用演播室录制与录屏相结合的形式,直观地将相机各项功能的使用方式进行展示;然后,课程开发人员对课程视频进行剪辑处理,并利用字幕软件Arctime pro完成课程字幕的添加,以优化老年学习者的学习体验。最后,将课程设计人员提供的课中习题以弹题的形式插入制作好的课程视频中。

图7-4 面向老年人的慕课课程视频

(二)课程习题制定

课程习题是支持学习者不断检验自身学习效果,巩固学习成果的重要手段。面向老年人的慕课习题主要包括在视频播放中以弹题的形式出现的课中习题和在章节学习结束后的课后小测。

以"数码摄影基础"慕课为例,课程习题的制定由课程教学人员和课程设计人员针对课程教学重难点共同讨论决定。在每节视频课程中,设置2~3个单选、填空、多选、判断形式的课程习题,提醒老年学习者积极参与到课程学习中,提高课程学习效果。除此之外,在章节学习结束后,要设计小组作业,鼓励老年学习者间结成学习小组,通过协作学习形成虚拟学习共同体,以促进高阶学习目标的实现。

(三)讨论内容设置

课程讨论以解决问题为中心,旨在帮助老年人减少在线学习的孤独感与焦虑感,促进课程资源的生成,以及课程教学的顺利进行。

如图7-5所示,"数码摄影基础"慕课讨论活动一般在章节学习结束后进行。在讨论活动开始之前,提出相应的讨论规则:讨论参与度最高的5位老年学习者,以及在此次讨论中评选出的5位最佳摄影师将获得相应的奖励。在讨论过程中,引导老年学习者发送自身较为满意的摄影作品,并鼓励其进行点评。通过点评,可以促进课程知识的内化,以及提升课程的参与度。

图7-5 面向老年人的慕课讨论内容

(四)课程资料整理

由课程开发人员对课程视频、拓展学习资源、课程习题,以及对应的讨论活动进行整理,最终完成整个慕课建设。

(五)课程活动设计

参考国家网络教育精品课程在线学习活动分类,在线课程活动主要包括自学型在线学习活动、听讲型在线学习活动、体验型在线学习活动、探究型在线学习活动,以及问题解决型在线学习活动。自学型在线学习活动是指以网页阅读等为主的学习活动;听讲型在线学习活动是指以观看音视频为主的学习活动;体验型在线学习活动是指根据教师创设的类似研究的情景或途径,以个人或小组的形式探索发现规律的学习活动;探究型在线学习活动是指直接通过实践与反思完成学习目标的学习活动;问题解决型在线学习活动是指将学习设置到有意义的问题情境中,以提高学习者的问题解决能力为主的学习活动。

在"数码摄影基础"慕课中,课程活动主要设计了以观看课程视频为主的听讲型在线学习活动;以阅读课程拓展学习资源为主的自学型在线学习活动;以及章节课程结束后,以讨论形式出现,以培养老年学习者运用所学摄影知识完成拍摄的问题解决型在线学习活动。章节课程学习中,各类课程活动均会出现,这样可以有效促进老年学习者学习目标的达成。

第八章　老年人慕课在线学习模式设计与实践

第一节　慕课远程学习模式

一、基于慕课的在线远程学习模式相关研究

慕课作为一个系统完整的教学过程和体系，与远程在线学习模式相似，老年人可以灵活安排个人的学习时间和学习进度，利用电脑（或智能手机）通过登录慕课学习平台（或平台APP）完成课程学习。梳理已有文献，基于慕课的远程学习模式主要包括依托慕课平台的在线学习模式，慕课平台学习与线下学习相结合的混合式学习模式两种。本书将其分为两章进行介绍，本章主要介绍基于慕课的在线远程学习模式，混合式学习模式相关研究将在下一章呈现。

依托慕课平台的在线学习模式相关研究开始较早，始于2009年。学习者登录慕课平台即可参与在线学习活动，完成视频学习、课程讨论以及相关在线测试/作业，课程评价标准由开设此门慕课的教师制定，一般包括课程视频学习情况、在线讨论参与情况，以及平台自动评估的在线测试作答情况、课程作业完成情况等部分。根据教师前期课程规划，评估往往由平台、教师、学习者等共同完成，评估中，各部分内容所占分数比例往往并不相同。

对依托慕课平台的在线学习模式相关研究进行分析，国外方面，意大利学者安东尼奥·费尼从技术维度对在线录播慕课Connectivism and Connective Knowledge（联结主义和连接性知识）进行研究，指出信息技术应用能力以及学习者的英语水平（该课程为英语课程）是学习者顺利参与慕课学习的一大障碍；此外，该研究还发现，受学习动机等因素影响，参与本门慕课的大部分非正式学习者（不需要学分）无法在课程结束时完成课程学习，即辍学。库尔卡尼等人采用迭代研究对慕课学习中的同伴评估如何更好地开展提供了相关建议，研究指出，当学习者和慕课教师对同一份作业进行评价时，向学习者展示慕课教师的评分并对评分原因进行描述可以提高同伴评估的准确性。除此之外，明确的评价量规也能在一定程度上缩小同伴评估与教师评价间的差距。

国内方面有关慕课在线模式的研究开始较晚。具体而言，张洁从监管焦点角度针对慕课对学习者而言是否有趣进行实验调查发现，提高导向的慕课学习者和预防导向的学习者参与慕课学习的动机水平并不相同，在慕课设计中，针对不同学习者特点适当地进行匹配，可以提高其慕课学习动机对课程的评价。崔裕静等人为解决学习者慕课学习中交互不足的问题，结合网络直播特点，基于ADDIE理论，设计了基于网络直播的慕课学习支持服务形式，并通过应用相关案例验证了此方案的可行性，提高了慕课学习效果。贺欢等人针对慕课教学中学生差距大、互动效果有待提高、知识难点讲授困难、测试题型有限、知识片段化五大问题提出了包

括分层递进、知识习题相融合、写字板 PPT 相结合、多元线上测试、科技前沿与思政教育相融合的五大解决方案,并将其应用于实际慕课教学中,获得了学生的一致好评。

总体来看,在依托慕课平台的在线学习模式中,学习者间差异(信息技术能力、语言水平、认知水平等)及其学习动机是影响其参与慕课学习的主要因素。在面向不同慕课在线学习者进行课程教学时,应考虑从上述方面入手进行设计与实践,以提高学习者慕课在线学习效果。

二、老年人慕课在线学习特点与需求

(一)以满足自己的精神需求、兴趣为导向参与课程学习

根据各老年大学数据统计,老年人参与课程学习的原因与其他年龄阶层的学习者关注学位、学分的获得及职业的选择不同,老年人很大一部分是为了满足自己的精神需求、个人兴趣。由此,带来了老年人与其他年龄学习者在课程选择上的不同。面向老年人开展慕课时,应该优先选择老年人需要和喜欢的课程内容,以此满足他们的精神需求。已有研究表明,随着慕课学习者数量的增多,慕课完成率低已经成为全世界慕课存在的普遍性问题。而学习者自主性不足是其中的重要原因之一。老年学习者学习的动力一般以兴趣为主,学习时间比较零散。如何有效推动老年人自主学习与管理,是慕课顺利、有效开展的必要条件。

(二)个体差异大、参与慕课学习存在技术障碍

大规模的学习者是慕课的主要特点之一,对于本研究的慕课而言,由于处于实践探索阶段,学员人数不多且招收的学员均为退休老年人,其已有的工作经验、学习风格、学习能力差异很大。有的老人对计算机和手机的操作非常熟练,但是对于一些传统行业人员来说,由于缺乏计算机操作经验,让其上手使用计算机或手机进行课程学习,存在技术障碍。基于慕课远程知识的获得需要老年人使用手机或电脑进入慕课学习平台完成学习。为了保证老年人慕课学习的顺利进行,应在课前、课中针对慕课平台的使用对老年人进行相应的培训与帮助。

(三)以满足自身社交需求为目的参与课程学习

基于慕课的远程学习中教与学行为分离,以及网络学习中的学习环境临场感欠缺导致学习者缺乏社会属性。教师和学生仅通过慕课平台进行交流,导致师生、生生之间社会互动不足,学习者孤独感增加,归属感和满意度较低,严重影响了慕课的学习动机。如何消除老年人在慕课学习过程中的焦虑感和孤独感变得越来越重要。除此之外,根据研究团队的前期调查,很多老年人参加线下的老年大学、社区学校课程,很大一部分原因是希望通过参与社会活动,减少退休带来的社会孤独感。在此基础上,面向老年人的慕课可以选择以老年人熟悉的社交互动软件为主,配合使用慕课平台开展课程学习互动,以满足老年人的社交需求。

(四)参加慕课学习存在认知障碍

受认知发展水平限制,老年人在感知觉能力、思维发展、记忆水平等多个层面表现出与其他年龄层不同的特点。对应到老年人的慕课学习上,这些变化给老年人消化吸收学习内容、完成学习任务造成了许多障碍。面向老年人的慕课应注意在学习过程的各个阶段向老年人提供

学习支架,帮助老年人掌握课程内容,完成学习目标。

根据上述分析,参考相关学习模型要素,本研究构建了面向老年学习者的慕课远程学习模型,如图8-1所示。

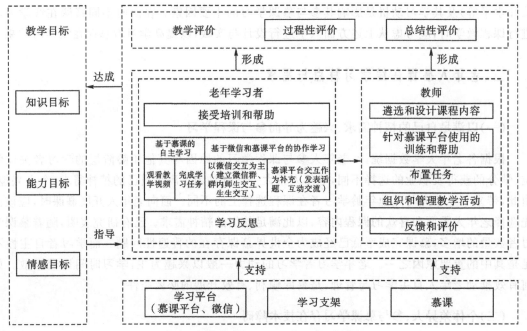

图8-1 基于老年人的慕课远程学习模型

三、基于老年人的慕课远程学习模型分析

结合以上分析对模型进行构建。面向老年人的慕课远程学习模式主要由两部分组成,具体包括由学习平台(慕课平台、微信)、学习支架组成的学习环境部分,以及支持教师和老年学习者间各项交互活动的学习过程部分。其中,教师的教学活动主要包括遴选和设计课程内容、针对慕课平台使用的培训与帮助、布置学习任务、组织和管理教学活动、反馈与评价等。老年学习者的学习活动主要包括接受培训和帮助、基于慕课的自主学习(观看教学视频并完成学习任务)、基于微信和慕课平台的协作学习(以微信交互为主,慕课平台交互为辅)、学习反思。在这个过程中,针对慕课平台使用的技术支持、学习支架的提供以及以微信交互为主的协作学习活动的开展对老年人的慕课远程学习至关重要。

(一)提供技术支持——慕课平台使用的培训与帮助

要在面向老年人的慕课开课前、开课中,提供及时的技术支持与反馈,确保其在遇到操作问题时能及时解决。在具体实践时,可以通过在课前开展统一培训、利用微信群向老年人发放电子版图文并茂的平台操作指南,课程中提供专门的技术人员帮助等形式来实现。

(二)提供学习支架

学习支架包括方向型学习支架、任务型学习支架、情景型学习支架、资源型学习支架、交互与协作型学习支架、评价型学习支架六种。其表现形式包括范例、问题、建议、指南/向导、表格、图表和其他形式。对应学习支架的六种类型,"数码摄影基础"课程教学中的学习支架主要包括慕课视频开始时提供的以范例、图表等为主的明确的学习目标;通过慕课平台、微信推送的课程学习任务;针对课程内容提供的相应拍摄案例、建议拍摄场景;除慕课教学视频外,以微信为主结合慕课平台推送的补充性教学拓展材料、配套课件等;在老年人慕课远程学习分组中应用的拼图分组法,保证协作学习活动顺利、高效地开展;以及布置课后教学任务和作业时详细、明确的评价量规等。

(三)以微信交互为主的协作学习活动

鼓励合作精神是优秀慕课的一个重要特征。对于老年学习者而言,学习起点差异较大,完全由个人完成一些有难度的学习任务容易产生挫败感,进而可能放弃学习。开展协作学习活动可以培养学习者的合作精神,通过学习者间的互助合作,可提升在线学习的社会参与感。除此之外,还可以通过社交媒体与慕课相结合的方式,提高学习互动性,提升学习效果。"数码摄影基础"课程协作学习活动主要采用老年人熟悉的社交软件微信展开,应用拼图分组法对老年人进行分组,每组4~5人,形成一带多模式,保证每组至少有一个能够熟练使用慕课平台的老年人,以及一个在微信群内较为活跃的老年人,从而解决老年人慕课平台操作不熟练、在线远程学习参与感较低两大问题。

第二节 面向老年人的慕课远程学习实践案例

一、基于慕课的远程学习实验设计

(一)实验对象

研究团队依托西安市某终身教育平台和自主研发的慕课"数码摄影基础",开展了基于慕课的线上教学实践。该市终身教育平台具备常规慕课平台的所有功能,并提供了网页版和APP版本。本次教学实践对象为参加该课程在线学习的老年人,年龄在50~75岁,参与人数共计32人。通过课前调查,学习者们均拥有独立的智能手机设备,具备基本的手机、微信操作经验。由于老年学习者对学习平台和APP操作经验不足,因此在开课前一周,研究团队和课程负责老师通过腾讯会议系统,针对慕课平台的操作进行了在线演示和培训,并在培训中明确了本学期的授课形式和授课内容。

(二)课程内容与实施

用于实践的慕课"数码摄影基础",由研究团队和主讲教师根据老年学习者特点及其实践教学经验,进行了规划设计。具体内容设计与开发介绍详见本书第七章。研究团队与该市老年社区学校合作,于2020年3月开展了"数码摄影基础"课程的线上教学实践。具体时间安排如表8-1所示。实践课的教学主要根据上述模式设计,采用"网站/APP+微信"的方式开展。

表 8-1 "数码摄影基础"课程第一轮实践安排

第一轮实践时间	学习内容	讨论交流	作业
3.9—3.15	第1部分 摄影基础	你现在在使用什么相机拍摄呢	阅读课后拓展资源
3.16—3.22	第2部分 数码相机的基本操作	一人一句,说一说初次拍摄有什么要注意的	
3.23—3.29	第3部分 单反相机测光	张大爷想在春节时用自己的相机拍摄一张家庭合照,他应该采用哪种测光方式,为什么	
3.30—4.5	第4部分 数码相机六大功能之一曝光	你在拍摄中使用过曝光补偿吗?结合实例谈谈你对曝光补偿的理解	
4.6—4.12	第5部分 数码相机六大功能之二快门速度	高速快门和低速快门的区别是什么,对照片有什么影响	
4.13—4.19	第6部分 数码相机六大功能之三光圈	运用光圈拍摄几张背景虚化的照片与大家分享吧	
4.20—4.26	第7部分 数码相机六大功能之四 ISO 感光度	结合你的拍摄经历,什么时候需要我们调节感光度拍摄照片	
4.27—5.3	第8部分 数码相机六大功能之五白平衡	周末,李大爷和王大爷一起逛花鸟虫鱼市场时,用自己的相机分别给水箱里的金鱼拍摄一张冷色调的照片和一张暖色调的照片。结合所学知识及自身经验,你觉得李大爷的冷色调照片拍得更好还是王大爷的暖色调照片更合适	
5.4—5.10	第9部分:数码相机六大功能之六优化校准	调节优化校准,拍摄一张你喜欢的照片,并说出所运用的优化校准模式及其原因	
5.11—5.17	第10部分:数码摄影构图	任意选取一个你想拍摄的事物,运用学到的构图方法,为其拍摄一张照片,并分析这张照片所运用的构图方法、景别以及拍摄角度	

课程具体实施过程按照本章设计的教学模式开展,具体安排如下。

首先,在正式开课前,由研究团队组建的慕课团队与注册学习的老年学习者建立微信群,为学习者提供课程教学服务并答疑解惑。课程日常学习通知也在微信群发布。

其次,跟踪学习者学习过程。按照课程开设计划,每周发布课程学习视频和任务,在课程发布后及时通知学习者上线学习,并对学习者学习进度进行跟踪。在此期间,由教学团队通过课程论坛发布学习主题并同步到微信群,鼓励学习者之间进行交流互动。对于未及时完成学习任务、提交作业的学习者,通过微信群进行督促。对于完成任务的学习者,及时给予反馈,并适时通过发红包等方式给予奖励。

再次,课程后期,指导学习者完成课程的各类测评和作业。考虑到老年学习者信息技术水平较低,老年学习者既可以通过平台上传,也可以通过微信群上传作业(见图 8-2)。对完成全部课程学习和作业的学习者发布平台颁布的慕课结课证书。

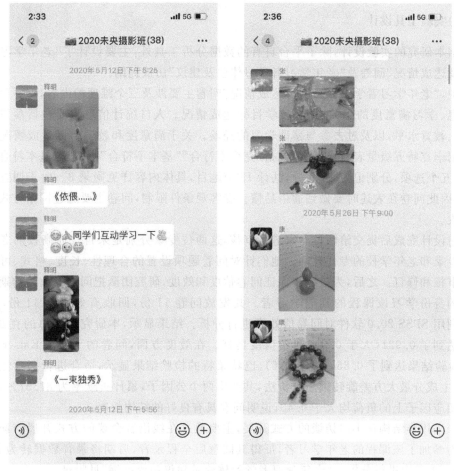

图8-2 部分学习者微信作业

(三)实验总体设计

本次教学实验按照上述课程时间安排,通过平台数据跟踪、问卷调查和访谈来收集学习者的慕课学习完成度、满意度情况以及相关建议。

首先,收集分析学习完成度情况。对32名注册学习"数码摄影基础"慕课的老年学习者进行全程跟踪,了解他们在课程学习过程中的动态。该阶段主要依托慕课平台提供的数据,通过平台可以查询到学习者的学习信息。具体包括每个课程微视频的观看次数及进度、讨论区的互动记录、测试的完成情况等。微信群可以保留所有学习者的互动讨论记录。这些数据均可用于了解学习者的具体学习情况。

其次,采用问卷调查法收集学习者满意度情况。在32名老年学习者完成"数码摄影基础"慕课的全部学习任务之后,设计学习者满意度问卷,通过收集相关量化数据,调查学习者对课程内容及课程开设形式的满意度。

最后,采用访谈法,收集学习者的意见和建议。在课程完成之后,随机选取11名学习者,采用半结构化访谈方式,收集质性数据分析学习者对于课程的相关意见和建议,这在一定层面上也能反映出学习者对该课程的满意度。

(四)实验工具设计

根据本研究的实验设计,除了平台自有的数据分析工具外,主要设计了"老年学习者学习满意度及达成情况"问卷及"老年学习者学习体验及建议"访谈提纲。

其中,"老年学习者学习满意度及达成情况"问卷主要涉及三个维度的内容,即一般的人口统计信息、学习满意度的相关内容、教学目标达成情况。人口统计信息主要包括参与者的性别、年龄、教育水平,以及过去参与慕课学习的经验。关于满意度和教学目标达成情况的调查题项采用李克特五级量表,每项题目包括"完全不符合""基本不符合""一般""基本符合"和"完全符合"五个选项,分别记为1~5分,共计15道题目,具体内容详见附录3。由于调查对象是老年人,因此问卷在表述时要做到通俗易懂。受客观条件限制,问卷主要通过网络方式进行发放和回收。

问卷设计完成后提交给两位专家进行审核,这两位专家分别是来自普通高校的老年教育方向的专家和老年学校的专任教师。他们针对问卷题项设置的合理性、长度、格式、可读性等进行了审核和修订。之后,为进一步保证问卷信度和效度,研究团队把问卷发放给前期以课程观摩者的身份学习该课程的其他学习者。共发放问卷11份,回收有效问卷11份,回收率100%,利用SPSS 20.0软件对问卷信效度进行分析。结果显示,本研究问卷总的克龙巴赫α系数值达到了0.921(大于0.9),问卷信度良好。在效度方面,问卷的KMO(Kaiser-Meyer-Olkin)检验结果达到了0.866(大于0.6),巴特莱特的检验结果显示,适合进行探索性因子分析,采用主成分最大方差旋转因子分析法,共产生两个公因子,累计贡献率为87.57%,且所有指标在相应因子上的负荷均大于0.40,说明问卷具有良好的结构效度。

访谈采用半结构化小组访谈的方式开展,主要通过在线语音会议的方式开展访谈。访谈对象均为参加了该课程的老年学习者,征得其同意后全程录音,后期将录音数据转为文本,导入Nvivo 11.0中进行分析。"老年学习者学习体验及建议访谈提纲"见附录4。

二、实践结果分析

根据上述实验设计,本研究主要收集了三类数据,即老年学习者在线学习的相关数据、老年学习者学习满意度的问卷数据以及老年学习者学习体验与建议的相关数据,这些数据分别用于支持对课程参与度、满意度、目标达成情况、学习体验与建议四个维度的分析,具体如表8-2所示。其中,发放调查问卷32份,回收有效问卷32份,回收率和有效率达到100%。

表8-2 分析维度与数据支撑

分析维度	分析内容	数据支撑
课程参与度	学习者的参与情况	慕课平台、微信的数据统计与分析
课程满意度	学习者对课程的满意程度	问卷调查数据
目标达成情况	学习者完成学习后,达成学习目标的程度	问卷调查数据

续表

分析维度	分析内容	数据支撑
学习体验与建议	学习者对开展慕课学习的体验感受,及对课程的开展建议	访谈数据

(一)课程参与度分析

在课程参与度方面,本研究主要依托慕课所在的课程平台导出学习者参与学习的数据信息。具体包括以下几方面。

1. 课程视频学习情况

"数码摄影基础"慕课上线后按周发布,每周日发布新一讲的内容。如图8-3所示为平台记录的总的学习周期内的课程视频观看人数统计。根据该统计数据发现,视频浏览的最高值均分布在周内,且集中在周二、周三,最低值主要在周末。这与常规学习者学习时间的分配不同。通过与学习者沟通了解,这与老年学习者的生活和学习特点有关。老年学习者的学习时间呈现碎片化特点,尤其是周末,老年人主要参与家庭、社团活动,无暇参加线上课程的学习。周内则相对空闲,课程参与意愿高,参与时间也相对较长。

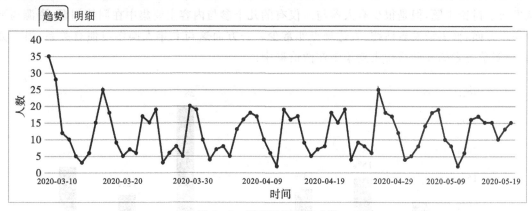

图8-3 课程视频浏览人数

2. 课程总体完成情况

根据平台的数据统计,整门课程结束后,完成全部视频学习并提交全部作业的学习者仅有5位,完成全部视频学习未提交作业的学习者有10位,其余学习者则阶段性地参与了课程视频的学习、互动。从该数据来看,学习者整体课程完成度并不高,通过后期访谈分析可知,主要原因集中在学员主观上对线上学习操作有畏难心理,以及生理的不适应性。

3. 课程参与互动情况

本研究中课程互动讨论方面的数据,主要包括学生通过慕课平台、微信两个终端开展讨论的次数和内容数据,数据的编码方式主要参考了已有研究的线上讨论内容编码表,如表8-3所示。

表 8-3 线上讨论内容编码表

讨论类别	具体含义
无实质内容	讨论内容没有实质性意义,与课程内容无关
资源分享与平台操作	学生向其他同学分享相应的网络学习资源工具,并提出或回答关于平台操作的问题
心得交流	学生在学习过程中,与其他同学分享心得体会
提出问题	学生在学习过程中提出所学知识方面的疑问
回答问题	学生对其他同学和教师提出问题的回复
表达观点	学生就某一个知识表达他们的思想和观点
反馈与评论	学生对其他同学表达的观点、想法进行反馈与评论

在慕课平台数据方面,通过平台自带的统计工具收集相关数据,学习者参与线上讨论共计 101 条。结合该数据,对学习者的讨论内容进一步进行归类分析,经统计,其中无实质性内容的回复有 11 条,资源分享与平台操作有 15 条,心得交流有 13 条,提出问题有 5 条,回答问题有 28 条,表达观点有 12 条,反馈与评论有 17 条。各类别占比如图 8-4 所示。该结果表明,总体上课程互动效果一般,老年学习者们很少参与平台互动讨论,尽管针对每节内容,教学团队发布了讨论主题,但是很少有人参与。仅有的几个参与内容主要集中在回答问题、资源与平台操作方面,而主动发表话题、表达观点非常少。一方面这与老年人操作习惯有关,另一方面,很多学习者的互动活动主要集中在微信群中。

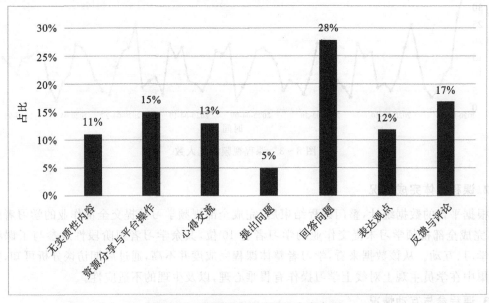

图 8-4 慕课平台互动讨论内容占比

在微信的互动方面,导出微信群的聊天记录后进行分析,并采用同样的编码方案进行编码,如图 8-5 所示。统计得出共 3996 条互动记录。其中无实质性内容的回复有 260 条,资源分享与平台操作有 940 条,心得交流有 512 条,提出问题有 104 条,回答问题有 524 条,表达观点有 728 条,反馈与评论有 928 条。该结果表明,总体上微信互动比平台互动效果好,学习者参与的内容主要集中在资源分享与平台操作、表达观点、反馈与评论等方面。

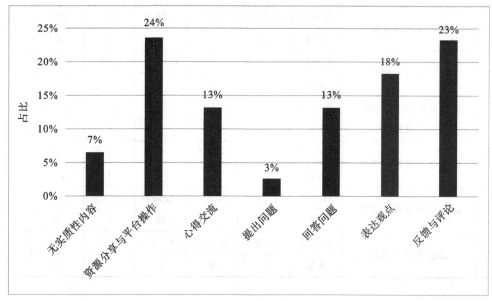

图 8-5 微信互动讨论内容占比

对比慕课平台、微信的互动数据发现,两种情境下,微信互动交流的数据量显著高于慕课平台,说明老年学习者更喜欢使用微信这种实时互动媒介,后续的访谈结果也与此结论一致。在具体的互动应用方面,慕课平台的互动主要集中在回答问题方面,其他互动交流主题很少。与慕课平台的异步交互不同,微信互动交流是实时的,老年学习者们更偏好于实时互动交流方式,据此产生的交流数据较慕课平台明显增多。在微信平台上,资源的分享、观点的表达、反馈与评论占比明显增多,学习者之间可以就具体的作品、拍摄技法、学习者作业进行更充分的互动与评价。

4. 课程满意度分析

本研究设计的满意度问卷主要包括七道题目,涉及了慕课学习的关键要素与环节。主要包括学习形式满意度、课程视频满意度、课程学习任务满意度、课程虚拟学习共同体满意度、课程学习安排满意度、课程学习平台满意度、课程总体满意度等方面,具体题项见附录 3。调查结果如表 8-4 所示。表中数据显示,除了"Q6 课程学习平台满意度"之外,其余各项的满意度均值都在 4 分以上,总体上老年学习者对课程的满意度较高。通过后续访谈发现,现有课程依托的慕课平台与微信并未建立连通,因此在开展异步交互和同步交互互动时,学习者们感觉需要来回跳转,学习体验不够好。

表 8-4 "数码摄影基础"慕课满意度调查结果

	题目	统计项	5 分	4 分	3 分	2 分	1 分	平均值
Q1	学习形式满意度	百分比	78.13%	12.50%	9.37%	0%	0%	4.69
		人数	25	4	3	0	0	

续表

题目		统计项	5分	4分	3分	2分	1分	平均值
Q2	课程视频满意度	百分比	81.25%	9.37%	9.38%	0%	0%	4.72
		人数	26	3	3	0	0	
Q3	课程学习任务满意度	百分比	62.50%	15.63%	9.37%	12.50%	0	4.28
		人数	20	5	3	4	0	
Q4	课程虚拟学习共同体满意度	百分比	75.00%	12.50%	6.25%	3.13%	3.12%	4.53
		人数	24	4	2	1	1	
Q5	课程学习安排满意度	百分比	59.38%	25.00%	12.50%	3.12%	0%	4.41
		人数	19	8	4	1	0	
Q6	课程学习平台满意度	百分比	21.88%	25.00%	31.25%	15.62%	6.25%	3.41
		人数	7	8	10	5	2	
Q7	课程总体满意度	百分比	62.50%	25.00%	12.50%	0%	0%	4.50
		人数	20	8	4	0	0	

(四) 学习目标达成情况

本研究根据布鲁姆认知领域教学目标分类方法，设计了四个目标达成情况题项，详见附录3，四个题项分别对应知道领会层、应用层、分析评价层、创造层。其中知道领会层、应用层为教学目标中的低阶目标层，分析评价层、创造层为教学目标中的高阶目标层。各层次目标达成情况如表8-5所示。通过该结果可以看出，所有层次的教学目标均达到了4.4分以上，其中知道领会层的教学目标达成度最高，分析评价层的教学目标达成度相对较低。后续课程可加强对学习者批判性思维的培养。

表8-5 学习目标达成情况

题目		统计项	5分	4分	3分	2分	1分	平均数
Q8	知道、领会	百分比	87.50%	12.50%	0%	0%	0%	4.88
		人数	28	4	0	0	0	
Q9	应用	百分比	68.75%	25.00%	6.25%	0%	0%	4.63
		人数	22	8	2	0	0	
Q10	分析、评价	百分比	68.75%	15.63%	9.37%	6.25%	0%	4.47
		人数	22	5	3	2	0	
Q11	创造	百分比	62.50%	31.25%	6.25%	0%	0%	4.56
		人数	20	10	2	0	0	

(四) 学习体验与建议分析

在学习体验与学习建议方面，面向参与慕课学习的老年学习者进行了半小时左右的焦点

第八章 老年人慕课在线学习模式设计与实践

小组访谈。分为两个焦点小组,分别由 5 名、6 名老年人组成,成员们要回答主持人提出的半结构化访谈问题,在经过受访者允许后,访谈内容被全程录音并转为文本进行质性分析。访谈数据由两位研究人员按照以下步骤完成分析和编码:①转录访谈数据;②反复阅读数据以深入了解数据;③对数据进行编码;④解释数据。为保证数据分析的可靠性,我们采用了克雷斯韦尔等人提出的方法。首先,由两位研究者根据访谈主题定义节点后,单独阅读转录后的文本,然后两位一起讨论从数据中产生的新主题,细化节点,最后形成一个代码列表。根据该列表,研究人员尝试对一段文本编码,并检查其一致性,得到 Cohen's Kappa 系数达到了 0.823。在确认一致性没问题后,两位研究者对剩下的文本进行了编码,最终形成了四个核心节点:对慕课学习的看法、学习互动偏好、学习障碍、建议措施。

在对慕课学习的看法方面,总体上,老年学习者们表现出了积极态度。根据访谈文本提取出老年人对"慕课学习的主要优势"的子节点概念:学习时间灵活、视频可重复、课程有吸引力、扩展资源丰富。其中,学习时间灵活提及 35 次,是学习者最为认可的慕课学习优势,如学习者 Z(57 岁)说:"我有时边做饭边看咱们的课程,有时候在家一边锻炼一边学习,我觉得非常方便。"视频可重复播放提及 31 次,学习者 W(63 岁)反馈:"我感觉自己现在记性不太好,之前在老年学校里听课时喜欢举着手机拍照录像,想把课上学的东西记录下来。现在(这个问题)解决了,视频放在那,不会的我还能再翻回去看。"在课程吸引力方面,主要体现在课程内容讲解有趣,并提供了多种互动形式。在扩展资源丰富性方面,主要表现在课程提供了配套的课件、拓展资料,尤其是"课程微信群里有好多摄影作品"(学习者 L),还有学习者自发转发的一些摄影技巧等。

在学习互动偏好方面,访谈数据显示,学习者们更喜欢微信的同步/异步互动,大部分人都不喜欢慕课平台的异步互动形式。与电脑相比,手机是大多数学习者的主要学习工具,而社交媒体则是老年学习者们频繁提到会使用的学习工具。表 8-6 显示了用于学习的社交媒体偏好统计。学习者们表示,他们喜欢使用微信互相交流,分享课程资料。一些学习者表示,对本次慕课互动过程中最满意和感兴趣的环节,就是通过微信分享摄影作业和开展点评。另一些学习者表示,平时就很喜欢通过微信或抖音分享学习资料。在抖音平台上,也有很多老年人感兴趣的有关摄影课程的拍摄技巧,除此之外,还有很多关于养生和中国戏曲的短视频。在受访者中,有 9 名学习者都注册有抖音账户,并发布或分享过互动视频。今日头条作为一款新闻信息共享 APP,使用推荐算法来推送内容,因此内容的个性化程度和用户黏性很高,老年学习者们喜欢观看和分享今日头条上的新闻资讯和其他学习内容。

表 8-6 社交媒体偏好统计

用于学习的社交媒体	提及的参与者人数	提及频次
微信	11	27
抖音	9	18
今日头条	8	15

在学习障碍方面,访谈数据表明,排名最高的学习障碍集中在操作障碍方面。部分学习者信息化操作水平有限,由于无法开展线下操作指导,仅靠线上操作指引和相关的操作指南,学习者们在操作方面仍然存在一定困难,这在一定程度上阻碍他们完成课程学习,如学习者 Z

表示:"感觉还是不太会(操作)平台,有时候想发表个人看法,觉得太麻烦就不愿意(发表)了。"除此之外,学习方面的障碍因素还包括交互障碍、信息迷失、身心不适等。在交互方面,学习者们整体感觉课程学习过程中的实时交互体验较弱,由于本次课程学习中慕课平台和微信属于不同的平台终端,没有建立耦合或跳转,学习者在学习过程中难以开展实时互动和交流,使学习者在学习过程中的情感体验、社会存在体验不够好,无法支持其完成整个课程的学习。在信息迷失方面,很多学习者表示:"感觉微信里信息太多,看着看着就乱了",有些学习者则表示在慕课平台上学习时,有时候不知道怎么跳转和返回。个人身心因素也是学习过程中的一大障碍,部分学习者反馈由于身体和视力原因,无法长时间盯着电脑或手机屏幕,在屏幕前观看视频、开展互动交流等。

老年学习者们提出的建议措施主要集中在平台环境、学习任务管理两个方面。在平台环境上,希望"打通慕课平台和微信",使学习操作更简便。在学习任务上,希望教学团队提供一些更详细的实时互动和个性化指导,尽可能让"每人的作品都能被老师点评和讲解"。

三、基于慕课的老年人远程学习模式与实践提升策略

针对本次实践结果并结合教学团队的反思,本研究分别从教师层面、学习者层面、课程资源层面提出以下提升策略。需要注意的是,这些策略中有一些仅针对老年学习者,包括教师层面的课前平台操作指导、面向学习过程的学习监控、高质量的学习反馈、课程层面打通课程平台和微信间的障碍。而其他策略则适用于所有的慕课远程学习者。

(一)教师方面提升策略

1. 针对课程学习给予充分的指导

课前学习指导包括平台操作方面的指导和课程学习的指导。对于老年学习者而言,掌握基本的软件操作是挡在慕课学习前的第一个"拦路虎",可以通过问卷、访谈等方式筛选出重点需要操作培训的学习者,给予详细的指导,降低老年人的技术焦虑感,使其掌握基础操作和流程。比如开设专门的微信应用培训、慕课平台应用培训等。同时,开展课程学习指导,推动老年人树立使用网络获取信息和开展学习的观念,向老年人详细解释课程目标和内容安排。在课程学习指导过程中,尝试帮助老年人建立创设成功体验。作为教育改革中的一种新的理念,创设成功经验可以有效提升学生的学习兴趣、学习效果以及学习者的自我效能感。具体操作时,例如在"数码摄影基础"课程中,展示基于课程技巧拍摄出来的摄影作品,或者在课程实施几轮后,展示前期优秀学习者的作品等,让学习者直观感受到完成课程学习后能够提高拍摄能力。或者通过策划与时代相关的主题影展活动,鼓励学习者在完成课程学习后形成作品,从而初步建立起成功体验。

2. 开展面向学习过程的学习监控

网络学习监控是指为了保障学习效果、提高学习质量、达到学习目标,而对学生的网络学习活动以及学习的过程进行的监督和调整的一系列过程。对于开展慕课学习的老年学习者而言,学习自由度高,无学习功利性需求(如获得文凭、参加资格考试等),往往会出现学习动力不足、缺乏自控、课程学习效率低等问题。因此,良好的网络学习监控是保障老年人慕课学习效

果的一个重要因素。从监控的主体来区分,主要包括学生自我监控与他人监控。这里的他人监控主要指教师监控。尽管在具体学习过程中,主要以学习者自我监控为主,但是教师在学习者的学习关键节点期要给予及时监督和反馈。具体操作时,在学习初期提醒学习者及时完成课程视频学习任务,引导学习者积极参与互动讨论,使学习者初步形成课程学习习惯;在学习过程中,可以利用慕课平台的数据监控(包括课程登录次数、资源浏览次数、资源下载次数、参与讨论次数、测验得分等),及时查看学习者的网络学习行为与过程。对于某个学习者,如果出现课程登录次数少、课程参与少等情况时,应及时通过微信或组织互动活动等方式鼓励和吸引学习者完成课程学习。

3. 提供优质的学习反馈

学习反馈是影响学习者学习效果与学习进程的重要因素。李卢一等基于ARCS动机模型,将网络学习反馈分为描述性反馈、评价性反馈、建议性反馈与指导性反馈。根据韦金提出的反馈原则,无论何种反馈都需要注意反馈的几个关键特征,即目标关联性(Goal-Rererenced)——反馈信息一定是跟学习者的学习目标相关联的,如果接受反馈信息的学习者感受不到反馈信息与自己学习目标的关联性,往往就会忽略反馈信息;可察觉性(Tangible and transparent)——便于学习者迅速捕捉或获取;可实践性(Actionable)——有效的反馈是具体的、有用的,可以为学习者提供实践启示用户;友好性(User Friendly)——学习者能够理解的、能够接受的;及时性(Timely)——反馈及时,能够帮助学习者及时调整学习过程;持续性(Ongoing)——学习者不但能接收到反馈信息,同时也有机会利用这些反馈信息;稳定性(Consistent)——反馈信息是相对稳定的、准确的、值得信任的、前后一致的。针对老年学习者,在把握以上反馈原则基础上,可以从如下几个方面重点考虑:①教师要给予老年学习者非常及时的反馈,包括技术性支持和知识服务支持等;②教师要持续性给予反馈,并不断给予鼓励;③在给老年学习者提供反馈时,教师要考虑学习者特点,注意反馈的具体性;④在提供反馈时,教师要重视给予学习者情感性鼓励,关注学习者取得的进步。

(二)老年学习者方面提升策略

在老年学习者方面,结合前期研究中关于影响老年学习者开展网络学习的个体因素和社会因素的研究,可以从以下几个方面进行提升优化。

1. 引导学习者树立良好的学习态度,制定自身学习目标、学习计划

根据老年人慕课学习特点分析可知,老年人参与慕课学习多受自身内在动机的影响,大多没有外在目标、功利需求的限制,因此,在课程学习过程中往往出现学习目标缺失、学习态度不佳等问题。面向老年人的慕课远程学习应在课程开始之前引导老年学习者树立良好的学习态度,帮助其明确自身定位,正确认识到参与慕课学习的价值与意义。在此之后,引导其制定符合自身实际,明确、清晰、易执行的学习目标、学习计划,帮助其在内在动机的引导下获得学习成就感,实现从学有所乐到学有所得的精神飞跃。

2. 鼓励学习者记录笔记

学习者记录和整理笔记有助于对知识内容吸收和内化。已有研究表明,记录笔记可以提高学习者学习效果。而对于老年人,由于记忆力的衰退,笔记的重要性更为突出。因此,教师可以有意识引导学习者在学习过程中正确记录笔记,促进对知识的梳理和理解。笔记记录方法有很多，教师可以开设专项内容，鼓励学习者结合自己已有的学习经验形成自己记录笔记的习惯。具体的记录工具可以根据学习者的偏好进行选择，老年人既可以继续使用传统的纸笔方式，在富有余力情况下也可以尝试使用技术工具（如云笔记、思维导图等）记录学习内容。

3. 鼓励学习者开展高阶思维活动

根据上述课程目标达成度，应当鼓励老年人积极参与高阶目标教学活动（如评价、创造）。这一策略与前面老年人学习适应性研究的结论一致。在具体实施的过程中，教师可以鼓励老年人积极利用微信、慕课平台向大家展示自己在学习课程后创作的作品，鼓励老年人积极开展自我评价与同伴互评，帮助老年人对自己的前进方向进行明确定位，促进共同进步。除此之外，还可以通过设计一定的激励机制和提供学习支架，帮助老年人有信心、有能力参与高阶、深度学习活动。

4. 开展同伴协作活动

根据前面的调查反馈，面向老年人的在线学习有一个重要的突破点，就是如何通过网络互动破解社会孤独感。协作学习就是一种很好的促进情感交流的团队合作形式。老年学习者可以和组内成员围绕学习任务展开互动交流，完成知识的意义建构。具体操作时，教师可以采用拼图分组法的方式进行分组。考虑到老年学习者开展小组学习的经验性不足，教师可以在开展活动之初引导学习者制订组内活动计划完成组内成员分工，并在小组交流过程中鼓励学习者积极回应组内其他成员的问题，彼此互相交流经验，互相激励评价。例如，在摄影课中教师无法兼顾评价每个摄影作品时，可以通过学习者互评的方式解决评价难题；另外，还要鼓励成员之间互相监督、鼓励、提醒，形成学习互助氛围。

(三) 课程资源方面提升策略

老年学习者对课程的反馈，主要集中在课程资源和慕课平台两方面。

1. 课程资源

在已有资源基础上，继续丰富资源的数量和形式。以"数码摄影基础"为例，可以使用一些动画形式促进老年学习者对理论知识（如曝光度）的理解；采用交互课件或设计虚拟仿真环境的方式引导老年学习者开展一些模拟互动操作，提高学习的趣味性等。

2. 慕课平台

首先，通过技术手段，进一步完善平台功能，让平台更加好用、实用。努力打通慕课平台和微信间的障碍或尝试通过微信公众号、视频号等代替老年人不熟练的慕课平台传递课程内容，降低老年学习者在学习过程中的认知负荷，改善学习体验。

其次，利用大数据分析慕课平台不同老年学习者的学习起点水平，并将其进行分类。在此之后，根据不同老年学习者的学习起点水平，通过慕课平台向老年学习者推送个性化、不同难度的学习资源，使每位老年学习者都能在学习中获得自身成就感与满足感，进而不断提高其学习动机。

第九章 老年人慕课混合式学习模式设计与实践

第一节 混合式学习模式

"混合式学习",由英语中的"Blended Learning"翻译过来。国内学者一般将其译为"融合式学习""混成学习""混合式学习"或"混合学习"等。混合式学习是在 E-Learning 的使用和实践中逐步提出的,是网络学习与传统教育模式相融合的一种学习方式,其既能发挥传统的面对面的课堂学习优势,又能使学习者从在线学习方式中受益。

一、混合式学习的提出及其内涵

混合式学习最早用于商业培训,美国培训所 The Training Place 认为,混合式学习可以培养员工包括交流、处理复杂事务、个性化展示以及小组协作在内的学习能力,从而达到企业绩效目标。

对于混合式学习的内涵进行理解,国外学者主要关注其内容及实施过程。柯蒂斯认为,混合式学习方式是面对面的学习与计算机辅助学习的结合。布林指出,混合式学习是将线上与线下的学习活动、学习资源相结合的学习方式。美国学者奥利从教师、学生和教学管理者三个方面解释了混合式学习,认为混合式学习能够对学习资源进行科学的组织和优化分配,要关注学生的学习风格和知识结构。另外,混合式学习还包括不同的学习方法与不同的技术和不同的学习环境的混合。美国学者霍夫曼认为,混合式学习把教学过程分解为若干模块,然后利用互联网技术和信息技术对模块进行不断优化和重组,再选择合适的多媒体形式呈现给学习者,从而提升学习者的学习兴趣,提高学习质量。

相比国外,国内学者们更多地关注于混合式学习的作用。何克抗认为,混合式学习是把传统学习方式与在线学习的优势相结合,既突出教师的主导作用,又体现学生的主体地位。黎加厚指出,混合式学习就是通过把各种教学要素组合,以达到教学目标。整体来看,混合式学习的关键是通过学习内容的混合、学习活动的混合、学习策略的混合、学习活动的混合等达到最优的学习效果。

二、混合式学习的优势

相对于传统的课堂教学和在线学习,混合式学习的优势主要体现在个性化、高效率的学习过程和全过程、多元化的学习评价两方面。

(一)个性化、高效率的学习过程

在传统的课堂教学中,由于教学资源有限,教师往往采用统一的教学模式和学习方法对待学生,不可能做到因人而异。而在在线学习中,学习者在学习过程中遇到困难缺乏教师的指导,学习效果往往也不尽如人意。

混合式学习解决了这些问题。在混合式学习中,教师既可以借助在线学习平台为学生提供个性化的学习资源,又可以通过线下的面对面课程了解学生的真实情况,针对不同学习者的具体问题给出个性化的指导意见。除此之外,通过网络技术,在线学习平台会将学习数据完整记录下来,通过大数据进行分析,形成学习者画像,提供给教师并以此来完成线下教学活动的改进,促进学习者个性化学习过程的实现,使教学方案与学习者的学习需求相契合,从而提高学习者的学习质量和学习效率。

(二)全过程、多元化的学习评价

传统的教学评价大多采用试卷来对学习者的学习效果和学习质量进行评价,但由于题目类型、内容、覆盖面等多方面因素的影响,这种结果导向的评价方式还存在一定的不足。而由于在线学习对学习者的自控力要求较强,部分学习者往往敷衍了事,其评价的准确性仍有待提高。

混合式教学对其进行了改进,通过在线学习平台数据统计、网上作业评测等功能,学习者的学习过程和学习结果被完整地记录了下来,结合线下教学评价,形成一种面向学习过程的全过程、多元化评价体系。这样做能充分发挥学习评价导向、激励、反馈、调控等作用,提高评价的准确性,促进教学活动更好地开展。

三、混合式学习相关研究

国内方面,袁磊等人提出了微信支持的混合式学习模式,其采用课前在线自学、课中线下协作以及课后在线深化的学习方式,对学习者的学习产生了巨大的帮助。史玉新和樊旭将混合式教学划分为前期分析设计、在线学习、面授讨论以及评价四个阶段,构建了基于建导的混合式学习模式,着重发挥了教师的引导作用。王建明和陈仕品针对课前、课中、课后三个教学阶段设计了基于线上课程和工作室制度的混合式教学模式,实现了面向教学过程的全程监控,培养了学生良好的学习习惯,提高了教学效率。谭伟、顾小清采用文献分析和基于设计的研究等方法,提出了基于评价的混合式教学模式,在此基础上制定了相应的教学效果评价指标并对其进行了验证。邢丽丽借助智慧教学平台和学习工具构建了包括自主在线学习、线下大班讲授、在线专题讨论以及线下小班讨论的混合式教学模式,并通过实验研究验证了该模式的有效性、提高了学生的学习效果。除此之外,面向老年教育,温小凤提出了线上学习与线下奖励相结合,线上推送与线下教学相补充,线上班级管理与线下体验活动相配合,同步、异步在线教学与线下体验教学相融合的教学模式,为老年教育的发展提供了新的方向。

国外方面,霍恩和斯特克发现,混合式学习模式能够让学生通过学习时间的自主控制,获得一种全新的学习体验;帕帕诺从学生的角度出发,通过对学生进行问卷调查,发现学生对混合式学习的评价很高,在线学习的灵活性和便利性受到了很多学生的认可;拉费朗斯等通过邮件采用开放式的问题从教育管理者的角度研究了加利福尼亚公立学校在线学习和混合式学习的现状,发现混合式学习能够给教师和学生带来更多的主动性和创造性,并得出混合式学习的学习效率和学习质量明显优于在线学习。

四、基于慕课的混合式学习模式

(一)基于慕课的混合式学习一般流程

作为近年来新兴的一种在线课程形态,慕课为混合式学习的开展提供了新的思路。基于慕课的混合式学习是指在传统学习模式下引入优质慕课资源,帮助学习者跨越学习障碍并对所学知识建立起系统、完整认知的教学过程。

在此基础上,基于慕课的混合式学习一般流程与混合式学习流程基本一致,主要包括课前通过慕课平台自定步调,参与如浏览资源、测验、在线讨论等相关学习活动,完成在线自主学习;课中进行线下面对面教学解答疑惑、协作讨论以及课后基于慕课平台进行知识深化三部分。

(二)基于慕课的混合式教学设计特点

1. 线上教学情景与线下教学情景相互融合

在传统课堂中,依托互联网的线上教学情景大多是服务于线下面对面教学、甚至仅作为一种多媒体教学资源而存在。慕课的出现使学习者能够依靠线上教学情景在任何时间、任何地点完成独立自主的学习,展现了"互联网+教育"的时代特征。基于慕课的混合式教学设计融合了传统线下教学情景与慕课线上教学情景的优势,提高了教学设计中学习者学习方式与学习内容的灵活性,保障了学习者学习过程中更加优质的学习体验。

2. 学习资源重组与教学设计重构

在线上、线下教学相互融合的情境下,我们既需要关注学习资源的重新组织,又要关注教学模式及教学策略的重新设计。

首先,在学习资源的重组中,教师需要依托互联网中丰富的在线课程资源完成学习资源的挑选,寻找并挑选出贴近教学目标、符合学生认知水平的优质教学资源。必要时,还需对其进行适当加工与裁剪。

其次,在教学设计的重构中,与基于慕课平台的在线教学设计不同,在混合式教学设计中,学习者可以通过线下学习活动实现对线上学习内容的深层加工,从而获得更有意义的学习体验。而这种线下学习活动既包括由教师引导的学习内容的反思活动,又包括与线上学习内容高度相关的同伴协作活动。教师需要充分发挥线下教学的优势,结合线上慕课学习内容,形成课程教学设计方案。

3. 面向完整的学习过程

在基于慕课的在线学习模式中,学习者可以自主选择学习资源完成知识建构,其学习大多受兴趣的驱动,学习完成率较低。而在线下面对面学习模式中,学习者的学习受教学评价的驱动,且受制于教学评价,学习完成率相对较高,但主动完成知识建构的行为相对较少。

在此基础上,基于慕课的混合式学习模式需将建构知识作为主线贯穿于学习者的整个学习过程,利用学习者线上与线下教学情境中获得的经验支持其建构新知识,实现在任意时间和地点不断完善和延续知识建构的过程,使学习者线上与线下教学情境中的行为融合统一。

4. 重视线上教学和线下教学的有效衔接

基于慕课的混合式学习中,教师在制定教学设计时要重点关注学习者学习知识与掌握技能两者间的有效衔接。在线上教学中,学习者通过观看教师重新组织的慕课资源自主学习新知识,并在此之后参与由教师精心设计的其他教学活动,例如小组协作学习任务、线上作业、测试等,以掌握运用新知识的技能。在线下教学中,教师结合学习者的慕课学习活动,采用经验分享、师生交流、思维拓展等活动,完成对学习者所学知识内容的重点辨析、迁移运用以及整理归纳,使得学习者的线下认知行为与线上认知行为相互关联呼应,从而促进线上教学和线下教学的有效衔接。

第二节 翻转课堂模式

一、翻转课堂的概念及发展历史

(一)翻转课堂的概念

翻转课堂又称"颠倒课堂",由英语"Flipped Classroom"或"Inverted Classroom"翻译而来。对翻转课堂的概念进行解释,国外方面,美国较早地实践翻转课堂的亚伦·萨姆斯认为,翻转课堂就是通过在课前完成知识内容的学习,在此之后,将课中节省下来的时间用于满足学生的不同需求,实现个性化教学。英特尔全球教育总监布莱恩·冈萨雷斯认为,翻转课堂是将传统课堂中知识讲授的环节放在课堂外,学生可以根据自身的学习情况,按照适合自己的学习节奏完成知识内容的学习;课堂上,学生和教师、学生进行协作交流,探讨、解决学习过程中遇到的问题,以便帮助学生更好地进行知识的内化。国内方面,清华大学信息化中心的钟晓流等人也对翻转课堂下了定义,他们认为,翻转课堂是依托于教育信息化的大背景,教师需要在课前根据所学内容设计、开发、制作有针对性的视频等学习资源,并将这些资源上传至公共平台供学生进行学习。学生则需要在上课前通过登录平台完成对视频等资源的学习,以掌握新知识;课堂上,师生要做的是交流互动,通过师生交流、生生交流、小组协作解决学生学习过程中遇到的问题。

总体来说,翻转课堂与传统课堂教学模式相反。作为一种新型的教学模式,翻转课堂是指借助现代信息技术,在课前,教师为学生提供自主学习的视频资源,学生观看教学视频、与同学交流、上网查阅资料,学习、理解新知识;课堂上,师生主要进行作业答疑、小组合作和互动交流等活动;课后,学生根据自己的实际情况,自定步调进行学习,完成知识内容的深化。翻转课堂的实施,充分考虑了学生的个体化差异,促进了差异化教学的有效进行。

(二)翻转课堂与传统课堂的比较

根据已有文献,从课堂的安排和课堂要素两方面对翻转课堂和传统课堂进行比较。

首先,在课堂安排上,传统的教学模式为"预习—教师讲解—学生练习"三阶段,翻转课堂的教学过程为"学生观看视频学习、完成视频中的练习—教师对学生提供帮助、指导学生对所学知识进行内化和吸收"。具体情况如表9-1所示。在课前预习阶段,传统课堂上,学生通过自己阅读材料来了解所学内容,教师不能得到有用的反馈信息,以判断学生的预习效果;翻转课堂上,学生通过阅读教材、学习资料以及观看视频完成对新知识的学习,教师通过分析学生自学过程中的测试结果掌握学生的自学情况,适当调整教学内容侧重点,并进行针对性地教学。在课中,传统课堂的教师讲授全部的教学内容,并帮助学生理解所教内容;而翻转课堂则是在课堂上通过教师答疑、师生交流、生生交流、教师讲解等方式,解决学生的疑惑,帮助学生理解所学内容,进而达到深层次的理解。在课后阶段,传统的课堂学生在课后主要是完成由教师布置的习题来巩固所学的新知识,这一环节教师不会提供指导,在翻转课堂教学模式中,学生课后通过完成作业来进行知识的内化和吸收,教师能够通过网络给学生提供指导和帮助。总的来说,"翻转课堂"使得个性化学习得以实现,使教学更具有针对性,教师不再以讲授内容为主,而是引导学生完成自主学习;学生也不再盲目被动地听课,而是主动参与到课程知识的建构中来,这种教学模式激发了学生的学习兴趣,大大提高了教学效率。

表9-1 翻转课堂与传统课堂的差异表

教学环节/环境			传统课堂	翻转课堂
课前	预习	作用	初步了解所学内容	掌握学习内容中的基本知识和能力,基本完成学习要求
		方式	自己阅读教材	阅读教材及其他材料、观看视频
		反馈	无	通过测试即时了解学生学习结果
	练习	作用	无特别要求	通过配套习题或测试,帮助教师在课前掌握学生的学习情况,调整课堂的教学活动,并更有针对性地实施教学
		方式	学生自己做题	在线习题或测试
		反馈	无	及时反馈,及时统计结果
课中	讲解	目的	帮助学生理解所教内容	解决学生课前所产生的困惑,引导学生总结和提升所学内容
		内容	全部内容	学生预习后出现的问题和产生的困惑,对所学内容的深层理解
		方式	讲授为主	答疑、研讨、讲授并用
课后	作业	目的	巩固理解	引导学生对所学内容进行反思、总结和提升
		形式	教师布置习题学生独立完成	课后习题、研讨等
		指导	无	教师通过网络提供在线指导
	平台		无需平台	需要网络教学平台,用于发布学习指导、学习资源、教学视频、在线测试及测试结果的即时统计、反馈

其次,在课堂要素上,如表 9-2 所示,随着教学过程的颠倒,课堂要素也随之发生了改变。首先,教师的角色发生了转变。在传统的课堂中,教师是知识的传授者、课堂的管理者;而在翻转课堂中,教师则成为了学生学习的指导者和促进者。其次,学生的角色也发生了转变,学生不再被动地接受知识,而是主动地参与学习,成为学习活动的主角。除此之外,翻转课堂将课前、课中学习活动颠倒,对课堂时间进行了重新分配,减少了教师讲授的时间,增强了学生的互动性,促进了学生对知识的理解,也帮助教师更好地进行绩效评价。在这个过程中,学生也能根据教师的评价反馈,更加客观地了解自己的学习情况,及时调整学习状态。

表 9-2 传统课堂与翻转课堂中各要素的对比表

课堂形式	传统课堂	翻转课堂
教师	知识传授者、课堂管理者	学习指导者、促进者
学生	被动接受者	主动研究者
教学形式	课堂讲解+课后作业	课前学习+课堂探究
课堂内容	知识讲解传授	问题探究
技术应用	内容展示	自主学习、交流反思、协作讨论工具
评价方式	传统纸质测试	多角度、多方式

(三)翻转课堂的发展历史

如表 9-3 所示,通过分析相关文献,将翻转课堂的发展分为起源、发展以及推广三个不同的阶段。

表 9-3 "翻转的"课堂的发展历程

阶段	时间	人物	"翻转的"课堂的发展历程
起源阶段	1991 年	埃里·马祖尔	在"普通物理"教学中发现,计算机辅助教学可以使学习者更积极地参与到教学中,从而实现对学习者个性化指导
	1996 年	莫林·拉赫、格伦·普拉特	在大学实验中应用翻转课堂
	2000 年	韦斯利·贝克	构建"翻转课堂模型"
发展阶段	2007 年	乔纳森·伯尔曼、亚伦·萨姆斯	通过视频将课件录制下来并上传至公开平台供学生学习
	2011 年	Salman Khan	TED 发表主题为"让我们用视频重造教育"的演讲,引起全球教育工作者对"翻转的"课堂的高度关注
推广阶段	2012 年	张跃国、张渝江	总结出了翻转课堂实际操作的三个"翻转"、课前四环节、课堂五步骤和六大优势
		黎加厚	多次公开讨论"翻转课堂"
		"翻转的"课堂年会	讨论了如何制作和发送视频资料、利用"翻转的"课堂进行无缝衔接,以及"翻转的"课堂未来发展等问题

1. 起源阶段

根据已有文献,研究者对"翻转的"课堂的研究最早发生在1991年。哈佛大学教授埃里·马祖尔在教学中发现:相较于传统课堂,在教学中使用计算机能够提高学生学习的积极性,同时,计算机辅助教学能够针对学生的不同特点,提供个性化的指导。因此,他提出了一个问题——我们能否"教会"计算机进行教学呢?他认为,我们已经发现了一种新的教育模式,教育过程中将离不开计算机的支持,计算机在教学的过程中不会完全取代教师的地位,而是作为一种辅助教学的重要工具。

1996年,莫林·拉赫和格伦·普拉特首次提出翻转课堂的设想并将其应用于大学实验中。2000年4月,韦斯利·贝克构建出"翻转课堂模型"(Model of Classroom Flipping)以促进学习者的线上、线下交流与合作。

2. 发展阶段

翻转课堂的发展集中于2006—2007年。2007年,美国化学教师乔纳森·伯尔曼和亚伦·萨姆斯针对学生缺课严重的问题,通过视频软件将课堂PPT课件进行录制,并配以声音讲解,此后将视频上传至平台帮助缺课学生完成学习。这种教学方式受到了一致好评。在此之后,这种模式逐渐发展成为学生课前在家观看视频进行学习,课堂上,教师针对学生遇到的问题给予辅导。伴随着互联网的发展,翻转课堂教学模式在美国逐渐流行开来。

3. 推广阶段

2011年,萨尔曼·可汗在TED发表主题为"让我们用视频重造教育"的观点,引起了全球教育工作者对"翻转的"课堂的高度关注。在国内,2012年,张跃国、张渝江在教学实践中总结出了翻转课堂实际操作的三个"翻转"、课前四环节、课堂五步骤和六大优势。黎加厚教授在其东行记、金陵叙事、教育技术ET等知名博客多次讨论"翻转的"课堂。2012年,"翻转的"课堂年会中,讨论了如何制作和发送视频资料,利用"翻转的"课堂进行无缝衔接,以及"翻转的"课堂未来发展等问题。由此,翻转课堂逐渐推广开来。

二、翻转课堂相关研究

通过对已有文章进行总结,本节将从翻转课堂教学模式以及翻转课堂的优势与挑战两个方面对翻转课堂的相关研究进行梳理。

(一)翻转课堂教学模式研究

2011年,美国罗伯特·塔尔伯特教授在其所任大学的多门课程上实施翻转课堂教学,并根据自己多年的经验总结了翻转课堂教学的实施模型,具体如图9-1所示。主要包括课前的视频学习、针对性练习两个阶段,以及课中的快速测评、解决问题知识内化和总结反馈3个阶段。通过实验验证,该模式取得了良好的教学效果。

2012年,张金磊等人在罗伯特·塔尔伯特等学者研究的基础上,根据翻转课堂的内涵和建构主义学习理论、系统化教学设计理论,提出了更为完善的教学模式,如图9-2所示。这种由信息技术和活动学习支持的教学模式促进了学生个性化协作学习的开展。

2014年,董黎明在罗伯特·塔尔伯特教授、张金磊模型的基础上,提出了突出"技术下支

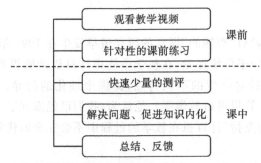

图9-1 翻转课堂教学模式(罗伯特·塔尔伯特)

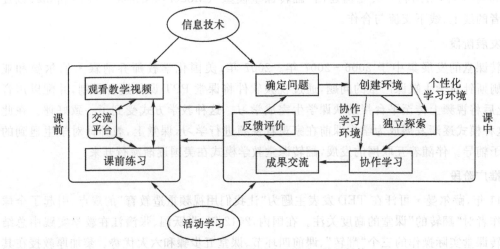

图9-2 翻转课堂教学模式(张金磊等)

持的师生双边活动"的翻转课堂教学模式,如图9-3所示。该模式由课外和课中两个阶段组成,每个阶段中分别包含了教师和学生不同的活动,详细描述了在课堂应用中的具体步骤和各活动之间的关系,为翻转课堂在教学中的推广应用发挥了重要作用。

总体来说,现有的翻转课堂教学模式大多注重教学理念和教学理论的应用,对教师和学生的关注较少,过分强调模型本身的完整性而对模型的评价和推广研究较少。未来研究需针对不同模型特点开展相应的实践,在实践中对模型进行进一步的改进和优化,促进教育教学活动更好地开展。

(二)翻转课堂的优势与挑战

1. 翻转课堂的优势

梳理已有文献,本节将从教师、学生、课堂教学几个层面对翻转课堂教学模式的优点进行说明。

(1)教师层面

①翻转课堂一改教师"满堂灌"的教学形式,采用学生课前预习、教师上课解答疑问的形式,增加了教师与学生、学生与学生之间的交流,让教师更好地了解自己的学生。

②在翻转课堂教学准备过程中,教师可以通过网络获取优质教学资源,并向其学习以改进

第九章 老年人慕课混合式学习模式设计与实践

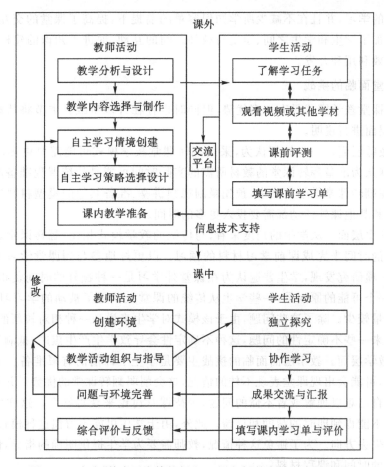

图9-3 突出"技术下支持的师生双边活动"的翻转课堂教学模式

自己的教学，促进了教师的职业发展。

③翻转课堂也改变了教师的角色。教师不再是知识的传授者，而是学习者的支持者和指导者。换言之，教师不再是知识互动和转化的中心，而是学生学习的主要推动者。

(2)学生层面

①翻转课堂教会学生对自己的学习负责。在翻转课堂中，学生的学习不再仅依托于教师的讲授，而是更多地依靠于自身的主动学习。在这个过程中，学生需要根据自身情况，确定自身学习节奏，肩负自身学习责任，成为真正的学习者。

②翻转课堂满足学生的个性化学习，为学习困难的学生提供了帮助。不同学生的学习能力不同，导致其面对新知识的接受速度也不尽相同。在翻转课堂教学中提供的视频、课件等学习资源，使得学生可以根据自身的情况，调整学习的速度，完成课前知识的学习，也为学习困难的学生掌握所学知识创造了一定的条件。

③翻转课堂提高了学生的学习效果。翻转课堂采用课前个性化自主学习＋课中知识内容深化的方式，借助主动学习策略，这种方式相对于传统教学方式，能大大促进学习者间课中更加深入地思考交流，促进更高阶学习目标的达成。

(3)课堂教学层面

首先，翻转课堂重新分配教学时间，使课堂被高效利用。学生不仅在课前自主完成了传统课堂教学内容的学习,并且在不减少所学知识容量的前提下,提高了课堂的交互性。其次,翻转课堂教学增加了学生和学生之间、学生与教师之间的互动,促进了知识的建构生成,促进了课堂教材的有效利用和开发。

2. 翻转课堂面临的挑战

尽管翻转课堂教学模式具有许多优势,但同时也存在许多挑战。本节将从教师、学生、教学、技术几个层面进行说明。

首先,在教师层面。一些教师认为,采用翻转课堂教学模式可能需要更多的时间和工作量。万纳、帕默认为准备翻转课堂的教材所需的实际时间可能是传统课程准备的近六倍。对于教师而言,在翻转课堂教学模式中,预先录制视频讲座、准备其他的模型材料以及设计适当的配套测验题和其他课外活动都需要投入更多的时间。

其次,在学生层面。从学生的角度来看,与传统的教学模式相比,翻转课堂教学模式使得学生需要更多的时间来完成课前学习材料的预习。以更好地参与到课堂学习中。关于这一点,史密斯的一项研究发现,学生普遍认为在课堂外学习是一种额外的时间负担。根据 Chen 等的研究,另一个可能的原因是,一些学生从传统的课堂上获得了被动的学习习惯,学习需要的时间和工作量较少。除了这些问题,由于该模式对学生来说是一种相对较新的方法,所以可能会给课堂带来一些不确定性的问题,这种不确定性会导致学生产生焦虑、抵制等心理。

第三,在教学层面。教学层面面临的挑战主要是学生上课前的有限准备。如果学生不花时间在家学习,可能会出现课堂表现不佳的情况,这会削弱翻转课堂的优势。并且学生通常需要在课前记下自己难以理解或者不懂的问题,等待课堂讨论来获得答案。这样的方式使得学生在家学习时不能得到即时的帮助和反馈。此外,由于学生可能不习惯这种模式,他们可能会在翻转模式中失去方向。为了避免这种情况,教师需要为学生提供明确的指导,说明他们应该如何利用课前的时间和课程材料。

最后,在技术层面。相当多的研究报告显示,课前所学视频课程存在音频质量差、乏味、枯燥等问题,这会对学生参与翻转课堂学习产生负面影响。除此之外,朱利亚诺和莫斯发现,课前所学视频的长度与学生观看视频的百分比成反比关系。关于这一点,巴塔利亚、卡雅和梅森等建议,考虑到大多数学生的注意力,视频的长度不应超过20分钟。

三、翻转课堂与混合式学习

对翻转课堂教学模式进行分析,乔纳森·伯尔曼和亚伦·萨姆斯认为,翻转课堂的实践,有助于混合式学习的实现。

第一,翻转课堂教学模式将"学生在课前观看视频+在教师指导下完成作业"结合起来,具有混合式学习的特点;第二,由教师自行挑选、开发、制作翻转课堂教学视频,促进了师生之间的良好互动,提高了学生的学习效果;第三,翻转课堂教学模式能保证学生自主学习,促进学生个性化学习。

第三节 基于慕课的翻转课堂

一、基于慕课的翻转课堂的概念

基于慕课的翻转课堂采取"家校翻"的形式。其根本目的是满足学生多样化的学习需求。在实施翻转课堂的过程中,慕课作为主要的学习资源,学生在课前对慕课资源进行观看学习,完成练习并在课中参与讨论,与师生进行互动交流。基于慕课的翻转课堂可以有效地实现个性化学习,学生可以根据自己的兴趣爱好选择合适的课程,在课堂上进行讨论和交流,充分体现"家校翻"的模式特点。在这个过程中,实现这种模式的方式主要包括两点:首先要多做质量高的课程,丰富慕课体系,使学习者可以根据自己的兴趣、需要选择观看;其次是将同伴教学的模式应用在慕课中,让学生互相帮助。例如,"小组合作交流学习""小组互讲互评"等。

二、基于慕课的翻转课堂的重要意义

(一)慕课支持的翻转课堂有利于培养学生的高阶思维

布鲁姆将认知领域的教育目标分为六个层次:知识、领会、应用、分析、综合和评价。在此基础上,安德森从记忆、理解、应用、分析、评价和创造等方面对其进行了修订,并在知识维度上增加了元认知知识。

相关文献表明,在发达国家实施的基于慕课的翻转课堂取得了良好的效果。慕课支持的翻转课堂不仅能提升学生的学习质量,还能强化学生的学习动机,增加师生、生生间的互动,使学习者掌控自己的学习进程,成为学习的中心,从而更有利于培养学生的高阶思维。

(二)慕课支持的翻转课堂是实现差异化教学的有效方法

差异化教学是指教师在教学过程中,充分考虑到学生的认知发展水平、学习兴趣等,对学生进行个性化教学、因材施教,使得学生有效掌握知识。

在基于慕课的翻转课堂学习中,课前,学习者可以根据自己的学习节奏,自主学习丰富的网络课程,满足自身个性化学习,培养自身学习兴趣;在课中,教师可以对学习者课前学习中遇到的问题进行指导,实现针对不同学习者的差异化教学,提高教学活动效率,提升教学活动质量。

(三)慕课支持的翻转课堂有助于提升老年人学习质量

老年人不同于年轻人,其学习过程面临着诸多问题,如记忆力衰退、学习时间有限等。对绝大多数老年人来说,看似非常简单的内容,却需要教师一遍又一遍重复地进行讲解,有时更需要面对面地进行指导、演示,学生可能因为反应较慢,一个简单的操作步骤没跟上就直接影响到后面的学习进程。而对老年人的学习目标进行分析,其学习目标旨在实现老有所学、老有

所乐。如果在学习的过程中获取知识的途径少、知识掌握困难,则很有可能导致其放弃学习。

基于翻转课堂的老年人学习恰好解决了这一问题。课前丰富的学习资源为老年人个性化学习提供了支持,而课堂上大量的时间则可以帮助其解决课前学习中遇到的问题,加深对知识的理解、内化、吸收,从而提高老年人的学习积极性和学习兴趣。将翻转课堂应用于老年教育中,能有效地解决在实际教学活动中由于层次不同、进度不同等存在的问题,逐渐优化老年教学的发展,改善传统的教学方法,提高老年大学的教学质量,丰富老年教育教学形式,促进老年教育更好地改革发展。

三、基于慕课的翻转课堂的教学结构

易庆竑在"双主教学模式"的基础上,吸取塔尔伯特翻转课堂结构核心要素,提出基于慕课的翻转课堂教学结构(见图9-4)。

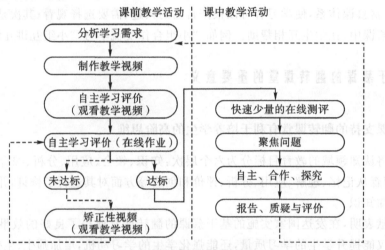

图9-4 基于慕课的翻转课堂教学结构

基于慕课的翻转课堂教学结构分为两大部分,课前教学结构和课中教学结构。课前,教师对学生兴趣、需求等方面进行分析并制作出教学视频,这一环节,教师应从现实生活中具体的问题出发。在开发、制作教学视频的过程中,首先必须明确教学目标、教学重难点;其次,要考虑教师、班级的差异,为学生的"走班"创造条件;第三,还要考虑学生自身的因素,为满足学生的个性发展,提供丰富的学习资源;第四,记录学生的学习过程,生成样本数据。在此之后,学生通过自主学习、观看视频,完成在线作业,检验自身学习成果,系统根据学生的作业完成情况,评价学生是否达标。不达标的学生重新观看视频,进行矫正性学习,学习后完成作业并重新进行测评直到达标;达标的学生进入课中教学中的快速少量在线测评环节;课堂上教师引导学生聚焦主要问题,让学生通过讨论、交流协作的方式来解决这些问题,并生成报告,根据报告内容提出该学习过程所存在的问题及相应的解决方案,鼓励进行自评、互评。

第四节 面向老年人的翻转课堂学习模式设计

在实施远程学习模式后的访谈中,研究团队发现,老年人提出了一个具有代表性的诉求,即线上不能完全取代线下。其中学员 L 的观点很有代表性,"我们很多人去老年学校就是想找些同龄人,一起学习,一起聊聊天,乐呵乐呵"。这种情感交流、互动社交的诉求,在线是无法完全满足的。另外,在实践中与老年学校两门课程的教师沟通发现,由于老年人各项生理机能下降,对于新知识的学习相对较慢,"一个内容常常要反复教,经常在下课后,很多老人会围着我们(任课教师)继续问问题,所以课程经常会拖堂"。在此背景下,为了提升老年人在校学习的学习效果,进一步优化面向老年人的慕课学习实践方式,研究团队尝试了面向老年人的慕课混合学习的设计与实践。在具体设计和实施时,主要吸收和采用了翻转课堂这一典型混合式学习方式来开展。

在参考已有研究基础上,结合本研究中的研究对象和内容,提出以下翻转课堂学习模式。该模式从时间和空间上,翻转了传统的教学过程。该过程主要包括三个教学阶段,即教学资源选取、课前知识传递,以及课中知识内化。下面以"数码摄影基础"课程为例,具体进行说明。

一、教学资源选取/开发

用于翻转课堂教学的资源,既可以从网上遴选内容,也可以自行开发,在本研究中,选取的是由研究团队与老年学校的课程主讲教师合作研发的"数码摄影基础"课程,课程根据教学目标、教学重难点进行了课程内容设计和任务设计,具体设计见图 9-5 部分内容。

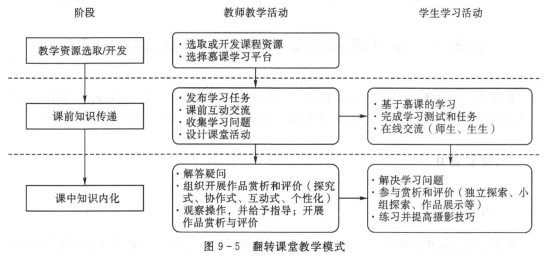

图 9-5 翻转课堂教学模式

二、课前知识传递

资源选取或开发之后,由教师向学员开设慕课课程学习权限,学员可以在慕课平台上开展自主学习。具体实施时,可以由教师通过微信或邮件发布课程链接,学员通过点击链接加入课程。学生每周学习一节课程视频,完成视频过程中的测试及教师课前发布的课程学习任务。学习任务主要是实操性任务,即利用学习的理论知识,完成主题拍摄。在学习过程中,学员可以进行独立思考,遇到问题,可以通过微信群或平台与同伴或者授课教师进行交流、沟通。在这个过程中,教师需要收集学员提出的问题,并据此开展课程教学设计。

三、课中知识内化

对于数码摄影基础课程,课堂上的知识内化主要是通过答疑,组织探究、协作、互动、个性化的课堂活动来欣赏和评价摄影作品,以及练习摄影技巧。在这个过程中,课程教师会帮助学员强化学习内容并给予反馈。

在答疑环节,老年大学教师通过平台上的学员学习数据(学习测验、任务完成情况、问题记录),甄别典型问题,课堂上教师针对这些问题进行解答。具体操作时,对于困难度较高的知识点,教师可以直接进行讲解;对于可能由于疏忽大意导致的一些错误,可以启发学员独立思考分析,再进行解答。

在作品赏析和评价环节,活动可以由多种形式组成。一是教师主评,由教师主要进行点评;二是学员主评,具体可分为个体评价和小组评价,可以提前进行学习小组分组,组员内进行互评,然后再面向全班进行点评汇报,最后由教师进行点拨和总结。

在练习并提高摄影技巧环节,主要是结合课前学习的知识内容,课上的理论学习和讨论,再次开展拍摄操作,以优化自己的拍摄技巧和技能。教师也可以通过课堂观察,对学员操作有困难或操作不规范的地方,给予针对性指导。在完成拍摄后,可以重复"作品赏析和点评"活动环节,开展作品评论。

第五节 基于慕课的翻转课堂学习模式实证研究

本研究主要围绕"翻转课堂模式下,老年学员的学习效果如何"这一核心问题,开展设计与实证,重点关注学生的学习投入情况、摄影作品表现,以及课程学习的效果与挑战等方面。

一、实验设计

(一)实验对象

本次实验在某市某老年大学进行,学习内容是数码摄影基础知识,课程实验对象为某老年大学的摄影班成员。2021年初,受疫情影响,授课形式限制为小班教学,教师在考虑老年人性别及个人意愿基础上将学员随机分成两个小班,一个班12人、一个班13人。学员均为零基础学习该课程,学员的人口统计学特征如表9-4所示。

第九章 老年人慕课混合式学习模式设计与实践

表9-4 老年学员基本信息

班级	性别		平均年龄
	男性	女性	
班级1.0	3	9	64
班级2.0	3	10	63

在课程开始前,由课程教师现场安排学员在线下完成了理论测试(一套包括10道客观题的试卷)和操作测试(拍摄一张指定主题照片),测试要求当场提交。通过统计学习者的理论成绩(试卷得分)以及操作成绩(照片得分),确认两组学习者学习水平相当,无显著差异。具体测试成绩 t 检验结果如表9-5所示。

表9-5 分班测试 t 检验结果

成绩	所属班级($M\pm SD$)		t	p
	1.0($n=12$)	2.0($n=13$)		
理论成绩	61.67±7.18	57.69±8.32	1.274	0.216
操作成绩	87.92±3.70	86.46±4.39	0.892	0.382

* $p<0.05$ ** $p<0.01$

(二)研究设计

如图9-6所示,为了评估翻转课堂教学方法有效性,本研究采用准实验设计,将两个班分为实验组和对照组。

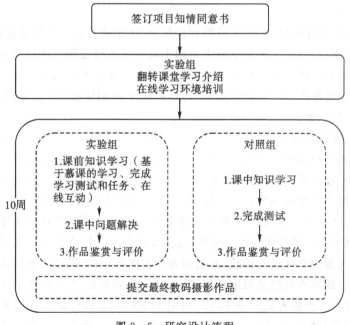

图9-6 研究设计流程

首先,在分组后,课程开始前,研究团队和老年大学数码摄影教师向学员介绍了本次研究的目的、过程以及课程安排(包括课程内容、时间安排、评价等)。在此之后,研究团队和学员签订了项目知情同意书。

在此之后,基于翻转课堂学习与传统学习的区别,将翻转课堂的学习过程介绍给实验组的高年级成人学习者。此外,对实验组的高年级成人学习者进行了时长约1小时的在线学习环境课前培训,详细指导他们掌握MOOC平台的基本操作,如登录、观看视频等。

本次课程为期10周,每周一次课,每次两节课,每节50分钟。两个班均由一位老师开展教学,该教师为某媒体行业提前退休人员,退休后担任老年学校的摄影课程专任教师,具备10年的教学经验。该教师具备很好的信息素养基础,可以熟练操作MOOC平台,能够驾驭基于MOOC的翻转课堂教学模式。两个班的数码摄影学习(包括学习内容、任务等)完全相同,只是教师的教学方式不同。实验组($n=12$)采用翻转课堂模式,主要包括课前知识学习、课中问题解决以及鉴赏评价与反馈。对照组($n=13$)采用传统教学模式,主要包括课中知识学习、完成测试以及鉴赏评价和反馈。课程结束后,两个班的老年学员都被要求提交最终的数码摄影作业。

研究期间共收集了五种数据:包括基于老年学员的课堂学习投入问卷数据、课堂观察、微信交流、访谈和摄影作品的数据。在此之后,采用IBM SPSS 20对学生学习投入、摄影作品等数据进行分析,其余数据由两名研究人员根据预先确定的规则进行编码和分析,以确定翻转课堂对老年学员数码摄影学习的影响。

(三)研究工具

除学习资源和平台外,本次研究共涉及6种研究工具,主要包括数码摄影作品评价量规、学习投入度调查量表、课堂互动分析编码系统、课堂观察表、课后学习互动编码表(见第八章)以及课后访谈大纲。

(1)数码摄影作品评价量规:包括教师评价量规(用于教师对学员作品进行打分)和学生评价量规(学生之间作品互评)。评价量规主要用于对学员的摄影作品进行评定。该量表由学科教师和研究团队参考已有研究后制定。主要包括技术性和艺术性两个维度,每个维度满分50分。技术和维度包括曝光、对焦、色彩还原、主体清晰度和拍摄难度5个因素。艺术维度包括主题、光线、构图、色彩和谐、艺术创造力和情感表达6个因素。

(2)学习投入度调查量表:学习投入是指学生在学习活动中行为涉入的强度、情感体验的质量以及所采用的认知策略,一般可以归纳为行为投入、情感投入和认知投入三个维度。本研究结合已有的学习投入研究,改编形成面向老年人的学习投入量表,分为行为投入、情感投入、认知投入。每个投入维度题项设计7道题目,共计21道题目,采用李斯特五级量表,每项题目包括"完全不符合""基本不符合""一般""基本符合"和"完全符合"五个选项,分别记为1~5分,具体维度和题项内容详见附录5。问卷形成后,分别由一名教育技术领域专家和一名老年教育领域专家对问卷的效度进行检验,并对问卷内容的相关性、准确性和清晰度进行了审查和编辑。问卷信度则通过小规模试测进行了评估,试测问卷发给另一个老年社区学校参加摄影课程的15名学习者。回收有效问卷14份,利用SPSS 20.0软件对问卷信效度进行分析。结果显示,本研究问卷总的Cronbach's α系数值达到了0.917(均大于0.9),问卷信度良好。

(3)课堂互动分析编码系统:目前课堂教学行为的量化分析较为成熟的是美国学者弗兰德

斯提出的互动分析系统(Flanders Interaciton Analysis System，FIAS)。顾小清等在FIAS基础上，形成了基于信息技术的互动分析编码系统(ITIAS)。结合该编码系统，以及"数码摄影基础"课程特点，形成了如表9-6所示的老年人数码摄影课程课堂教学行为分析编码系统。

表9-6 老年人数码摄影课程课堂教学行为分析编码系统

分类		编码	表述	内容
教师语言	间接影响	1	教师接受情感	以一种不具威胁性的方式，接纳及澄清学生的态度或情感的语气
		2	教师鼓励表扬	称赞或鼓励学生的动作或行为
		3	采纳意见	承认学生的说法；修饰或重述学生的说法；应用它去解决问题；与其他学生的说法相比较；总结学生所说的
		4	提问开放性问题	以教师的意见或想法为基础，询问学生问题，并期待学生的回答
		5	提问封闭性问题	
	直接影响	6	讲授	就内容或步骤提供事实或见解；表达教师自己的观念，提出教师自己的解释，或者引述某位权威者(而非学生)的看法
		7	指示	指令或命令学生做某件事情，此类行为具有期望学生服从的功能
		8	批评	陈述的语句内容为企图改变学生的行为，从不可接受的形态转变为可接受的形态；责骂学生，说明教师为何采取这种行为；极端的自我参照
学生言语		9	应答（被动反应）	(对编码4的反应)学生为了回应教师所讲的话。教师指定学生回答问题，或是引发学生说话，或是建构对话情境。学生自由表达自己的想法是受到限制的
		10	应答（主动反应）	学生的回答超出了问题的答案，表达自己的想法；引发新的话题；自由地表达自己的见解和思路，如提出具有思考性的问题，开放性的架构
		11	主动提问	主动提出问题，自由地表达自己的见解
		12	与同伴讨论	讨论、交流看法
沉寂		13	无助于教学的混乱	暂时停顿、短时间的安静或混乱，以至于观察者无法了解师生之间的沟通
		14	思考问题	学生思考问题
学生操作		15	学生操作相机	学生在课堂上操作相机，实践拍摄技巧
技术		16	教师操纵技术	教师使用技术来呈现教学内容，说明观点
		17	学生操纵技术	学生使用技术来呈现教学内容，说明观点；学生课堂做实验
		18	技术作用学生	学生观察媒体演示

(4)课堂观察表：基于上述编码系统，研究人员对相关类别做了进一步简化，主要围绕老年学员，设计了面向学员的课堂观察表，以观察和了解参与翻转课堂教学方式的实验班老年学员和对照班老年学员在课堂中的不同表现。重点关注学员在教师教学过程、课堂互动讨论过程、

操作实践过程等三个环节的表现。如表9-7所示,列出了具体的目标行为。

表9-7 面向老年学员的课堂观察的目标行为

活动形式	目标行为
教师教学	认真、专注地倾听,眼睛盯着老师
	老师提问主动举手
	主动做笔记
课堂讨论互动	积极提出问题
	积极回答问题
	积极参与讨论
操作使用相机	能够准确完成相机的具体操作(包括持机姿势、景别选取、光圈与快门的设置、曝光值的选取等)
	在课堂上教师规定的时间内,完成作品拍摄

(5)课后访谈大纲:访谈对象包括教师和学员。访谈大纲也分为教师访谈大纲和学员访谈大纲。

教师大纲方面,围绕本研究目的,重点从教师角度观望学员在课程学习中的表现,访谈内容包括请教师评价学员的课堂参与、课堂相机操作、摄影作品表现等方面。

面向学员的访谈内容包括如下几个问题:你认为翻转课堂怎么样?翻转课堂对你的学习有什么影响?你认为翻转课堂视频怎么样?你在翻转课堂学习过程中遇到了哪些挑战?

二、研究结果分析

(一)老年学员摄影作品表现分析

为了了解两组学员的课业表现,研究者对两组学员的课程作业进行具体分析。根据原有教学实验安排,每位学员被要求在课堂内完成课程作业以确保作业的真实性。排除第1至第3次侧重基础知识与技能学习并未布置摄影作业的、第8次因疫情政策转为线上授课的之外,研究团队收集了6次课内摄影作业,摄影作品均在课内完成并提交。6次摄影作业涉及的课程单元为曝光、快门、感光度、白平衡、优化校准、构图。所有摄影作业共计228份,有效作品228份,其中实验组共计124份,对照组104份。所有作品均由同一学科的两名教师根据自定的评价量规对这些作业完成评价。评价成绩的t检验结果显示,两组评分存在显著性差异($p<0.05$)。这表明翻转课堂模式有助于提升学员的学习效果。

在此之后,为了进一步了解两组的作业表现,研究团队针对每次成绩进行了独立样本t检验,检验结果表明,6次摄影作业中,实验组和对照组在白平衡、构图两节课程作业中呈现显著性差异,其他节未表现出显著性差异,结果如表9-8所示。根据主讲教师反馈,相较于其他知识内容,白平衡和构图两节内容操作更加复杂、灵活,对于学员知识、技能要求更高。这表明翻转课堂模式对于学员学习较难的内容时,效果更为突出。

第九章 老年人慕课混合式学习模式设计与实践

表 9-8 白平衡、构图课程摄影作品作业 t 检验结果($M\pm SD$)

项目		实验组($n=12$)	对照组($n=13$)	t	p
白平衡	技术性	33.30±1.64	28.89±2.62	4.454	0.000**
	艺术性	32.30±1.95	32.56±2.35	−0.259	0.799
	总分	65.60±2.91	61.44±4.75	2.270	0.041*
构图	技术性	34.70±3.16	33.33±2.92	0.975	0.343
	艺术性	38.10±2.28	30.22±3.23	6.189	0.000**
	总分	72.80±4.78	63.56±5.15	4.058	0.001**

$*p<0.05$ $**p<0.01$

在白平衡一节课程中,教学目标包括"能够手动调整合适的白平衡,以还原事物的真实色彩;探索通过偏色拍摄具备艺术效果的照片",这需要学员在理解知识基础上,通过实操积累经验。通过课堂观察可以发现,实验组80%以上的老年学员中能够基本实现色彩还原设置与操作,而对照组则不到50%;而在探索偏色拍摄艺术效果照片方面,实验组50%以上的学习者进行了尝试,而对照组则不到15%。

作品成绩方面,技术性维度和总分维度两组均表现出显著性差异,艺术性维度未表现出显著性差异。由此可知,翻转课堂对于讲授复杂操作内容时,效果要好于传统课堂。与传统课堂相比,翻转课堂模式为学员提供了课前预习操作与更多的课内实践操作时间,学员可以通过合理调整和运用相机自动白平衡模式、指定色温数值模式、相应场景模式以及手动模式等,实现对偏色的常规矫正。由于实操时间较多,学员还可以探索特定的白平衡条件实现偏色,以突出照片艺术效果。

在构图一节课程中,t 检验结果显示,实验组和对照组在艺术性维度和总分呈现显著性差异,而在技术性维度无显著性差异。进一步分析学员提交的作品发现,实验组共提交了42幅作品,对照组共提交31幅作品。两组使用的构图规则方面,统计如表9-9所示。从该数据可以看出,实验组学员在不合理构图数量比例方面,低于对照组,而在探索性、创新性方面的表现,高于对照组的表现。这一结果与已有研究结果一致。在课堂上,学员在课前初步理解了构图规则,课堂上就教师提供的构图作品进行了更长时间、更深入的评价和讨论,从而能更为准确地把握构图的内涵。从作品结果也可以看出来,学员出现构图不合理的数量比例小于对照组。学员们在理解已有规则基础上,通过举一反三,会对构图规则有更深入地探索,具有创意构图意识的作品比例远高于对照组。基于这组数据,尽管并不能断定实验组的创新能力比对

表 9-9 学员"构图"作品评价

作品构图规则	实验组作品		对照组作品	
	数量	比例	数量	比例
构图不合理	5	11.9%	8	25.8%
作品合理使用课内讲授的基本构图规则	14	33.3%	20	64.5%
探索并合理使用其他有创意的构图规则	23	54.8%	3	9.7%
合计	42	100%	31	100%

照组高,但是由于翻转课堂上教师鼓励学员围绕作品进行批判、研讨,这些活动和方法,有助于促进学员的批判性思维和创造性思维的发展。课堂观察也表明,翻转课堂上学员主动发问和回答的意识、频次比对照组要高。

(二)老年学员课堂学习投入分析

根据学习投入问卷数据,实验班和对照班的 t 检验分析结果如表 9-10 所示。两班的总分 p 值小于 0.05,这表明实验班和对照班学习者的学习投入情况出现了显著性差异,实验班学习投入总体分值显著高于对照班,这表明翻转课堂教学模式有助于提升学员的学习投入程度。下面针对各维度和题项进行具体分析。

表 9-10 t 检验分析结果($M±SD$)

总分	所属班级:(平均值±标准差)		t	p
	实验班($n=12$)	对照班($n=13$)		
	88.58±4.66	72.85±9.13	5.357	0.000**
1.上课时,我非常认真地听讲	4.33±0.49	4.23±0.44	0.551	0.587
2.我在学习这门课程时非常努力	4.50±0.52	4.15±0.69	1.407	0.173
3.上课时,我会参与到课程讨论中(例如讨论拍摄方法、技巧等)	4.25±0.75	3.31±0.75	3.129	0.005**
4.我总是积极回答老师提出的问题,跟老师讨论拍摄知识	4.08±0.79	3.85±0.90	0.697	0.493
5.我总是能够按时完成老师布置的拍摄任务或者要求	3.83±0.72	2.46±0.88	4.258	0.000**
6.我更喜欢在课堂上与老师和同学一起完成活动和作业	4.42±0.51	4.31±0.75	0.419	0.679
7.课堂上有充足的时间进行实践操作和讨论	3.92±0.51	2.62±0.87	4.593	0.000**
8.我在课下会尝试练习使用课上学到的拍摄知识	4.00±0.60	3.38±0.65	2.447	0.022*
9.我会和其他学习者讨论交流我在课下学到的知识	4.17±0.58	2.92±0.76	4.578	0.000**
10.我努力学习这门课程的新知识	4.42±0.51	3.92±0.86	1.719	0.099
11.我能把上课学到的新的知识与我以前学过的知识联系起来	4.08±0.51	3.31±0.48	3.897	0.001**
12.当我拍摄操作出现失误时,我会努力找出其中的原因	4.25±0.62	3.92±0.76	1.172	0.253
13.通过课前预习老师的课件,我能够更加积极地参与到课程学习中	3.83±0.83	3.08±0.64	2.554	0.018*

总分	所属班级:(平均值±标准差)		t	p
	实验班($n=12$)	对照班($n=13$)		
	88.58±4.66	72.85±9.13	5.357	0.000**
14.通过课前预习课件或者视频,我能更好地与老师和同学交流	3.58±0.90	2.92±0.49	2.248	0.038*
15.我喜欢这门课程	4.67±0.49	3.62±0.96	3.481	0.003**
16.老师所采用的教学方法很好	4.50±0.67	3.62±0.96	2.643	0.015*
17.我更喜欢课程的实践活动	4.83±0.39	4.00±0.82	3.296	0.004**
18.我喜欢在家学习(预习、回看)课件或视频	3.75±0.62	3.08±0.76	2.412	0.024*
19.我喜欢老师课上问我问题	4.33±0.78	3.00±1.08	3.514	0.002**
20.当我带着对内容的理解去上课时,我是乐观积极的	4.25±0.62	3.77±0.60	1.969	0.061
21.在课堂上分享拍摄知识和作品是开心的事儿	4.58±0.67	3.38±0.77	4.147	0.000**
**$p<0.05$ ***$p<0.01$				

行为投入维度方面(题项1~7),两组成员在认真听课、努力学习、积极回答课堂问题等方面无显著性差异(题项1和题项2),表明两组在主观上学习态度均很端正。老年学习者们喜欢课堂上的互动活动方面,也无显著差异,他们对课堂上保持互动很有兴趣。这些结论也与已有的一些研究一致。已有研究表明,认知兴趣和社会接触是老年学习者们参与学习的主要动机。老年机构中的老年学员,整体学习动机强烈,他们对知识本身感兴趣,认为学习是快乐的,这有助于老年学员在学习过程中保持较好的学习内驱力。这种情况与本研究的课堂观察总体情况也一致。所有的老年学员都保持了认真听讲、认真作答的态度和投入度。但值得注意的是,学习投入维度下的题项3、题项5、题项7表现出显著性差异,实验班分值显著高于对照班。这种差异与课堂观察结果一致。与传统课堂相比,翻转课堂模式在有限的课堂教学时间内提供了更多的交流互动和实践操作的机会,有助于激发学员参与课程讨论的热情。其中对照班对于课堂实践时间充足持反对意见,表明传统课堂下课内实操环节时间严重不足。这也与后续的访谈结果一致。

认知投入维度方面(题项8~14),两组差异主要表现在课下练习和讨论交流方面,多个题项表现出显著性差异。表明翻转课堂对于激发学习者的认知投入具有积极影响。翻转课堂模式下,学员在课下会更积极地尝试练习,这可能与课堂上学员通过更充分的操练后具备了更多的成功经验和操作自信有关。在翻转课堂模式下,学习者们之间的互动意愿也更高,这可能与班级互动活动多、学员之间情感交流互动更充分有关系。另外,老年学习者们对课前预习促进课堂学习和交流互动表示了认同。翻转课堂模式下,无论是教师团队的外力敦促还是课程内容本身,都对老年学习者更有吸引力,因此他们课前预习的动力和积极性也会更高。

情感投入方面(题项15~21),多个题项也表现出了显著性差异。实验班的老年学习者对课程的积极态度高于对照班,表现出更高的对课程、教师的满意度。翻转课堂推动学习者们课前提前预习,课上答疑解惑。为了确保跟上课程内容,学习者们会更主动地在家预习知识内容。课上充分的交流和互动、更长时间的实践操作,这种认知投入同时也促进了情感的投入。

(三)课堂教学结构与学员表现分析

为了详细了解实验组与对照组的课堂教学情况,研究团队在学期初、学期中、学期末三个时间段,对实验班和对照班分别进行了三次全程课堂实录,实验组和对照组这三次讲授内容相同。研究团队对教学视频进行了分析和编码。编码工具见上文。主要基于顾小清等人的基于信息技术的互动分析编码系统(ITIAS),形成的老年人数码摄影课程课堂教学行为分析编码系统。具体编码过程遵照已有的弗兰德斯编码规定,在课堂观察中每3秒取样一次,对每个3秒钟的课堂活动按照编码系统规定的意义赋予一个编码符号。本研究以课堂录像为观察材料,在对研究者进行记录训练后,对已有视频进行了编码时长统计,通过教学行为比例计算(各类教学行为总时长/课堂总时长),得出各组课堂教学行为比例如表9-11所示。其中,实验班记录为0101、0102、0103,对照班记录为0201、0202、0203。各类课堂教学行为覆盖比的 t 检验结果如表9-12所示。

表9-11 课堂教学行为覆盖百分比

视频	教师语言	学生语言	学生操作	沉寂	技术
视频0101	40.21%	30.32%	24.70%	3.57%	1.20%
视频0102	35.63%	36.77%	21.70%	3.72%	2.18%
视频0103	36.33%	37.61%	22.40%	0.61%	3.05%
视频0201	53.23%	28.21%	13.72%	3.21%	1.63%
视频0202	49.81%	22.15%	15.21%	2.87%	9.96%
视频0203	58.18%	22.13%	11.02%	3.61%	5.06%

表9-12 各类教学行为覆盖百分比 t 检验结果

项目	组别($M \pm SD$)		t	p
	实验组	对照组		
教师语言	0.37±0.02	0.54±0.04	-5.805	0.004**
学生语言	0.35±0.04	0.24±0.04	3.503	0.025*
学生操作	0.23±0.02	0.13±0.02	6.307	0.003**
沉寂	0.03±0.02	0.03±0.00	-0.577	0.618
技术	0.02±0.01	0.06±0.04	-1.376	0.241

* $p<0.05$ ** $p<0.01$

通过检验结果发现,两组在教师语言、学生语言、学生操作三方面均出现显著性差异,实验组的教师语言百分比低于对照组;而实验组学生语言百分比高于对照组;学生操作使用相机的时间比方面,也是实验组高于对照组,该结果与学生投入度问卷数据中题项7"课堂上有充足的时间进行实践操作和讨论"结果一致。表明翻转课堂教学模式下,学生的主体性更加突出,教师讲授时间缩短,学员有更充分的操作、使用相机的时间。

除了问卷数据,为了进一步了解老年学员的课堂表现,研究团队基于观察表对学员的课堂表现进行了观察,重点观察学员在教师讲授环节、课堂讨论环节、实践操作中的目标行为。

在教师教学方面,与学习投入分析结果一致,学员课内专注度都很高,老年学员们均能够做到认真听讲,两组无明显差异。实验组教师的讲授主要结合课前学员自学情况,重点讲解、演示学员不易理解的内容;对照组则会将所有知识内容进行讲解。因此,两组在课堂内的教师教学时长比存在差异。除此之外,一个有趣的差异在于,两个班级在记录笔记习惯方面出现典型差别。实验组学员主要使用纸质笔记本记录课程内容,在课堂上使用手机记录教师教学过程的学员人数和频次,显著低于对照组。如图9-7所示,对照组学员很多人习惯拿起手机录制教师讲课内容。导致这一差异的主要原因是,实验组课前已经通过慕课视频学习了课程知识,与对照组相比,一方面他们已经对知识内容比较熟悉;另一方面,他们已经拥有了课程主要视频内容,课上无需过于详细记录教师的教学内容。

图9-7 实验组与对照组课堂场景

在课堂互动方面,除时间差异外,两组在"主动提问"维度存在差别。以第5次课"快门"为例,实验组主动发问次数达到17次,对照组只有5次。这种差别的原因可能在于实验前,学员对知识内容进行了学习和消化,从而在学习过程中产生了更多的困惑。两组在提问的深度层次上也存在差别。对照组主要就课程内容进行发问,而实验组已经有了更为深入的思考,如实验组张某提出"快门和曝光的关系是怎样的",已经就快门与曝光关系产生更深入的探究认知;王某提出"如何用慢门拍水流",已经就慢速快门的应用做了更进一步的思考。

实践操作环节,实验组掌握某个拍摄功能的效率要高于对照组。在"快门"一讲中,教师布置了一项拍摄活动——拍摄操场跑步的人,要求主体清晰、画面明暗得当。实验组有9名学员在10分钟内调整了正确的快门参数完成拍摄;对照组在10分钟内只有3名学员完成任务,其他学员由于快门调节太慢导致主体模糊,有的则是调节过快,导致画面太暗。而通过课堂观察记录表统计发现,学员课内的作业完成率方面,实验组也高于对照组。除操作效率因素外,该结果也与实验组分配的操作时间高于对照组有关系。

(四)老年学员课外学习互动分析

实验组与对照组在微信互动数据方面存在一些有趣的互动差异。本研究对微信互动数量进行了统计,对互动内容进行了编码。编码表主要沿用了前期研究中使用的编码表,根据研究内容做了微调,具体包括无实质性内容、分享学习资源、分享个人摄影作品、互动评论作品、提出问题、回答问题6个维度。统计数据显示,实验组的老年学员微信聊天记录达到5313条,对照组老年学员微信聊天记录只有1006条。进一步归类分析后,编码结果如表9-13所示。

表9-13 微信聊天记录编码

互动交流内容编码	实验组		对照组	
	数量	百分比	数量	百分比
无实质性内容	121	2.28%	214	21.27%
分享学习资源	387	7.28%	160	15.90%
分享个人摄影作品	868	16.34%	153	15.21%
互动、评论作品	1651	31.07%	235	23.36%
提出问题	565	10.63%	76	7.55%
回答问题	1721	32.39%	168	16.70%
合计	5313	100.00%	1006	100.00%

该结果一定程度上与问卷数据结果一致。从总体数据和各类编码数据来看,翻转课堂模式下,老年学员的微信互动情况高于常规课堂。从各类编码比例来看,与传统课堂模式相比,翻转课堂模式的老年学员们更喜欢分享个人摄影作品,以及互动评论同班学员的作品;他们会更主动地提出问题和回答问题。这一发现,与已有的一些研究结论一致。学员们在课前经过预习、练习,具备了一定的知识储备,这有助于他们更积极地参与思考与互动。

(五)课后访谈分析

本研究对授课教师和老年学员进行访谈。根据受访对象对访谈内容进行分析。

1. 授课教师访谈分析

授课教师对学员评价方面,针对学员的课堂参与、课堂相机操作、摄影作品表现等方面分别对实验组和对照组进行了点评。课堂参与方面,教师反馈学员在听课时的专注程度并未感觉到太大差别,但在回答问题准确度、主动回答问题方面,实验组"课上回答的学生更多""学生会主动提问",主动回答和主动提问表现优于对照组。而在进行相机操作时,对照组"操作出现问题、需要指导"的情况高于实验组。摄影作品方面,实验组整体表现好于对照组,实验组"按时提交作业的人"多于对照组。实验组提交作品"变化更多,他们喜欢自己尝试不一样的拍摄参数",而对照组则"比较保守一些,同质性程度比较高"。这些研究成果与前述的数据分析和课堂观察结果一致。

授课教师对课程模式评价方面,体现了大部分教师对于翻转课堂模式的态度。教师认可翻转课堂模式的有效性,翻转模式下的学员表现更好,而且最为教师乐道的一个优势是"课堂效率大大提升了"。主讲教师说:"之前每次上课都会拖堂,很多老人在下课后仍然围着我问各种问题,每次在规定下课时间后,我都走不了。现在因为学员提前学,提前收集问题,课上又解答问题,所以基本上我都可以按时下课离开了"。但是同时教师也提出该模式带来的挑战,主要集中在课前比较耗时耗精力,加重了工作负担。"虽然课堂效率高了,但其实课前老师需要准备微课、准备学习任务,需要做更多的工作"。尽管本次教学实践中有研究团队协助,但是教师仍然反馈课余"消耗精力太大",教师明确表示,如果没有相关的鼓励机制,不愿意继续实施这种新的教学模式。这些发现得到了已有的一些研究支持。万纳等人通过分析教师问卷数据和访谈数据发现类似的观点,总体上教师们认为翻转课堂需要更多的工作量,在自己教授的课程中引入翻转课堂模式压力很大,个别教师表示很难继续维持使用该模式。

2. 学员访谈分析

研究团队以焦点小组的方式分别对实验组和对照组的学员进行了访谈。以下将围绕翻转课堂的优势与挑战对学员的观点进行分析。

翻转课堂的优势:分析实验组学员访谈文本,提取出关于学员喜欢 X 个关键概念。包括:①课前预习更充分。学员提前通过视频学习知识内容、尝试相关相机操作,这有利于他们更好地理解知识内容,有利于参与课堂讨论及操作相机。这一概念在实验组学员的回答中有所体现。"这(翻转课堂模式)是个好方法,课前看了老师的视频,我就在课上可以跟上大家的节奏,参加讨论"。而对照组学员反馈的观点也证明翻转课堂这一模式的优势。对照组学员李某反馈"基本没提前看过老师发的材料,想着上课听讲时学习,但有时候就跟不上老师的节奏了。"而这一问题并未出现在实验组中。②课程视频吸引人,可灵活观看与保存。实验组有 3 位学员表示课程短视频"吸引人""简单明了",而且视频可以随时听、反复听,有利于学员们重复学习直到理解,而且可以存到自己手机或电脑上。如学员康某反馈"以前上课,我常常举着手机录老师讲的内容,怕自己回去忘了,(也怕)后面又不会了怎么办。现在有这些课视频,不用再录了"。而对照组学员中有两位学员反馈仍然喜欢用手机录老师上课内容,"就怕回家后,自己又不会了"。另外,课程短视频长度控制在 10~15 分钟,也利于学员保持注意力。正如实验组学员李某所说"之前上 1 个多小时课时,我有时就会走神,看这个短视频不会,节奏比较快,内容也有意思"。③社交氛围好。在翻转课堂模式中,为了更好地鼓励、敦促学员完成课前的学习任务,教师团队通过微信群来发布学习视频和学习任务,并在过程中为学员提供了及时的技术支持和学习支持,以保证学员能顺利完成学习任务。师生之间、生生之间通过微信不断进行互动沟通,学员的线上互动体验较好。学员王某说"我平时在微信群里就可以看到老师的视频,觉得挺方便的。而且群里很热闹,老师们会指导,同学之间也经常讨论,气氛很好"。相比之下,对照组对于微信群的互动则不太满意:"感觉群里大家都不太说话,有时候看到老师提问,回应的人也很少。"

翻转课堂带来的困难与挑战:①耗时、增加工作量。学员每次课程都需要课前学习视频、完成学习任务,这些都增加了学员的课外学习时间。事实上,这一因素已在多项翻转课堂研究中提及。受访学员方某表示"(课程)这样开展,我觉得有些太耗时间了,我还报了其他两门课,要是都这么上,我觉得应付不来。"还有学员表示尽管课下看视频的时间比较灵活,但是由于日常烦琐生活压力(如做饭、看孩子等),对于课下完成学习任务感到了一定的压力。②增加焦虑感。老年学校的学员们主要是兴趣导向,过难、过多的学习任务都容易损伤他们的学习热情。而且由于认知水平与能力的衰退,进行课下的自主学习会给他们带来焦虑感。尽管课下教学团队在微信群中做了很多鼓励、讲解等互动活动,个别老年学员仍然对课下通过看视频完成学习任务感觉有压力。③不愿意接受教学方式的改变。已有研究发现,老年人对于新事物的接受度和容忍度要低于年轻人。只有当新技术(或者其他新事物)对老年人来说好用、易用时,他们才会采用。而研究团队针对老年人对于在线学习的适应性也做了分析和研究(详见本书第四章)。对于老年人而言,基于慕课的翻转课堂教学模式对教师、老年学员提出了更高的要求。

实验组中有1名受访者表示"如果不是老师们不断地鼓励和帮助,靠我自己根本没法坚持完成这些任务"。④技术操作困难。本次访谈中,预期的技术操作障碍仍然存在,尽管班里老年人普遍具备一定的手机操作经验,但是对于翻转课堂模式下如何提前进行学习和交流,在最初仍然存在一定操作困难和困惑。另外,对于如何把数码相机拍摄的作品导出传给老师,仍然有个别学员存在技术障碍。尽管一开始就有教师教授过学员如何通过连接线或者Wi-Fi将数码相机照片无线传输到手机上,但是仍然有学员存在操作困难。受访学员康某表示"一开始不会把照片直接从相机传到手机上,后来是我儿子又教了我一次,我才学会"。

三、基于慕课的翻转课堂学习模式实践建议

为了降低老年学员的认知负荷,提高老年人对于新的学习模式的适应性。本研究结合实证研究结果与教学团队的反思,提出以下几方面建议。

(一)课程设计与开发方面

1. 基于多媒体学习认知理论、老年人的记忆特征,以提高老年学员的在线学习效果、学习体验为目标指导慕课视频的开发

课程视频是承载翻转课堂成败的重要因素。迈耶尔的多媒体学习认知理论为翻转课堂的教学视频设计提供了很好的指导建议。迈耶尔提出了10条设计原则来促进多媒体学习的有效实施。迈耶尔等人认为,促进有意义的学习有两条重要途径,一是通过采用各类教学方法与策略设计学习材料,以降低学员的认知负荷;二是提高学员的学习兴趣,从而调动学员开展深层的认知加工。在此基础上,首先,以降低学员的认知负荷为目标,在减少外在认知加工的提示结构原则中,要求给予学员提示,帮助学员减少不必要的外在认知加工,把注意力集中在关键要素上。具体策略包括如:①在视频最初用一句话简要概述本节视频的主要内容;②视频中的PPT课件提供目录页,学员随时了解知识结构;③采用缓慢、大声语速强调关键词;④在课件中适时使用提示动画(如箭头、文字变色、文字放大等)强调核心内容。⑤促进认知加工的个性显现、原音呈现、形象在屏原则中,强调采用对话风格呈现言语信息,效果会更好。如在视频讲解中可以多使用"我""我们"等类似于面对面交流的措辞。其次,以提高学员的学习兴趣,促进深层认知加工的实现为目标,可以针对数码摄影课程特点,有效利用数码摄影作品传递故事的功能,在视频中通过回答"这张照片展示了什么?讲述了什么故事?是怎样拍摄的?"等问题引出课程学习内容,从而提高学员的学习兴趣,促进深度学习的实现。

另外,随着年龄增长,老年人会出现记忆的正常衰退,70岁以后减退更加显著,且个体间存在较大差异。老年的记忆特征主要表现为,短时记忆广度较小,动作记忆和机械记忆能力下降,提取困难,但是理解记忆、形象记忆、情景记忆和再认能力仍较好。这就需要在制作教学视频时,可以通过以下一些方式促进老年人对知识的认知和理解:一是通过视听结合、多通道刺激方式,加强老年学员的联想记忆和知识迁移;二是利用先行组织者策略,在视频中通过降低语速、回顾旧知识等方式,帮助老年人建立新旧知识连接,强化记忆痕迹;三是通过设计情景化任务,调动老年人的情景记忆、学习兴趣,加强对新知识的理解。

在此基础上,为进一步提高老年学员的在线体验,参考利奥和Huang的研究结果:交互式学习材料对学习满意度的提高具有正向影响。因此,结合上述开发建议,智能化的在线互动视

频也应被积极使用,针对老年学员的学习,在完成重要的知识点讲解后,以弹题的形式对其进行测试,根据测试结果给予老年学员即时的反馈,帮助其了解自身学习效果。在这个过程中,若回答正确,则予以鼓励,并继续课程内容的学习;若回答错误,则再次重复对该知识点的学习,并对测试题目进行解答。

2. 结合翻转课堂在线学习活动,提供学习任务单

学习任务单的使用对老年学员参与在线学习具有一定的导向作用。在面向老年人的翻转课堂学习中,学习任务单内容主要包括学习指南、学习任务两部分。

(1)在学习指南部分,主要包括课程名称、学习目标、学习方法建议、学习活动预告等内容。首先,在学习目标的设计中,应具体、清晰、易于理解,必要时结合往届学员达成学习目标后的优秀成果向老年学员进行展示说明的学习目标可以激发老年学员的学习动机,帮助其建立在线学习信心。此外,根据老年人的记忆特点,一些学习方法建议,如记笔记、通过暂停总结分析理解知识内容等,也可以在翻转课堂实施培训后再次提出,以帮助老年学员顺利掌握课程内容。在学习活动预告部分,趣味性、人性化的学习活动预告对老年学员理解学习活动与自身生活和学习的联系,促进其积极参与到在线学习中也十分重要。

(2)在学习任务部分,主要依据学员参与在线学习活动需要完成的一系列任务,结合完成任务的方法、截止时间等进行。根据已有研究,结合老年学员参与在线学习的困难与障碍,设计一系列拆分好的学习任务,以促进老年学员的记忆保留,帮助其将注意力集中在重要知识内容的学习上,从而更加顺利、轻松地完成学习任务。

3. 为学员搭建适切的学习环境

翻转课堂对学员拥有互联网和计算机(或手机)设备有一定的要求。因此,教师在设计和实施翻转课堂前,要充分考虑学生的信息技术条件。在本次实践中,老年学员受教育程度较高,智能手机普及率达到了100%,因此才具备通过手机实现翻转课堂的条件。

在选择学习软件时,基于前期研究,选择了老年人熟悉的、使用率高的微信平台,通过搭建微信群,开展互动交流。基于前期慕课远程学习实践经验,本次实践中没有再使用额外的慕课平台开展翻转,而是直接利用微信的视频号功能,将视频上传后进行分发,学员可以在微信中观看慕课视频并开展互动。这种操作方式更加简单,避免了在不同平台间进行跳转,学员反馈也更好。

4. 设计符合老年人学习特点的课前翻转课堂任务

本次研究结果,与先前的高等教育、基础教育结果一致,学员们对于课前工作量太多感到不满和吃力。建议教师以学生在传统课堂中的课后作业完成所需时间为参考对翻转课堂课外学习活动进行设计。在设计任务时,设计适合学员认知水平的任务内容,并可以根据学员差异考虑进行分层次的任务设计,以确保学生不会因为负担过重的课下工作量而丧失学习兴趣。

除此之外,针对翻转课堂任务的提交截止时间,受自身多重身份和工作的影响(如家人、学生等),时间和精力对老年人学员参与课前学习、完成学习任务来说格外重要。在布置学习任务时,教师需要考虑老年学员的特点,适当延长学习任务的最终提交时间,给予老年学员充足的时间来灵活地应对生活中的各种变化和挑战,充分参与课外学习。

(二)课程实施方面

1. 翻转课堂实施前与学生进行充分的交流与培训

与传统课堂不同的是,在翻转课堂中,学生需要在课前根据教师给定的课程学习材料自由安排学习。然而,对于老年学员们来说,如何课前进行课程学习对他们具有很大挑战。为了有效解决该问题,建议在翻转课堂开始之前与老年学员们进行充分的关于教学方式的交流与指导,以缓解他们的焦虑感。首先,向学员详细说明开展翻转课堂教学的原因及步骤;其次,让学员们充分表达他们参与翻转课堂学习的顾虑,从而为其提供必要的帮助和支持以解决其后顾之忧。在课程开始之初,教师可以利用课堂时间带领学员们观看视频,掌握翻转课堂学习模式下的学习方法。在这个过程中,可以向学生介绍促进课程学习的认知技能,例如,在观看视频时做笔记。

2. 为存在技术操作障碍的学员提供持续性帮助

教师要考虑学生的技术操作基础,如是否存在操作障碍并据此开展技术支持与培训。在本次教学实践中,教学团队为学员提供了与学习相关的平台、软件、相机的相关操作的基本培训,扫除了基本的技术障碍。对于老年学员来讲,技术性培训需要一定程度的重复和强化。因此,可以将一些基本的技术操作要点录制成视频,在开展面对面培训基础上,把相关操作视频分发给学员留存备用。

3. 促进优质在线学习互动的产生

优质的在线学习互动是学员积极参与在线学习,完成知识的传播、分享与创造的重要标志,对提高学员在线学习效果具有积极作用。李国鑫等人通过实证研究发现学员间积极的线下互动关系以及合理的奖励和即时的肯定对其参与虚拟学习社区知识传播、分享与创造具有重要意义。由此,①在翻转课堂课程学习开始前,教师应组织学员一起开展一系列的线下活动,如自我介绍、游戏互动等,帮助学员互相了解、建立关系;②建立良好的互动规则,在学员积极参与在线互动后,及时合理的奖励与肯定也应被教师或学员给予。

除此之外,根据伊尔马兹的研究,在线学习互动中针对学员学习需求的互动对提高学员的学习满意度和动机具有积极作用。在此基础上,翻转课堂教师应积极关注学员间的在线互动情况,在必要时提供引导与帮助,促进学员间针对学习问题的顺利讨论,满足学员的学习需求。

4. 基于在线学习情况,组织课中教学内容

在基础教育、高等教育学段开展的翻转课堂模式,大都是在课前完成学习任务,课上进行讨论、解决问题。而在老年学员的翻转课堂上,通过课程实践发现,由于学员自主学习能力不足,学员在课前学习任务过程中常常遇到较多问题。由此,翻转课堂教师应关注老年学员在线学习情况,并据此确定相应的课中教学内容,促进老年学员顺利达成学习目标。在课堂上,根据学习内容难度,需要教师对其进行更详细地讲解或者现场示范,甚至是知识的重复性讲解,以解决老年人的学习困难。例如在"白平衡"一节中,学员课前对于色彩还原任务完成度不太好,因此在课堂上教师针对教学内容进行了重复讲解与操作,并根据课堂的光线环境进行现场操作演示,学员跟随再次完成白平衡手动调节操作。

5. 采取多种学习策略促进学员参与课程学习

在翻转课堂学习中,为了促进老年学员积极主动参与课程学习,需要结合老年学员特征采用多种教学策略。参考已有研究,结合本次研究实践,提出以下几种适用于老年人翻转课堂的学习策略。

一是设计驱动式学习活动。老年学员参与学习的主要动机是出自个体兴趣,内部动机大于外部动机,通过设计驱动性任务可以更有效地激发其内部动机。例如,在数码摄影课程中组织主题影展,并根据影展要求设计学习任务和组织学习活动;以组织出版数码摄影教程的方式,号召老年学员积极完成并提交自身学习笔记、学习心得以及相应的数码摄影照片;组织老年学员成为课程建设的合作者,配合课程教师为数码摄影慕课课程的开发提供素材和观点等。通过一系列的驱动式学习活动,让老年人更有参与感和成就感,更有动力完成学习。

二是设计与老年学员学习需求相关的情境式学习任务。通过与数码摄影课程老年学员进行交流,我们发现,除满足自身兴趣外,老年学员还希望通过数码摄影课程的学习解决生活中遇到的一系列问题(如如何为家庭成员拍摄一张满意的照片,如何利用自身摄影技术服务社区文化建设等)。在此基础上,教师可以设计与老年学员学习需求相关的任务情境,引导老年人积极参与学习。

三是提供多样化、可选择的学习任务。根据已有研究,可供选择的学习任务可以使学员产生对学习过程的控制感,从而享受任务的完成过程,提高任务的完成质量。而对于老年人而言,这一点尤为重要。控制感的出现可以有效优化老年人的情感体验和生活质量。在翻转课堂教学中,教师可以根据课程学习目标,为老年学员提供多种多样的学习任务,允许老年学员的自由选择。

四是基于先行组织者策略设计学习活动。在翻转课堂模式中,教师课前通过提供学习材料、学习支架等方式,帮助老年学员建立学习材料之间的内在联系,将新知识与老年人已有的经验、旧知识建立起关联,从而实现老年学员对新知识的理解和加工。

五是重视知识的复习与巩固,教师在教学过程中要重视引导学员复习巩固旧知识,如采用思维导图、概念图等可视化工具帮助学员建立可视化知识图,便于学员强化记忆;教师可以引导老年人采用记忆策略、精细加工策略等实现知识回顾与复习。

六是根据教学需要,组织开展一系列的小组活动。小组活动可以帮助老年学习者互相了解,增进联系,在具体的实施中,以每组4~5人为基本原则,可以考虑同质分组或异质分组来促进老年学员顺利完成学习任务。首先,采用同质分组策略,根据老年学员的学习能力不同,参考克拉克提出的策略,教师可以为每组学生设置相应的学习目标和学习任务。能力较强的一组老年学员在没有教师的帮助下协作解决问题;能力中等的一组在进行课堂练习前在教师的带领下复习课程内容;能力较差的继续学习课程视频,以更好地理解课程学习材料。在这个过程中,每个学员都知道自己的学习目标以及在小组活动中与他人讨论学习的内容。其次,采用异质分组策略,综合考虑老年学员间性别、年龄、能力等的差异,采用拼图分组法,保证组间水平基本一致,并向每组老年学员布置相同的任务,以促进老年学员间的互相了解以及组间的公平竞争。在此基础上,根据已有研究,相比于教师反馈,学员更喜欢接受同伴或团体的反馈。由此,在学习任务完成后,一系列的组间互评活动也应该相应开展,允许老年学员积极发表观点,维护小组利益,对小组负责,从而提高自身学习动机。

七是设计微信互动活动,激发学员积极性。教师可以考虑使用微信群的工具,如接龙、直播、群待办等功能,实现群内活动的有序管理和统计。还可以引入微信中有趣的小程序如投骰子引导学员积极发言等。通过这类游戏化教学策略,提高学员参与度。

(三)课程支持方面

翻转课堂的持续性、常态化开展,有赖于学校提供相关支持,包括如技术支持、资源支持、制度支持等。技术支持方面,需要学校投入专门的技术人员给予支持,比如教师可能会面临无法完成视频制作或无法成功上传视频资源等问题,需要有技术人员进行协助;同时,考虑到老年学员的信息技术应用障碍,技术团队需要为老年人提供技术支持服务等。资源支持方面,为了减轻教师自制课程的压力,学校可以通过引导使用国家公共免费资源,或购买服务的方式支持用于教师翻转课堂实施的课程视频。社区层面可以设立老年学校(或老年学习中心),依托开放大学提供的丰富的线上教学资源,联合教师开展线上线下融合的翻转课堂学习模式。制度支持方面,由于翻转课堂实施之初,需要教师投入较多精力进行教学设计,学校可以设立教改项目、示范性项目等方式,鼓励教师积极探索这种新型教学模式。

四、研究总结与局限性

本研究基于慕课视频和微信平台,面向老年学员开展翻转课堂学习模式的探索。前期已有很多研究表明,翻转课堂能够产生积极的教学效果,但是很少有将该方法应用到老年人课堂教学中。本研究探讨了如何在老年学校中开展翻转课堂教学,并采用准实验研究的方法验证其实施效果。实验结果显示,翻转课堂在老年群体中具备实施的可行性及应用潜力。在翻转课堂下,学员获得了更多的练习和交流机会,学员在学习投入度、课外学习互动、摄影作品表现等方面,都展示出了翻转课堂模式带来的积极效果。本研究为关注老年教育领域的研究人员、教育工作者和实践者均提供了有价值的参考。

但不可否认的是,该模式的实施也面临了诸多挑战。在老年学校中常态化推行该模型,有待更多的学校、教师等各层面的投入与支持。本研究尚存在一定的局限性,研究结论是否适用于更广泛的情境,有待进一步验证。首先是适用对象方面,受现实条件限制,本次实验研究样本量相对较小,且本次研究对象受教育程度、信息素养水平较高,翻转课堂模式推行较为顺利。对于信息素养水平较差的群体中,是否适合推行、如何推行均有待进一步确认。其次是适用学科方面,本次课程面向是技能操作比例较高的数码摄影课程,对于其他如英语课、色彩课、养生课等非技能类课程,实施翻转课堂的效果如何,应在未来研究中予以考虑。总之,本研究作为一项初步研究,重点关注了老年大学中老年学员开展翻转课堂学习模式的效果。未来相关教学机构、管理人员和教师应积极探索新型教学模式,让老年课堂也焕发出更大活力。

附录一　老年人在线学习适应性调查问卷

　　本次问卷调查主要是用于了解老年学习者的学习需求与学习现状,并希望通过这次调查,为改善当前老年人的学习现状提供一些帮助。本次问卷调查采取无记名形式,且仅供研究分析,不会做其他用途,敬请放心作答。请您在所选的项目上打"√",您所提供的意见对于本研究非常宝贵,衷心感谢您的支持。

1.您的年龄是?
□50～54 岁　□55～59 岁　□60～64 岁　□64 岁以上

2.您的性别是?
□男　□女

3.您所受的教育程度是?
□小学及以下　□中学　□本科(含大专)　□硕士及以上

4.您先前是否使用过一些移动设备?
□是　□否

5.目前您主要的学习方式是?
□通过移动设备(如手机、电脑、平板等)　□通过书籍、报纸
□通过和他人交流、讨论　□其他方式

6.您经常使用哪类社交媒体进行知识学习?(可多选)
□综合社交类(如微信、QQ、微博)　□新闻类(如澎湃新闻、今日头条)
□视频社交类(如抖音、快手)　□其他类型

7.您操作使用社交媒体软件的熟练程度为?
□非常不熟练　□不熟练　□不确定　□熟练　□非常熟练

8.您在操作社交媒体软件过程中遇到困难时,通常如何解决?(可多选)
□询问教师和同伴　□询问家人和朋友　□自己独立解决　□放弃

9.在学习的过程中,您对哪方面的内容感兴趣?(可多选)
□书画类(书法、山水画、花鸟画等)　□摄影类　□文艺活动类(器乐、声乐、合唱、舞蹈等)　□体育活动类(健身操、太极拳等)　□医学保健类(养生知识、中医知识、按摩推拿等)
□家政技艺类(营养学知识、烹饪知识等)　□其他文化知识类

10.您更喜欢哪种形式的学习内容?
□文本类　□音频类　□视频类

11.您在利用社交媒体学习时,主要的学习活动是什么?(可多选)
□查看和分享学习资料　□与老师、同学在线交流　□评价学习内容　□创作作品

12.在利用社交媒体进行学习活动时,您一般的活动时长大约在?
□30 分钟以内　□30 分钟至 1 小时　□1 小时至 1.5 小时　□1.5 小时以上

13.您为什么选择社交媒体来进行学习?(可多选)

□满足自己兴趣爱好　　□方便与他人沟通交流　　□受身边同伴的影响　　□再就业

　　14.如果是以使用移动社交媒体的形式展开一门课程的学习,您会接受这样的学习方式吗?
　　　　□非常不接受　　□不接受　　□不确定　　□接受　　□非常接受
　　15.您期待使用移动社交媒体来进行相关知识的学习吗?
　　　　□非常不期待　　□不期待　　□不确定　　□期待　　□非常期待
　　16.您在使用移动社交媒体进行学习时,可能会遇到以下几个障碍,请将下面的选项按照您认为的障碍级别进行排序:_____(如⑤③④⑥①②,即我认为⑤是在使用移动社交媒体进行学习时所存在的最大障碍)
　　①适合老年人的移动学习资源不足
　　②没有充足的时间使用社交媒体学习
　　③使用社交媒体开展学习过程中缺少支持服务
　　④移动社交媒体软件操作障碍
　　⑤缺少必要的设备和网络支持
　　⑥个人身体状况问题(视力问题、肩颈问题等)
　　再次感谢您对本次问卷调查工作的支持,祝您身体健康,万事顺意!

附录二　老年人在线学习接受度问卷

本次问卷调查主要目的是了解影响老年学习者的学习因素,从而为改善当前老年人的在线学习现状提供一些帮助。本次问卷调查采取无记名形式,且仅供研究分析,不会做其他用途,敬请放心作答。您所提供的意见对于本研究非常宝贵,衷心感谢您的支持。

1. 您的年龄　[单选题]
□50 岁以下　　□50~59 岁　　□60~69 岁　　□70 岁以上

2. 您的性别　[单选题]
□男　　□女

3. 您的教育程度　[单选题]
□初中及以下　　□高中或中专　　□大专或本科　　□硕士及以上

4. 您大概利用手机/电脑学习多久了?　[单选题]
□1 年内　　□1~2 年　　□3~4 年　　□4 年以上

以下题目请您根据实际情况,按照符合程度进行选择。

按符合程度在右边打钩	完全符合	符合	一般	不符合	完全不符合
1. 在此之前,我有手机(电脑)的相关操作经验	[ ]	[ ]	[ ]	[ ]	[ ]
2. 以前的手机(电脑)操作经验,对我开展在线学习有帮助	[ ]	[ ]	[ ]	[ ]	[ ]
3. 以前的手机(电脑)操作经验对于我顺利采用在线学习有积极作用	[ ]	[ ]	[ ]	[ ]	[ ]
4. 如果用手机(电脑)来学习,会让我觉得很紧张	[ ]	[ ]	[ ]	[ ]	[ ]
5. 如果用手机(电脑)来学习,会让我觉得很焦虑	[ ]	[ ]	[ ]	[ ]	[ ]
6. 使用手机(电脑)学习,会让我觉得不舒服	[ ]	[ ]	[ ]	[ ]	[ ]
7. 对我行为有影响的人认为我应该使用手机(电脑)开展在线学习	[ ]	[ ]	[ ]	[ ]	[ ]
8. 对我很重要的人认为我应该使用手机(电脑)开展在线学习	[ ]	[ ]	[ ]	[ ]	[ ]

按符合程度在右边打钩	完全符合	符合	一般	不符合	完全不符合
9. 总体上老年大学是支持用手机(电脑)来学习的	[ ]	[ ]	[ ]	[ ]	[ ]
10. 即使没人告诉我怎么用手机(电脑),我也会用	[ ]	[ ]	[ ]	[ ]	[ ]
11. 如果我遇到困难,我会向他人寻求帮助来进行微信学习	[ ]	[ ]	[ ]	[ ]	[ ]
12. 如果有人示范怎么用手机(电脑),我能学会用	[ ]	[ ]	[ ]	[ ]	[ ]
13. 在我使用手机(电脑)学习的过程中指导对我很有效	[ ]	[ ]	[ ]	[ ]	[ ]
14. 我身边有一些人(家人、朋友、或者老年大学老师)能帮我怎么使用手机(电脑)	[ ]	[ ]	[ ]	[ ]	[ ]
15. 我身边总是有方便的设备和网络支持在线学习	[ ]	[ ]	[ ]	[ ]	[ ]
16. 在线学习使用的花费不高,我能承受	[ ]	[ ]	[ ]	[ ]	[ ]
17. 用手机(电脑)来学些知识很方便	[ ]	[ ]	[ ]	[ ]	[ ]
18. 用手机(电脑)来学些知识效率挺高的	[ ]	[ ]	[ ]	[ ]	[ ]
19. 手机(电脑)用来学些知识,挺有用的	[ ]	[ ]	[ ]	[ ]	[ ]
20. 用手机(电脑)学习很简单	[ ]	[ ]	[ ]	[ ]	[ ]
21. 学会怎样使用手机(电脑)进行学习很简单	[ ]	[ ]	[ ]	[ ]	[ ]
22. 用手机(电脑)做我想做的事儿,很简单	[ ]	[ ]	[ ]	[ ]	[ ]
23. 我打算用手机(电脑)学习	[ ]	[ ]	[ ]	[ ]	[ ]
24. 我预测我将会用手机(电脑)学习	[ ]	[ ]	[ ]	[ ]	[ ]
25. 我计划未来继续用手机(电脑)学习	[ ]	[ ]	[ ]	[ ]	[ ]

附录三　老年学习者学习满意度及达成情况

您好,我们正在进行一项调查,本次调查主要是想了解"数码摄影基础"课程的学习情况,请您协助我们回答几个问题,本次问卷全部匿名,不会泄露您的个人信息,请您放心填写,感谢您的配合。

1. 您的性别:
A 男　B 女
2. 您的年龄:
A.50～60 岁　B.61～70 岁　C.70 岁以上
3. 您的文化程度是
A.小学或小学以下　B.初中　C.高中或高职　D.大学或大专或以上　E.其他
4. 之前有没有慕课的学习经历:
A.没有　B.有(1～2 门)　C.有(3 门以上)
5. 课程调查

题号	调查维度（实际方法时隐藏该列）	内容	完全符合 5	基本符合 4	一般符合 3	基本不符合 2	完全不符合 1
Q1	满意度	我对在线学习能够灵活地安排时间和地点感到很满意					
Q2		慕课学习视频内容有逻辑,教师的讲解很流畅					
Q3		本门慕课的学习任务的设计很合理,我能够很好地完成各种学习任务					
Q4		课程中使用微信群,对我进行慕课学习有很大的帮助					
Q5		课程学习计划的周期设计很合理					
Q6		我对网上系统操作方便性感到很满意					
Q7		我喜欢这样的慕课学习方式,我会把它推荐给其他人					

题号	调查维度（实际方法时隐藏该列）	内容	完全符合 5	基本符合 4	一般符合 3	基本不符合 2	完全不符合 1
Q8	学习目标达成情况	通过这门慕课课程的学习，我掌握了数码摄影的基础知识，收获很大					
Q9		我能将在慕课中学习到的知识运用到我的日常生活中					
Q10		针对老师给出的话题或作品，我能够参与讨论、评价，给出自己的意见					
Q11		我能独立、高质量地完成主题作品的创作与拍摄					

附录四　老年学习者学习体验及建议访谈提纲

1. 您喜欢这次慕课学习的方式吗？为什么？
2. 您觉得课程的互动交流的方式如何？您平时喜欢如何开展互动学习？
3. 在学习过程中，您有什么收获？有什么困难？
4. 您认为这门课程有什么需要改进的地方？

附录五　老年人翻转课堂学习投入量表

所属班级：□一班　　　　　　　　　□二班

行为投入：

1. 上课时，我非常认真地听讲。
2. 我在学习这门课程时非常努力。
3. 上课时，我会参与到课程讨论中（例如讨论拍摄方法技巧等）。
4. 我总是积极回答老师提出的问题。
5. 我总是能够按时完成老师布置的拍摄任务或者要求。
6. 我更喜欢在课堂上与老师和同学一起完成活动和作业。
7. 课堂上有充足的时间进行实践操作和讨论。

认知投入：

8. 我在课下会尝试练习使用课上学到的拍摄知识。
9. 我会和其他学习者讨论交流我在课下学到的知识。
10. 我努力学习这门课程的新知识。
11. 我能把上课学新的知识与我以前学过的知识联系起来。
12. 当我拍摄操作出现失误时，我会努力找出其中的原因。
13. 如果课前预习老师的课件，我能够更加积极地参与到课程学习中。
14. 如果课前预习课件或者视频，可以让我更好地与老师和同学交流。

情感投入：

15. 我喜欢这门课程。
16. 老师所采用的教学方法很好。
17. 我更喜欢课程的实践活动。
18. 我喜欢在家学习（预习、回看）课件或视频。
19. 我喜欢老师课上问我问题。
20. 当我对学习内容比较熟悉时，上课时我会觉得更舒心。
21. 在课堂上分享拍摄知识和作品是开心的事儿。

参考文献

[1] 国务院. 统计局. 第七次全国人口普查公报[EB/OL]. http://www.gov.cn/guoqing/2021-05/13/content_5606149.htm.

[2] 60岁及以上人口2.6亿！我国人口老龄化现状分析[EB/OL]. http://www.lelaohui.com/news_details283.html.

[3] 国务院办公厅. 国务院办公厅关于印发老年教育发展规划（2016—2020年）的通知[EB/OL]. 2016. http://www.gov.cn/zhengce/content/2016-10/19/content_5121344.htm.

[4] 上海市教委等关于印发《上海市老年教育发展"十三五"规划》的通知[EB/OL]. 2016. https://www.shanghai.gov.cn/shsssswzxgh/20200820/0001-22403_50169.html.

[5] 中华人民共和国教育部. 教育部关于印发《教育信息化2.0行动计划》的通知[EB/OL]. 2018. http://www.moe.gov.cn/srcsite/A16/s3342/201804/t20180425_334188.html.

[6] 国务院办公厅. 国务院办公厅关于印发《关于切实解决老年人运用智能技术困难的实施方案》的通知[EB/OL]. 2021. http://www.gov.cn/xinwen/2020-11/24/content_5563861.htm.

[7] 国务院办公厅. 国务院办公厅关于印发《中共中央国务院关于加强新时代老龄工作的意见》[EB/OL]. 2021. http://www.gov.cn/zhengce/2021-11/24/content_5653181.htm.

[8] 上海市教委等关于印发《关于推进本市老年教育数字化发展的意见》的通知[EB/OL]. 2021. http://edu.sh.gov.cn/xxgk2_zdgz_zsjy_01/20210427/ef0ed98889e84f748a4682f60057ff3e.html.

[9] 国务院办公厅. 国务院办公厅关于印发《"十四五"国家老龄事业发展和养老服务体系规划》的通知[EB/OL]. 2021. http://www.gov.cn/zhengce/content/2022-02/21/content_5674844.htm.

[10] 中华人民共和国教育部. 教育部关于印发《教育部2022年工作要点》的通知[EB/OL]. 2022. http://www.gov.cn/xinwen/2022-02/09/content_5672684.htm.

[11] 顾凤佳. 国外老年教育信息化的发展及启示——基于澳大利亚、美国和英国的经验[J/OL]. 江苏开放大学学报, 2015, 26(02): 26-32. DOI: 10.13425/j.cnki.jjou.2015.02.004.

[12] U3A Online. Our courses[EB/OL]. 2019. https://www.u3aonline.org.au/content/our-courses.

[13] 顾凤佳. 国外老年教育信息化的发展及启示——基于澳大利亚、美国和英国的经验[J/OL]. 江苏开放大学学报, 2015, 26(02): 26-32. DOI: 10.13425/j.cnki.jjou.2015.02.004.

[14] Gov. UK. Government digital inclusion strategy[EB/OL]. 2014. https://www.gov.uk/government/publications/government-digital-inclusion-strategy/governmentdigtal in-

clusion-strategy.
[15]王英.中外老年教育比较研究[J].学术论坛,2009,32(01):201-205.
[16]廖紫琳,张妙华.提高老年远程学习支持服务的策略研究[J].中国成人教育,2019(12):4.
[17]NTIA. Digitalliteracy. Gov[EB/OL]. 2019. https://www.dig-italliteracy.gov.
[18]COX Comunicaion. Coneect 2 compete[EB/OL]. 2019. http://cox.connect2compete.org/welcome.aspx.
[19]国务院办公厅.国务院办公厅印发关于切实解决老年人运用智能技术困难实施方案的通知[EB/OL]. 2020. http://www.gov.cn/zhengce/content/2020 11/24/content_5563804.htm.
[20]刘路星,白嫒嫒.基于在线教育的我国老年教育发展探索[J].江西广播电视大学学报,2019,21(04):21-24. DOI:10.13844/j.cnki.jxddxb.2019.04.004.
[21]成都市卫生健康委员会.成都市2019年老年人口信息和老龄健康事业发展状况报告[EB/OL]. 2020-04-07. http://cdwjw.chengdu.gov.cn/cdwjw/gzdt/2020-04/07/content_72f9289cffaa4e4491107aae99310c88.shtml.
[22]石红樱.引领老年人跨越数字鸿沟在信息化发展中提升幸福感[EB/OL]. 2021-02-04. https://www.cdcppcc.gov.cn/show-1572-110046827-1.html.
[23]中国互联网络信息中心官网.中国互联网络信息中心(CNNIC)发布第49次《中国互联网络发展状况统计报告》[EB/OL]. 2022-02-25. http://cagd.gov.cn/v/2022/03/637.html.
[24]刘合富,肖异清,江迎春,等.高校老年大学信息化教育发展思路探究[J].继续教育研究,2021(08):25-28.
[25]中国互联网络信息中心官网.中国互联网络信息中心(CNNIC)发布第49次《中国互联网络发展状况统计报告》[EB/OL]. 2022-02-25. http://cagd.gov.cn/v/2022/03/637.html.
[26]刘合富,肖异清,江迎春,等.高校老年大学信息化教育发展思路探究[J].继续教育研究,2021(08):25-28.
[27]国务院办公厅.国务院办公厅关于印发《"十四五"国家老龄事业发展和养老服务体系规划》的通知[EB/OL]. 2021. http://www.gov.cn/zhengce/content/2022-02/21/content_5674844.htm.
[28]上海市教育委员会关于印发《关于推进本市老年教育数字化发展的意见》的通知[EB/OL]. http://www.shpt.gov.cn/jyj/zcwjc-qtzcwj/20210729/598350.html.
[29]上海市教育委员会关于印发《关于推进本市老年教育数字化发展的意见》的通知[EB/OL]. http://www.shpt.gov.cn/jyj/zcwjc-qtzcwj/20210729/598350.html.
[30]廖紫琳,张妙华.提高老年远程学习支持服务的策略研究[J].中国成人教育,2019(12):4.
[31]廖紫琳,张妙华.提高老年远程学习支持服务的策略研究[J].中国成人教育,2019(12):4.
[32]上海市教育委员会关于印发《关于推进本市老年教育数字化发展的意见》的通知[EB/OL]. http://www.shpt.gov.cn/jyj/zcwjc-qtzcwj/20210729/598350.html
[33]国务院办公厅.国务院办公厅关于印发《"十四五"国家老龄事业发展和养老服务体系规划》的通知[EB/OL]. 2021. http://www.gov.cn/zhengce/content/2022-02/21/content_

5674844. htm.

[34]国务院办公厅. 国务院办公厅关于印发《"十四五"国家老龄事业发展和养老服务体系规划》的通知[EB/OL]. 2021. http://www. gov. cn/zhengce/content/2022 - 02/21/content_5674844. htm.

[35]丁兴富. 远程教育学[M]. 北京:北京师范大学出版社,2001.

[36]维基百科. Massive open online course 词条[EB/OL]. http://en. wikipedia. org/wiki/Massive_open_online_course.

[37]KEN MASTERS. A brief guide to understanding MOOCs[J]. The internet journal of medical education,2011,(02).

[38]MCAULEY A,STEWAR B,SIEMENS G,et al. The MOOC model for digital practice [EB/OL]. 2010. http://davecormier. com/edblog/wpcontent/uploads/MOOC_Final. pdf.

[39]人民网. 中国老年教育发展报告(2019—2020)发布[EB/OL]. 2021 - 10 - 19. http://world. people. com. cn/n1/2021/1018/c1002 - 32256692. html.

[40]世界人口网. 2021 中国老年人口_中国老年人口统计图表[EB/OL]. 2021 - 04 - 12. https://www. renkou. org. cn/hot/pic/2021/0412/281958. html.

[41]陈春勉,郑智. 基于网络的老年远程教育:模式创新、问题及策略——以温州老年教育为例[J]. 继续教育研究,2012(02):74 - 77.

[42]孙传远. 老年人远程学习现状调查研究——以上海老年人为例[J]. 中国远程教育,2013(12):41 - 46+96. DOI:10. 13541/j. cnki. chinade. 2013. 12. 008.

[43]王同军,孙海鹏,邢雯. 天津市远程教育服务老年教育的现状、问题及对策研究[J]. 成人教育,2016,36(11):41 - 44.

[44]LIYANAGUNAWARDENA T R,WILLIAMS S A. Elderly learners and massive open online courses:a review[J]. Interactive journal of medical research,2016,5(1):e1. DOI:10. 2196/ijmr. 4937.

[45]DHAWAL S. Class central learner survey(2017):MOOC users highly educated,have experienced career benefits[EB/OL]. 2017 - 11 - 27. https://www. classcentral. com/report/class-central-learner-survey - 2017.

[46]CHRISTENSEN G,STEINMETZ A,ALCORN B,et al. The MOOC phenomenon:who takes massive open online courses and why[M/OL]. Philadelphia:university of Pennsylvania,2013:25. http://papers. ssrn. com/sol3/papers. cfm? abstract_id=2350964.

[47]NELSON S FutureLearn Blog[EB/OL]. (2015 - 07 - 13). https://about. futurelearn. com/blog/updated-numbers.

[48]世界卫生组织. 老龄化与健康[EB/OL]. 2021 - 10 - 4. https://www. who. int/zh/news-room/fact-sheets/detail/ageing-and-health.

[49]李洁. 老年教育目标的现实建构——基于老年学习者需求的阐释[J]. 继续教育研究,2019(03):25 - 31.

[50]叶忠海. 老年教育若干基本理论问题[J]. 现代远程教育研究,2013(06):11 - 16+23.

[51]国务院办公厅. 国务院办公厅关于印发老年教育发展规划(2016—2020 年)的通知[EB/

OL].2016.http://www.gov.cn/zhengce/content/2016-10/19/content_5121344.htm.

[52]李光,赵瑜.从"老年大学"到"老年学习共同体"——新时代老年教育的新思考[J].职教论坛,2021,37(06):103-108.

[53]马伟娜.中国老年教育新论:第1版[M].杭州:浙江大学出版社,2019.

[54]吴遵民,邓璐,黄家乐.从"老化"到"优化"——新时代老年教育的新思考与新路径[J].现代远距离教育,2019(04):3-8.

[55]戴维·L·德克尔.老年社会学——老年发展进程概论[M].沈健译.天津:天津人民出版社,1986.

[56]第一次老龄问题世界大会:1982年老龄问题维也纳国际行动计划[EB/OL].https://www.un.org/chinese/esa/ageing/vienna3_1.htm.

[57]ORGANIZATION W H. Active ageing:a policy framework[Z]. World health organization,2002;Japanese publication also includes the title:global age friendly cities a guide 2007(2002).

[58]袁文全,王志鑫.老年人社会参与的法权建构及制度回应——基于积极老龄化框架的分析[J].吉林大学社会科学学报,2021,61(04):26-35+234.

[59]杨庆芳.我国老年教育发展探究:基于积极老龄化的视角:第1版[M].知识产权出版社,2014:19-20.

[60]周丽清.传承感:老年社会的积极动力[N].中国社会科学报,2014-09-29(B03).

[61]马伟娜.中国老年教育新论:第1版[M].杭州:浙江大学出版社,2019.

[62]李青,王涛.MOOC:一种基于连通主义的巨型开放课程模式[J].中国远程教育,2012(03):30-36.

[63]李雪波.基于情景认知理论的初中方程应用题教学研究[D].吉林:东北师范大学,2009.

[64]陈昊.情境认知理论视角下慕课的教学模式建构与应用[D].山东:山东师范大学,2020.

[65]张慧,张定文,黄荣怀.智能教育时代认知负荷理论发展、应用与展望——"第十一届国际认知负荷理论大会"综述[J].现代远程教育研究,2018(06):37-44.

[66]冯小燕,王志军,李睿莲,等.基于认知负荷理论的微课视频设计与应用研究[J].实验室研究与探索,2017,36(10):218-222.

[67]谭义东."互联网+"的高校教育信息化[M].北京:九州出版社,2020.

[68]王帅.布卢姆的掌握学习理论及其教育应用[J].高等函授学报(哲学社会科学版),2007(02):42-45.

[69]布鲁姆.为掌握而学[A].布鲁姆掌握学习论文集[G].福州:福建教育出版社,1986.

[70]郑建.浅谈布鲁姆掌握学习理论[J].外国教育研究,1990(01):27-30.

[71]马丽华,叶忠海.中国老年教育的嬗变逻辑与未来走向[J].南京社会科学,2018(09):150-156.

[72]腾讯研究院.吾老之域:老年人微信生活与家庭微信反哺[EB/OL].(2018-07-30)[2020-03-10].https://zhuanlan.zhihu.com/p/40846075.

[73]田澜.我国中小学生学习适应性研究述评[J].心理科学,2004(02):502-504.DOI:10.16719/j.cnki.1671-6981.2004.02.077.

[74]贾巍,杨晓宏.教师远程学习适应性的内涵与构成要素探析[J].电化教育研究,2013,34

(06):46-49+75. DOI:10.13811/j.cnki.eer.2013.06.009.

[75] 中国互联网络信息中心. 第48次《中国互联网络发展状况统计报告》[EB/OL]. 2021-9-15. http://www.cnnic.net.cn/hlwfzyj/hlwxzbg/hlwtjbg/202109/t20210915_71543.htm.

[76] 中国互联网络信息中心. 2016年中国社交应用用户行为研究报告[EB/OL]. 2017-12. https://tech.qq.com/a/20181016/013129.htm.

[77] 腾讯科技. 微信老年用户超6100万,老人也过智慧生活[EB/OL]. 2018-10-16. https://tech.qq.com/a/20181016/013129.htm.

[78] 凤凰新闻. 在线教育为中老年人提供学习平台[EB/OL]. 2020-8-3. https://ishare.ifeng.com/c/s/7ydcpD45v8s.

[79] 张梅琳,邓小华,谢立. 成人学习者移动学习适应性分析及建议——基于成人学习者移动学习现状的调查[J]. 广播电视大学学报(哲学社会科学版),2016(03):100-104+115.

[80] 孙传远. 老年人远程学习现状调查研究——以上海老年人为例[J]. 中国远程教育,2013(12):41-46.

[81] GITHENS R P. Older adults and e-learning: opportunities and barriers[J]. Quarterly review of distance education,2007,8(4),329-338.

[82] 张航空. 中国老年人口受教育水平现状及其变动[J]. 中国老年学杂志,2016,36(05):1215-1216.

[83] 中国社会科学院社会学研究所,腾讯社会研究中心,中国社会科学院国情调查与大数据研究中心. 中老年互联网生活研究报告[EB/OL]. (2018-03)[2020-03-12]. https://tengyun.tencent.com/storage/source180712/files/中老年互联网生活研究报告.pdf.

[84] 潘宣虹,丁颖,庄立勤,等. 关于大学生线上学习情况的调查与分析——以湖南农业大学教育学院为例[J]. 教育进展,2018,8(4):421-426.

[85] CHEN K,CHAN A H S. A review of technology acceptance by older adults[J]. Gerontechnology,2011,10(1):1-12. DOI:10.4017/gt.2011.10.01.006.00.

[86] LAGUAN K,BABCOCK R L. Computer anxiety in young and older adults:implications for human-computer interactions in older populations[J]. Computers in human behavior,1997,13(3):317-326. DOI:https://doi.org/10.1016/S0747-5632(97)00012-5.

[87] 许雪琦,张娅雯. 移动学习平台用户使用意愿影响因素研究——基于移动情境和心流体验的技术接受模型[J]. 电化教育研究,2020,41(03):69-75+84.

[88] CHEN K,CHAN A H S. A review of technology acceptance by older adults[J]. Gerontechnology,2011,10(1):1-12. DOI:10.4017/gt.2011.10.01.006.00.

[89] PARK S Y,NAM M W,CHA S B. University students' behavioral intention to use mobile learning:evaluating the technology acceptance model[J]. British journal of educational technology,2012,43(4):592-605. DOI:10.1111/j.1467-8535.2011.01229.x.

[90] ChHEN K,CHAN A H S. Gerontechnology aceptance by elderly ong Kong Chinese:a senior technology acceptance model(STAM)[J]. Ergonomics,2014,57(5):635-652. DOI:10.1080/00140139.2014.895855.

[91] DYCK J L,GEE N R,Al-AWAR S J. The changing construct of computer anxiety for

younger and older adults[J]. Computers in human behavior,1998,14(1):61－77. DOI:10.1016/S0747－5632(97)00032－0.

[92]BANDURA A. Self-efficacy conception of anxiety[J]. Anxiety research,1988,1(2):77－98. DOI:10.1080/10615808808248222.

[93]SALILI F,CHIU C,LAI S. The influence of culture and context on students' motivational orientation and performance[M/OL]//SALILI F,CHIU C Y,HONG Y Y. Student motivation:the culture and context of learning. Boston,MA:Springer US,2001:221－247. https://doi.org/10.1007/978－1－4615－1273－8_11. DOI:10.1007/978－1－4615－1273－8_11.

[94]VENKATESH V,DAVIS F D. A theoretical extension of the technology acceptance model:four longitudinal field studies[J]. Management science,2000,46(2):186－204. DOI:10.1287/mnsc.46.2.186.11926.

[95]HAO S,DENNEN V P,MEI L. Influential factors for mobile learning acceptance among Chinese users[J]. Educational technology research and development,2017,65(1):101－123. DOI:10.1007/s11423－016－9465－2.

[96]MALLENIUS S. Factors affecting the adoption and use of mobile devices and services by elderly people results from a pilot study[C]. Paper presented at the 6th annual global mobility roundtable conference,Los Angeles,USA.

[97]中国青年报. 六成人担心退休后养老金不够花[EB/OL]. http://zqb.cyol.com/html/2016－03/10/nw.D110000zgqnb_20160310_1－T03.htm.

[98]AJZEN I. From intentions to actions:a theory of planned behavior[J]. Springer Berlin Heidelberg,1985.

[99]闫岩. 计划行为理论的产生、发展和评述[J]. 国际新闻界,2014,36(07):113－129. DOI:10.13495/j.cnki.cjjc.2014.07.008.

[100]DAVIS F D. Perceived usefulness,perceived ease of use,and user acceptance of information technology[J]. MIS quarterly,1989,13(3):319－340.

[101]DAVIS F D. Perceived usefulness,perceived ease of use,and user acceptance of information technology[J]. MIS quarterly,1989,13(3):319－340.

[102]DAVIS F D,BAGOZZI R P,WARSHA P R. User acceptance of computer technology:a comparison of two theoretical models[J]. Management science,1989,35(8):982－1003.

[103]VENKATECH V,DAVIS F D. A theoretical extension of the technology acceptance model:four longitudinal field studies[M]. Informs,2000.

[104]PARK S Y,Nam M W,Cha S B. University students' behavioral intention to use mobile learning:evaluating the technology acceptance model[J]. British journal of educational technology,2012,43(4):592－605.

[105]VENKATSH V,BLAL H. Technology acceptance model 3 and a research agenda on interventions[J]. Decis. Sci.,2008,39:273－315.

[106]DOO,YOUNG,LEE,et al. User acceptance of YouTube for procedural learning:an extension of the technology acceptance model[J]. Computers & Education,2013.

[107] AKOUR H. Determinants of mobile learning acceptance: an empirical investigation in higher education[D/OL]//ProQuest dissertations and theses. Ann arbor: Oklahoma State University, 2010. https://www.proquest.com/dissertations-theses/determinants-mobile-learning-acceptance-empirical/docview/610058264/se-2? accountid=145095.

[108] VENKATSH V, MORRIS M G, DAVIS G B, et al. User acceptance of information technology: toward a unified view[J]. MIS quarterly, 2003, 27(3): 425-478. DOI: 10.2307/30036540.

[109] HEERINK M, KRSE B, WIELINGA B, et al. Enjoyment, intention to use and actual use of a conversational robot by elderly people[J]. ACM, 2008.

[110] MA Q, CHAN A, CHEN K. Personal and other factors affecting acceptance of smartphone technology by older Chinese adults[J]. Applied ergonomics, 2016, 54: 62-71.

[111] 国务院办公厅. 国务院办公厅关于印发老年教育发展规划(2016—2020年)的通知[EB/OL]. 2016-10-19. http://www.gov.cn/zhengce/content/2016-10/19/content_5121344.htm.

[112] 孙祯祥. 无障碍网络教育环境的构建[M]. 北京: 科学出版社, 2008.

[113] 高芙蓉, 高雪莲. 国外信息技术接受模型研究述评[J]. 研究与发展管理, 2011, 23(02): 95-105. DOI: 10.13581/j.cnki.rdm.2011.02.014.

[114] GITHENS R P. Older adults and e-Learning: opportunities and barriers[J]. Quarterly review of distance education, 2007, 8(4): 329-338.

[115] 孙树志, 刘永福. 教育网站信息无障碍设计现状调查与分析[J]. 电化教育研究, 2012, 33(05): 73-77. DOI: 10.13811/j.cnki.eer.2012.05.007.

[116] Web Content Accessibility Guidelines(WCAG)2.0[EB/OL]. [2014-10-09]. https://www.w3.org/Translations/WCAG20-zh.

[117] 文剑平, 孙祯祥. 和谐教育: 信息无障碍与网络教育整合[J]. 现代远距离教育, 2008(03): 48-50.

[118] 毛丽萍. "互联网+"环境下老年人学习障碍的调查与分析[J]. 成人教育, 2018, 38(06): 57-60.

[119] 工业和信息化部办公厅. 工业和信息化部办公厅关于进一步抓好互联网应用适老化及无障碍改造专项行动实施工作的通知[EB/OL]. 2021. http://www.gov.cn/zhengce/zhengceku/2021-04/13/content_5599225.htm.

[120] 工业和信息化部办公厅. 工业和信息化部办公厅关于进一步抓好互联网应用适老化及无障碍改造专项行动实施工作的通知[EB/OL]. 2021. http://www.gov.cn/zhengce/zhengceku/2021-04/13/content_5599225.htm.

[121] 吴盛雄. 基于需求边界理论的老年学习者在线学习需求和满意度研究[J]. 成人教育, 2021, 41(08): 22-30.

[122] 毛丽萍. "互联网+"环境下老年人学习障碍的调查与分析[J]. 成人教育, 2018, 38(06): 57-60.

[123] 张直, 张天航. 发展无障碍出行APP的必要性与可行性探究[J]. 现代商业, 2018(11): 21-22. DOI: 10.14097/j.cnki.5392/2018.11.006

[124]马小草,营月.老人无障碍操作App任重道远[N].老年日报,2021-07-22(001).DOI:10.28528/n.cnki.nllrb.2021.000305.

[125]汤洲,姜晗.老年人电子产品的无障碍交互设计研究[J].包装工程,2011,32(14):134-136.DOI:10.19554/j.cnki.1001-3563.2011.14.038.

[126]汪大丁.视觉无障碍在APP界面设计中的应用[J].艺术与设计(理论),2021,2(07):88-90.DOI:10.16824/j.cnki.issn10082832.2021.07.021.

[127]马伟娜,戎庭伟等.中国老年教育新论[M].杭州:浙江大学出版社,2019.

[128]许玲,张伟远.新时代老年友好大学的构建:价值意蕴、国际经验与本土策略[J/OL].现代远距离教育:1-12.[2021-11-17].https://doi.org/10.13927/j.cnki.yuan.20211002.002.

[129]张倩.论如何实现老有所为——从人力资本视角研究老年人力资源开发[J].劳动保障世界(理论版),2012(10):67-70.

[130]中国老龄科学研究中心.中科院心理所:我国老年人的心理健康现状蓝皮书发布[EB/OL].2021-04-26.http://www.crca.cn/index.php?option=com_content&view=article&id=119:2021-04-26-18-59-36&catid=16&Itemid=101.

[131]李学书.中外老年教育发展和研究的反思与借鉴[J].比较教育研究,2014,36(11):54-59+68.

[132]马早明,佘永璇,马林.社区老年教育:港澳经验与广东实践[J].华南师范大学学报(社会科学版),2021(05):64-73+206.

[133]国务院办公厅.国务院办公厅关于印发老年教育发展规划(2016—2020年)的通知[EB/OL].2016-10-19.http://www.gov.cn/zhengce/content/2016-10/19/content_5121344.htm.

[134]郑旭东,陈荣,欧阳晨晨.皮亚杰与布鲁纳的和而不同与整合发展——兼论教育技术学基础理论研究的三重纵深[J].现代远程教育研究,2017(05):29-36.

[135]白学军,于晋,覃丽珠,等.认知老化与老年产品的交互界面设计[J].包装工程,2020,41(10):7-12.

[136]李德明,陈天勇.认知年老化和老年心理健康[J].心理科学进展,2006(04):560-564.

[137]马伟娜,戎庭伟,等.中国老年教育新论[M].杭州:浙江大学出版社,2019.

[138]何克抗,林俊芬,张文兰.教学系统设计:第2版[M].北京:高等教育出版社,2016.

[139]XIONG J,ZUO M. Older adults' learning motivations in massive open online courses[J]. Educational gerontology,2019:1-12.

[140]朱彩兰,李艺.信息技术课程四种课型的界定[J].中小学信息技术教育,2011(01):26-27.

[141](美)布鲁纳(BRUNER J S).教育过程[M].邵瑞珍译.北京:文化教育出版社,1982.

[142]李乐天.加涅的教学模式研究[J].华东师范大学学报(教育科学版),1985(04):11-25.

[143]张凤龙.试论远程教育印刷教材设计[J].电化教育研究,2003(04):51-54.

[144]和学新.教学策略的概念、结构及其运用[J].教育研究,2000(12):54-58.

[145]钟启泉.教学方法:概念的诠释[J].教育研究,2017,38(01):95-105.

[146]卢立涛,梁威,沈茜.我国课堂教学评价现状反思与改进路径[J].中国教育学刊,2012

(06):43-47.

[147]王迎,安玉洁,黄荣怀. 远程学习者特征模型的构建研究[J]. 开放教育研究,2006(01):47-53.

[148]SHU Z,KINSHUK,YING Y,et al. Adoption of mobile social media for learning among Chinese older adults in senior citizen colleges[J]. Educational technology research and development,2021,69(6):3413-3435.

[149]XIONG J,ZUO M. Older adults' learning motivations in massive open online courses[J]. Educational gerontology,2019:1-12.

[150]张鼎昆,方俐洛,凌文辁. 自我效能感的理论及研究现状[J]. 心理学动态,1999(01):39-43+11.

[151]赵姝,押男,白浩,等. 基于移动社交媒体的老年人学习适应性分析[J]. 电化教育研究,2020,41(11):72-78.

[152]勾建霞. 慕课开发的流程管理研究[D]. 上海:上海外国语大学,2019.

[153]张鹏. MOOC教学视频的媒体呈现方式[J]. 信息与电脑(理论版),2020,32(02):254-256.

[154]李华,龚艺,纪娟. 以学习者为中心的学习管理系统的设计与实现[J]. 河北软件职业技术学院学报,2017,19(02):42-45. DOI:10.13314/j.cnki.jhbsi.20170523.012.

[155]李松,张进宝,徐琤. 在线学习活动设计研究[J]. 现代远程教育研究,2010(04):68-72.

[156]李乾. 以活动为中心的网络课程开发和重用研究[D]. 北京:北京师范大学,2010.

[157]FINI A. The technological dimension of a massive open online course:the case of the CCK08 course tools[J]. International review of research in open and distance learning,2009,10(5,SI).

[158]KULKARNI C,WEI K P,LE H,et al. Peer and self assessment in massive online classes[J/OL]. ACM Trans. Comput.-Hum. Interact. ,2013,20(6). https://doi.org/10.1145/2505057. DOI:10.1145/2505057.

[159]ZHANG J. Can MOOCs be interesting to students? An experimental investigation from regulatory focus perspective[J/OL]. Computers & Education,2016,95:340-351. DOI:10.1016/j.compedu.2016.02.003.

[160]崔裕静,马宗兵,马凡. 网络直播作为慕课学习支持服务的模式及应用[J]. 现代教育技术,2019,29(12):110-115.

[161]贺欢,迟瑛楠,许颜清,等. 线上教学的难题与解决方法——大学化学慕课建设中的思考[J]. 化学教育(中英文),2021,42(12):19-22. DOI:10.13884/j.1003-3807hxjy.2020050135.

[162]RAI L,CHUNRAO D. Influencingfactors of success and failure in MOOC and general analysis of learner behavior[J]. International journal of information and education technology,2016,6(4):262-268.

[163]郑姝. 基于老年人学习心理的老年教育教学形式研究[J]. 新校园(阅读),2018(11):11-12.

[164]俞平,李小平. 提高老年人群信息素养积极应对人口老龄化[J]. 继续教育研究,2012

(02):78-80.

[165] RICHARD H A, OGECHUKWU V E, TAN S T, et al. The disruptive power of massive open online course(MOOC)[J]. International journal of information and education technology,2020,10(1):42-47.

[166] 孟杰,林琳,张长利,等.老年大学实施现状调查研究——以南京市鼓楼区为例[J].成人教育,2016,36(08):38-40.

[167] 张丽霞,商蕾杰.虚拟课堂学习支架的类型及功能[J].中国电化教育,2011(04):27-31.

[168] SHENG H Z, QUN B Z, ZHENG P L, et al. Motivations and challenges in MOOCs with eastern insights[J]. International journal of information and education technology,2016,6(12):954-960.

[169] 祁亚军.基于慕课的协同学习模式探索[J].教育现代化,2019,v.6(82):234-235.

[170] YUWANUCH G, PRACHYANUN N. MOOC's barriers and enables[J]. International journal of information technology,2016,6(10):826-830.

[171] GARCIA M B. Cooperative learning in computer programming:a quasi-experimental evaluation of Jigsaw teaching strategy with novice programmers[J]. Education and information technologies,2021,26(4):4839-4856.

[172] 陈长胜,孟祥增,刘俊晓,等.学习分析视域下慕课学习者学习时间分配[J].现代远程教育研究,2020,32(03):81-93.

[173] 秦瑾若.基于MOOC的大学生混合式学习适应性影响因素及干预研究[D].陕西:陕西师范大学,2019.

[174] HOLTON E, SWANSON R. Research in organizations[M/OL]. San Francisco, CA: Berrett-Koehler publishers, 2005. https://search.alexanderstreet.com/view/work/bibliographic_entity%7Cbibliographic_details%7C2359136.

[175] 张晶.提升自我效能感的策略研究[D].湖北:华中科技大学,2018.

[176] 陈燕,贺亚锋.基于自主学习的现代远程教育网上学习监控实证分析[J].继续教育研究,2013(09):68-71.

[177] 李卢一,许蓉,郑燕林.ARCS模型视角下网络学习反馈设计[J].现代远距离教育,2013(03):66-71.

[178] WIGGINS G. Seven keys to effective feedback[J]. Educational leadership,2012,70(1):10-16.

[179] 李丹丹,李中国.基于自我导向的老年远程学习研究[J].中国成人教育,2021.

[180] JIANG Y, CLARKE M J, KELLER B, et al. Note-taking and science inquiry in an open-ended learning environment[J]. Contemporary educational psychology,2018,55:12-29.

[181] 杜世纯.MOOC背景下混合式学习的实现路径与效果评价研究[D].北京:中国农业大学,2017.

[182] 詹泽慧,李晓华.混合学习:定义、策略、现状与发展趋势——与美国印第安纳大学柯蒂斯·邦克教授的对话[J].中国电化教育,2009(12):1-5.

[183] BREEN P. Developing educators for the digital age:a framework for capturing knowl-

edge in action[M]. London:University of Westminster Press,2018:127-139.

[184]杜世纯. MOOC背景下混合式学习的实现路径与效果评价研究[D]. 北京:中国农业大学,2017.

[185]秦瑾若. 基于MOOC的大学生混合式学习适应性影响因素及干预研究[D]. 陕西:陕西师范大学,2019.

[186]袁磊,陈晓慧,张艳丽. 微信支持下的混合式学习研究——以"摄影基本技术"课程为例[J]. 中国电化教育,2012(07):128-132.

[187]史玉新,樊旭. 基于建导方法的混合式教学模式设计[J]. 中国电化教育,2010(07):29-32.

[188]王建明,陈仕品. 基于线上课程和工作室制度的混合式教学实践研究[J]. 中国电化教育,2018(03):107-114+139.

[189]谭伟,顾小清. 面向开放教育的混合式教学模式及效果评估指标研究[J]. 中国电化教育,2019(02):126-130.

[190]邢丽丽. 基于精准教学的混合式教学模式构建与实证研究[J]. 中国电化教育,2020(09):135-141.

[191]温小凤. 老年教育线上线下融合发展模式探究——以山西老年教育为例[J]. 新疆广播电视大学学报,2021,25(02):61-64.

[192]MICHAEL B,HEATHER S. Using disruptive innovation to improve schools[M]. John Wiley & Sons,2015:31-34.

[193]PAPPANO L. Learning to think outside the box[J]. Courrier japon,2015:30-33.

[194]LAFRANCE J,BLIZZARD J. Student perceptions of digital story telling as a learning-tool for educational leaders[J]. International journal of educational leadership preparation,2013,8:25-43.

[195]马芸. 基于MOOC的混合式教学促进大学生高阶学习的研究[D]. 吉林:东北师范大学,2019.

[196]王长江,胡卫平,李卫东. "翻转的"课堂:技术促进的教学[J]. 电化教育研究,2013,34(08):73-78+97.

[197]谢娅. 中学物理翻转课堂教学理论及实践研究[D]. 湖北:华中师范大学,2014.

[198]秦炜炜. 翻转学习:课堂教学改革的新范式[J]. 电化教育研究,2013,34(08):84-90.

[199]汪晓东,张晨婧仔. "翻转课堂"在大学教学中的应用研究——以教育技术学专业英语课程为例[J]. 现代教育技术,2013,23(08):11-16.

[200]张金磊,王颖,张宝辉. 翻转课堂教学模式研究[J]. 远程教育杂志,2012,30(04):46-51.

[201]MAZUR,E. Can we teach computers to teach[J]. Computers in physics,1991,5(1):31.

[202]LAGE M J,PLATT G J,TREGLIA M. Inverting the classroom:a gateway to creating an inclusive learning environment[J]. The journal of economic education,2000,31.

[203]BAKER J W. The classroom flip:using web course management tools to become the guide by the side[C]. 2000.

[204]JONATHAN B,AARON S. Flip your classroom:reach every student in every class every day[J]. Christian education journal,2012.

[205]张跃国,张渝江."翻转"课堂——透视"翻转课堂"[J].中小学信息技术教育,2012,000(003):8-10.

[206]MAZUR,E. Can we teach computers to teach[J]. Computers in Physics,1991,5(1):31.

[207]王长江,胡卫平,李卫东."翻转的"课堂:技术促进的教学[J].电化教育研究,2013,34(08):73-78+97. DOI:10.13811/j.cnki.eer.2013.08.012.

[208]ROBERT T. Inverting the linear algebra classroom[EB/OL]. 2011-9-21. https://prezi.com/dz0rbkpy6tam/inverting-the-linear-algebra-classroom.

[209]张金磊,王颖,张宝辉.翻转课堂教学模式研究[J].远程教育杂志,2012,30(04):46-51.

[210]董黎明,焦宝聪.基于翻转课堂理念的教学应用模型研究[J].电化教育研究,2014,35(07):108-113+120.

[211]WANNER T,PALMER E. Personalising learning:exploring student and teacher perceptions about flexible learning and assessment in a flipped university course[J]. Computers & Education,2015,88(OCT.):354-369.

[212]SMITH J D. Student attitudes toward flipping the general chemistry classroom[J]. Chemistry education research and practice,2013,14.

[213]CHEN Y,WANG Y,KINSHUK,et al. Is FLIP enough? or should we use the FLIPPED model instead[J]. Computers & Education,2014,79(oct.):16-27.

[214]GIULIANO C A,MOSER L R. Evaluation of a flipped drug literature evaluation course[J]. American journal of pharmaceutical education,2016,80(4):66.

[215]BATTAGLIA D M,KAYA T. How flipping your first-year digital circuits course positively affects student perceptions and learning[J]. International journal of engineering education,2015,31(4):1126-1138.

[216]MASON G S,SHUMAN T R,COOK K E. Comparing the effectiveness of an inverted classroom to a traditional classroom in an upper-division engineering course[J]. IEEE transactions on education,2013,56(4):430-435.

[217]金铭霞,毕丹丹.基于慕课的翻转课堂及其教学结构研究[J].现代职业教育,2018(35):218-219.

[218]丁一琦.老年教学中翻转课堂模式探究[J].教育现代化,2016,3(21):40-41+44.

[219]易庆竑.基于慕课的翻转课堂及其教学结构研究[J].现代教育技术,2015,25(04):94-100.

[220]吴玲娟.基于TED-Ed的通用学术英语听说翻转课堂研究[J].电化教育研究,2015,36(11):81-87. DOI:10.13811/j.cnki.eer.2015.11.013.

[221]苟雁.数码摄影作品评价标准及方法研究[J].成都大学学报(社会科学版),2012(03):109-111.

[222]FREDRICKS J A,BLUMENFELD P C,PARIS A H. School engagement:potential of the concept,state of the evidence[J]. Review of educational research,2004,74(1):59-109.

[223]ELMAADAWAY M A N. The effects of a flipped classroom approach on class engage-

ment and skill performance in a blackboard course[J]. British journal of educational technology,2018,49(3):479-491.

[224]JAMALUDIN R,OSMAN S Z M. The use of a flipped classroom to enhance engagement and promote active learning[J]. Journal of education and practice,2014,5(2):124-131.

[225]SKINNER E,FURRER C,MARCHAND G,et al. Engagement and disaffection in the classroom:part of a larger motivational dynamic[J]. Journal of educational psychology,2008,100(4):765.

[226]顾小清,王炜. 支持教师专业发展的课堂分析技术新探索[J]. 中国电化教育,2004(07):18-21.

[227]AL-ZAHRANI A M. From passive to active:the impact of the flipped classroom through social learning platforms on higher education students' creative thinking[J]. British journal of educational technology,2015,46(6):1133-1148.

[228]RODRIGUEZ G,DIEZ J,PEREZ N,et al. Flipped classroom:fostering creative skills in undergraduate students of health sciences[J]. Thinking skills and creativity,33(C):100575-100575.

[229]KIM A,MERRIAM S B. Motivations for learning among older adults in a learning in retirement institute[J]. Educational gerontology,2004,30(6):441-455. DOI:10.1080/036012 70490445069.

[230]KHANOVA J,ROTH M T,RODGERS J E,et al. Student experiences across multiple flipped courses in a single curriculum[J]. Medical education,2015,49(10):1038-1048. DOI:10.1111/medu.12807.

[231]WANNER T,PALMER E. Personalising learning:exploring student and teacher perceptions about flexible learning and assessment in a flipped university course[J]. Computers & Education,2015,88(OCT.):354-369.

[232]SMITH J D. Student attitudes toward flipping the general chemistry classroom[J]. Chemistry education research and practice,2013,14.

[233]MALLENIUS S,ROSS M,TUUNAINEN V K. Factors affecting the adoption and use of mobile devices and services by elderly people – results from a pilot study[J]. 6th Annual global mobility roundtable,2007,31:12.

[234]毛伟,盛群力. 梅耶多媒体教学设计10条原则:依托媒体技术实现意义学习[J]. 现代远程教育研究,2017(01):26-35.

[235]倪斌,姜超. 基于学员特征的社区老年教育教学策略研究[J]. 当代继续教育,2018,36(04):18-22.

[236]LIAW S S,HUANG H M. Perceived satisfaction,perceived usefulness and interactive learning environments as predictors to self-regulation in e-learning environments[J]. Computers & Education,2013,60(1):14-24.

[237]HORNER G. The photography teacher's handbook[J]. 2016.

[238]BETIHAVAS V,BRIDGMAN H,KORNHABER R,et al. The evidence for 'flipping

out': a systematic review of the flipped classroom in nursing education[J]. Nurse education today,2016,38:15-21.

[239] Wang Y H. Could a mobile-assisted learning system support flipped classrooms for classical Chinese learning[J]. Journal ofcomputer assisted learning,2016,32(5):391-415.

[240] VANSLAMBROUCK S,ZHU C,PYNOO B,et al. An in-depth analysis of adult students in blended environments:do they regulate their learning in an'old school' way [J]. Computers & Education,2018,128(JAN.):75-87.

[241]李国鑫,李一军,陈易思. 虚拟社区成员线下互动对线上知识贡献的影响[J]. 科学学研究,2010,28(9):1388-1394.

[242]YILMAZ R. The effect of interaction environment and metacognitive guidance in online learning on academic success, metacognitive awareness and transactional distance[J]. Ankara University,Ankara,Turkey,2014.

[243]FULTON S,SCHWEITZER D. Impact of giving students a choice of homework assignments in an introductory computer science class[J]. International journal for the scholarship of teaching and learning,2011,5(1).

[244]LANGER E J,RODIN J. The effects of choice and enhanced personal responsibility for the aged:a field experiment in an institutional setting[J]. Journal of personality and social psychology,1976,34(2):191.

[245]CLARK K R. The effects of the flipped model of instruction on student engagement and performance in the secondary mathematics classroom[J]. Journal of educators online,2015,12(1).

[246]PARIKH A,MCREELIS K,HODGES B. Student feedback in problem based learning:a survey of 103 final year students across five Ontario medical schools[J]. Medical education,2001,35(7).